La revue Legs et Littérature *est une publication de l'Association Legs et Littérature (ALEL). L'Association remercie la Fondation Konesans ak Libète (FOKAL) pour son soutien financier.*

Redactrice en chef
Mirline Pierre

Sous la direction de :
Carolyn Shread
Dieulermesson Petit Frère
Mirline Pierre

Les points de vue contenus dans les articles sont exprimés sous la responsabilité de leurs auteurs. Tous les textes de ce numéro sont protégés par le Bureau haitien du droit d'auteur (BHDA).

ISSN   : 2307-0234
ISBN   : 978-99970-86-34-1
LEGS ÉDITION
Dépôt légal : 17-05-250
Bibliothèque Nationale d'Haïti

© Legs et Littérature, mai 2018

Contact :
www.legsedition.net
alel.legsedition.net
legsetlitterature@venez.fr
509 37 48 59 51
509 37 45 33 05
26, Delmas 8, Port-au-Prince, Haïti

La rédaction

Wébert Charles
(Haïti)

Dieulermesson Petit Frère
(Haïti)

Jean Watson Charles
(France)

Catherine Boudet
(Ile Maurice)

Mirline Pierre
(Haïti)

Carolyn Shread
(États-Unis)

Guillemette de Grissac
(France-Réunion)

Jean James Estépha
(Haïti)

Fritz Calixte
(Guadeloupe-Haïti)

Claudy Delné
(États-Unis-Haïti)

Kokouvi Dzifa Galley
(Togo)

Marie-Josée Desvignes
(France)

Éditorial

LES CARAÏBES ET SES LOGIQUES COLORISTES : RACE, RACISME ET LES FORMES DE RÉSISTANCE

Comment penser/panser les héritages de la race, du racisme et ses différentes formes de survivance depuis les expériences caribéennes du corps noir donc de la colonisation, c'est cette problématique que ce numéro de *Legs et Littérature* tente de soulever. Il s'agit de faire des caraïbes des lunettes à observer le reste du monde à travers les thématiques de race, du racisme, des identités et des préjugés de couleurs. Que devient le racisme ? Quelle forme le racisme a-t-il pris aujourd'hui ? Qu'est-ce que la Caraïbe a-t-elle gardé de l'esclavage et de la colonisation ? Quelle place le noir et la blanchité ont-ils occupé dans les imaginaires des pays de la Caraïbe et des colonies ? Comment le corps est-il vu et vécu dans les expériences quotidiennes ? Sous la question se cachent le déni, la privation de l'accès à la richesse et la reconnaissance d'une vie digne d'être vécue, autrement dit : quelle est la couleur de la richesse et des pouvoirs dit caribéens ?

Le propos s'inscrit ici dans une démarche d'indisciplinairité ou de transdisciplinairité, question d'opérer une archéologie des imaginaires sociaux et culturels de la constitution des différentes formes de corporation : du corps politique, du corps social et de l'épiderme dans les Caraïbes. Pour s'y prendre, la question doit être posée : Comment le corps est mis en œuvre dans la « fiction de l'expérience ordinaire »[1] tant dans les œuvres picturales que dans les œuvres de fiction ? Comment les Caraïbes instituent les différents corps ? L'intérêt porte sur le déplacement opéré dans les représentations que l'on fait (se) des corps depuis les expériences migrantes au *body art*. Le corps saisi dans ces moindres détails. De quel corps rêve-t-on dans les différentes Caraïbes[2] ? Comment saisir le corps depuis les causalités paradoxales —c'est-à-dire là où les réalités quotidiennes de certains corps, où la violence que vivent certains corps au quotidien tentent de se dérober au su et au vu (ou à la visibilité) — qui réapparaissent sur scène par un retournement de situation ?

Les notions des identités, identifications, de races et de cultures sont au cœur des réflexions des littératures postcoloniales. Identités et cultures étant des entités instables, des phénomènes complexes, dont les usages –qu'ils soient symboliques ou pratiques– feront toujours l'objet de catégories idéologiques particulières. Le corps noir est à un carrefour de son histoire où il est à la fois objet et sujet de représentations, de contre-représentation, il ne cesse d'inventer ou de se réinventer à travers de nouvelles sémiotiques ou de rationalités fictionnelles porteuses de nouvelles décolonialités des représentations racistes et assujettissantes. S'il s'invente, c'est parce que la « noirceur » tout comme la « blancheur » des corps sont des masques sociaux visant à naturaliser la domination[3]. Ce qui amène Ulysse Mentor, à partir d'une interrogation sur la posture des écrivains vis-à-vis du système colonial, à souligner que « la colonialité a survécu au colonialisme », ce qu'Étienne Balibar et Immanuel Wallerstein

> *« La noirceur tout comme la blancheur des corps sont des masques sociaux visant à naturaliser la domination »*

---

1. Jacques Rancière, *Les bords de la fiction*, Paris, Seuil, 2017, p. 7.
2. Voir Clément Thibaud, « Race et citoyenneté dans les Amériques (1770-1910) », *Le Mouvement Social*, No 252, 3, 2015, pp. 5-19 ; « La pureté de sang en révolution. Race et républicanisme en Amérique bolivarienne (1790-1830), *Le Mouvement Social*, No 252, 3, 2015, pp. 33-54. Voir aussi : Turits, Richard Lee, « Par-delà les plantations. Question raciale et identités collectives à Santo Domingo », *Genèses*, No 66, 1, 2007, pp. 51-68.p. 72.
3. Renault, Mathieu, « Peau blanche, masques blancs. Frantz Fanon et la blancheur », Sylvie Laurent Thierry Leclère, *De quelle couleur sont les blancs ?*, Paris, La découverte, 2013, pp. 140-151.

appellent le continuum colonial-postcolonial.

Ces formes de contre représentation de la colonialité du corps noir passent par la déconstruction de la corporéité reçue/vécue comme prison[4]. La peau comme prison ! Sortir de sa peau, comme une prison, n'est-ce pas la sauver de ce qui la tue puisqu'elle est contaminée par la logique coloniale obsédée par la pureté ! Le noir est identifié à la saleté dans l'imaginaire colonial de hiérarchisation des races et des couleurs de l'épiderme. Ce travail de sauvetage de la peau –comme on dit dans les Antilles « avoir la peau chappée »[5] ou « chaper de la peau » dans le sens de s'évader de la peau —semble passer par une interrogation quo-tidienne du Corps : Ô mon corps, fais de moi un homme qui interroge »[6]. Se libérer de la peau, ne pourrait pas prendre le sens ici dans la Prière de Fanon, se libérer des « schèmes de représentation » qui nous désapproprient de notre propre corps.

> *« Le noir est identifié à la saleté dans l'imaginaire colonial »*

Du corps noir connecté au corps saisi dans sa positionalité[7] atlantique ou dans cosmopolitisme. La corporéité noire ne s'enferme pas dans les schèmes de représentation racisant parce qu'elle les défait par la contre-« façon » (dans le sens de faire contre « faire ») et en élaborant son propre contre-discours, parce que, comme tout corps, le corps noir est toujours déjà pris dans les rets de pouvoir —tant le pouvoir colonial raciste ou le pouvoir postcolonial reproduisant les formes d'assignation du premier— les formes de résistance s'organisent depuis ces derniers. Ainsi,

---

4. Seloua Luste Boulbina, *L'Afrique et ses fantômes*, Paris, Présence africaine, 2015, p. 25.
5. La peau sauvée par l'éclaircissement de l'épiderme. Voir Isabelle Michelot, « Du Neg nwe au Beke Goyave, le langage de la couleur de la peau en Martinique », *Constellations francophones, Publifarum*, No 7, 2007. , URL : http://www.publifarum.farum.it/ezine_articles.php?art_id=53. Consulté le 06 décembre 2017.
6. Frantz, Fanon, *Peau noire, masques blancs*, Paris, Seuil, 1952, p. 229.
7. Fila-Bakabadio, Sarah, « Photographie et géographie corporelle de l'Atlantique noir », *Politique africaine*, vol. 136, No. 4, 2014, pp. 21-40. URL : https://www.cairn.info/revue-politique-africaine-2014-4-page-21.htm. Consulté le 06 décembre 2017.

en plus de s'intéresser à ces anciennes formes d'assignation des corps et des nouvelles formes, des identités autant que des minorités, le propos entend explorer les anciennes formes de résistance desdits corps soit sous forme d'esthétisation, de dissidence, de contre-écriture par l'intermédiaire des littératures et des arts particulièrement.

Comment hérite-t-on du capital épidermique ou de son corps ? Comment porter/supporter son corps lorsqu'il est déjà abîmé par certains « schèmes de représentations » dégradants et qu'en est-il lorsqu'on est fatigué d'être réduit à son épiderme ? Peut-on être fatigué d'être « soi » sans se fatiguer de son corps plus précisément de son épiderme, parce que tout « soi » se constitue quelque part par l'intermédiaire d'un certain rapport à son propre corps ! Ne devrait-on pas envisager le « soi » en dehors de toute réduction à la corporéité ? Le « soi » serait-il donc constituable sans une certaine expérience de la corporéité ou de son épiderme?

« Refuser sa peau comme si elle devenait trop lourde à porter semble être l'une des phénomènes de dépigmentation de la peau qui ronge les sociétés africaines et caribéennes »

Dans ce cas, le corps —notre corps — ne serait-il pas l'une des conditions préalables ou nécessaires à tout héritage. Et pourtant, cette condition est plus qu'une condition, elle est un « legs » : social, culturel et politique. La particularité de cet héritage se fait sentir par notre incapacité à le refuser ou par l'impossibilité de nous en « défaire »[8] (dans le sens Butlerien du terme) sans porter atteinte à notre condition de vivant. Pourquoi serait-il si difficile de nous en défaire de son propre corps ou de notre épiderme ? La première raison découle du fait que cet héritage est la condition précédant toute condition d'héritage. Nous ne pouvons nous défaire de cette condition sans porter atteinte à notre existence comme corps vivant mais aussi comme corps politique parce qu'il est la précondition de notre apparition ou de notre naissance dans le « monde » qui nous est commun. Le corps, en tant que condition d'apparaître, est toujours saisi depuis les « schèmes de reconnaissance » qui confèrent de l'ethos à certains et qui le

---

8. Judith Butler, *Défaire le genre*, Paris, Amsterdam, 2012.

refusent à d'autres. N'est-ce pas ce sentiment de refus qui transforme, dans certains cas, la peau en fardeau pour certains afro-descendants. Refuser sa peau comme si elle devenait trop lourde à porter semble être l'une des sources du phénomène de dépigmentation de la peau qui ronge les sociétés africaines et caribéennes. Il y a comme une sorte de « nanoracisme »[9] qui contamine les imaginaires sociaux et les rapports au corps dans ces dites sociétés. Ce nanoracisme se caractérise par une sorte de « lésions ou d'entailles éprouvées par un sujet humain qui a subi un ou des coups pénibles et difficiles à oublier parce qu'ils s'attaquent au corps et à sa matérialité, mais aussi et surtout à de l'intangible (dignité, estime de soi). Leurs traces sont, la plus part du temps, invisibles et leurs cicatrices difficiles à refermer »[10].

Le corps dit noir est un corps assigné à la logique coloriste parce que le blanc n'a pas de couleur. Dans cette logique l'absence de couleur, c'est le blanc. Dans cette perspective la couleur noire devient le signe de stigmate de l'esclavage de l'infériorisation dans l'être. L'expérience du vécu dans un monde structuré autour des discours et des regards racisants : le corps par son épiderme peut devenir tantôt un capital ou tantôt un fardeau. Les expériences du racisme transforment le corps en propriété ou en objet désapproprié ou dépossédé. Ainsi, le noir hérite de son corps sous fond de culpabilité. La mémoire du corps devient dans certains cas une « mémoire souffrante »[11]. Cette situation reproduit au quotidien la scène d'interpellation racialisante ou fanonienne. Quel est ce corps hérité qui rend l'individu coupable jusqu'à s'identifier à l'appel racisé ? De cette situation, il résulte que l'héritage du corps constitue avant tout la condition de tout héritage. Parce que, pour pouvoir hériter, nous devons être un corps, avant toute chose, un corps vivant. Le corps que nous héritons semble conditionner notre aptitude à être un sujet capable d'hériter.

> « Les expériences du racisme transforment le corps en propriété ou en objet désapproprié ou dépossédé »

---

9. Achille Mbembe, *Politiques de l'inimitié*, Paris, La découverte, 2016, p. 81.
10. Ibid., p. 82.
11. Edelyn Dorismond, *L'ère du métissage*, Anibwe, Paris, 2013, p. 1981.

Cet héritage est singulier parce que le corps du Noir est hanté par le sentiment de la dépossession. Quelles sont les conditions d'une appropriation pleine et entière du corps par le Noir ? Comme tout corps, le corps noir est toujours déjà construit depuis une certaine altérité par l'intermédiaire de la socialisation, la particularité du « corps noir », c'est le fait qu'il est non seulement construit comme corps coloré par opposition au corps « blanc » qui est dit sans couleur, c'est le fait que la « couleur » devient source de stigmate.

Où se situent les frontières entre les identités nationales, les migrants et l'héritage du racisme postcolonial ? Peut-on envisager une déconstruction de la notion de la race en dehors des représentations et schèmes structurants de la colonialité ? Comment se dire et être soi dans les relations interactionnelles entre individus et dans les realtions unilatérales ? C'est ce qui constitue, au fait, le propos d'Asma Mahiou qui s'évertue à analyser les figures de femmes dans *Lambeaux* de Charles Juliet, tout en identifiant « la contribution de chaque figure féminine dans la construction du moi autobiographique ». Dieulermesson Petit Frère et Ulysse Mentor analysent le poids de la couleur de la peau et des préjugés dans le rapport à l'Autre (l'étranger) à l'époque de l'occupation américaine contribue à changer les perceptions et représentations de part et d'autre. Par ce numéro, la revue *Legs et Littérature* entend créer les conditions de penser et de panser les expériences douloureuses de l'épiderme, des minorités et d'ouvrir des pistes de recherche pour dénicher les lieux de résistance et d'émancipation du corps, des identités.

Jean Waddimir Gustinvil, Ph.D.
Dieulermesson Petit Frère, M.A.

Sommaire

• Identités, Races et Couleurs

17   Déviants et marginaux dans *Historia de una Piltrafa* de Lorenzo Silva
Par Maguette DIENG

41   *Viejo*, un roman prolétaire de l'occupation
Par Jean-Jacques CADET

61   La femme, un moyen de se dire dans *Lambeaux* de Charles Juliet
Par Asma MAHIOU

73   Lire *Cahier d'un retour au pays natal* d'Aimé Césaire : mémoire, engagement et quête identitaire
Par Mirline PIERRE

87   Entre littérature et psychanalyse : vers une interprétation ou approche clinique du texte
Par Murielle EL HAJJ

99   Pour une relecture du mouvement indigéniste
Par Qualito ESTIMÉ

121   Assise historique et représentation identitaire au service de l'histoire fictionnelle dans *Les Nuits de Strasbourg* d'Assia Djebar
Par Mourad LOUDIYI

141   De la colonisation aux organisation non-gouvernementales, persistance et évolution du regard de l'Autre et sur l'Autre dans le roman haïtien
Par Ulysse MENTOR

163   Le corps féminin comme posture de la résistance politique dans *Les Coupeurs de têtes* d'Amadou Koné et *La Vie et demie* de Sony Labou Tansi
Par David Sézito MAHO

183   Idéologies, couleurs et identités dans *Le choc* de Léon Laleau et *Le nègre masqué* de Stéphen Alexis
Par Dieulermesson PETIT FRERE

• Entretien et Portrait

207   Jhon Picard Byron : « ...les identités nationales se sont toujours construites en miroir dans le cadre du système-monde »
Propos recueillis par Dieulermesson Petit Frère

Sommaire

215 Du parcours d'Édouard Duval-Carié
     Gerry L'Étang

• Lectures

223   *La bête de musseau*
      Par Qualito ESTIMÉ
227   *Le coeur à rire et à pleurer*
      Par Carolyn SHREAD
229   *La vie et ses couleurs*
      Par Dieulermesson PETIT FRERE
233   *Cruelle destinée*
      Par Jean James ESTÉPHA

• Créations

239 *Exil et Trace*
     Marie-Josée Desvignes
245 *Sur le lit des Sargasses*
     Patron Hénékou
251 *Propos sur l'insondable*
     Hubert Olivier

• Regards

259   *Jean Midley Joseph, Prix bibliothécaire haïtien 2017*
      Par Carl-Henry Pierre

263   Prix, distinctions et événements

Sommaire

• **Repère bibliographique d'œuvres sur les identités, races et couleurs dans la littérature haïtienne**

267   Recensement sélectif d'œuvres sur les identités, races et couleurs dans la littérature haïtienne

279   **Liste des contributeurs**

Première partie

Identités, Races et Couleurs

17   Déviants et marginaux dans *Historia de una Piltrafa* de Lorenzo Silva
     Par Maguette DIENG

41   *Viejo*, un roman prolétaire de l'occupation
     Par Jean-Jacques CADET

61   La femme, un moyen de se dire dans *Lambeaux* de Charles Juliet
     Par Asma MAHIOU

73   Lire *Cahier d'un retour au pays natal* d'Aimé Césaire : mémoire, engagement et quête identitaire
     Par Mirline PIERRE

87   Entre littérature et psychanalyse : vers une interprétation ou une approche clinique du texte ?
     Par Murielle EL HAJJ

99   Pour une relecture du mouvement indigéniste haïtien
     Par Qualito ESTIMÉ

121 Assise historique et représentation identitaire au service de l'histoire fictionnelle dans *Les Nuits de Strasbourg* d'Assia Djebar
     Par Mourad LOUDIYI

141 De la colonisation aux organisations non-gouvernementales, persistance et évolution du regard de
l'Autre et sur l'Autre dans le roman haïtien
Par Ulysse MENTOR

163 Le corps féminin comme posture de la résistance
politique dans *Les Coupeurs de têtes* d'Amadou Koné
et *La Vie et demie* de Sony Labou Tansi
Par David Sézito MAHO

183 Idéologies, couleurs et identités dans *Le choc* de Léon
Laleau et *Le nègre masqué* de Stéphen Alexis
Par Dieulermesson PETIT FRERE

Déviants et marginaux dans *Historia de una Piltrafa* de Lorenzo Silva

Maguette DIENG est Docteur en littérature espagnole contemporaine, elle dirige actuellement le Département de Langues Romanes de la Faculté des Sciences et Technologies de l'Éducation et de la Formation (FASTEF) de l'Université Cheikh Anta Diop de Dakar (UCAD). Ses charges administratives et pédagogiques relatives à la formation initiale et continue des enseignants de langues romanes ne l'ont guère éloignée de la recherche disciplinaire. À ce jour, elle est l'auteur de plusieurs articles publiés dans des revues internationales ainsi que de trois livres : L'humanisme chez Juan Madrid (2013), La imagen del negro en Gente bastante extraña (2016) et Ficción y realidad en Nocturno de Chile de Roberto Bolaño (2017).

Résumé

Outre les besoins physiologiques qui assurent la survie même de notre espèce, les besoins les plus fondamentaux et presque universels sont : le besoin d'aimer et/ou d'être aimé ; le besoin de retrouver ou de trouver force, confiance et estime de soi ; le besoin de certitude, de trouver la solution radicale. Cette angoisse existentielle peut surgir à la suite d'une maladie ou tout simplement d'un acte dissolutif de la cohésion sociale (insécurité, violence physique et/ou verbale). Nos sociétés, qui se transforment de plus en plus en « fabriques d'exclus », exacerbent ces besoins chez l'individu victime de rejet ou souffrant, tout simplement, d'un mal vivre. Cet article se propose d'analyser les choix narratifs qui ont été à l'origine de l'énonciation de la déviance et de la marginalisation dans Historia de una piltrafa *de Lorenzo Silva.*

Mots clés

Déviance, marginalisation, personnage, violence, existentialisme.

DÉVIANTS ET MARGINAUX DANS *HISTORIA DE UNA PILTRAFA* DE LORENZO SILVA

Prix Nobel en 2000 et Prix Planeta en 2012, l'espagnol Lorenzo Silva figure parmi les auteurs les plus prolixes de la littérature espagnole contemporaine. Ses publications traduites en plus de huit langues (français, arabe, allemand, russe, danois, grec, tchèque, portugais, etc.) embrassent des genres et sous-genres aussi différents que l'essai, la littérature de jeunesse, le roman historique ainsi que le roman noir. Une œuvre hétéroclite cristallisée par les enquêtes et aventures du tandem Rubén Belvilacqua et Virginia Camorro engagé dans la résolution de crimes et autres faits délictuels mettant à nu l'idiosyncrasie, la réalité contemporaine du peuple espagnol[1]. Il nous sied dans cet article de nous intéresser non pas aux manuscrits déjà consacrés par les critiques mais plutôt au « bourgeon caudal » de la poéticité de ses textes d'aujourd'hui : *Historia de una piltrafa*. Écrit en 1986 par un Lorenzo Silva, poète et étudiant frustré[2], le récit éponyme se veut une satire féroce de la maxime de l'inaction taoïste et se meut avec *Noche de Verbena y Calor de amigo*, les deux autres contes de l'ouvrage, dans un « nihilisme narcissique et misanthrope »[3], « une cruauté extrême et gratuite »[4]. En effet, au fil des pages

---

1. L'auteur, parlant de Svetlana Aleksiévich, affirmait dans une interview accordée à Juan Carlos Galindo que «[…].La verdad es que esta mujer hace lo que para mí ha sido siempre la literatura : irte, escuchar a la gente y con todo eso construir una ficción, pero una ficción » («[…] En vérité, cette femme fait ce qui à mon avis a toujours été la littérature: sortir, écouter les gens et, à partir de ce substrat, construire une fiction, mais une fiction entremêlée de vérités»). Juan Carlos Galindo, « Lorenzo Silva "¿Burbuja en la novela negra? Nadie se queja de que haya muchos bares " », feria del libro de Madrid 2016.
URL: https://elpais.com/cultura/2016/06/09/actualidad/1465447039_630962.html
2. Lorenzo Silva, *Historia de una piltrafa y otros cuentos crueles,* Turpial, 2014, pp. 9-12.
3. Ibid., p.15.
4. Ibid., p.16.

la voix narrative prend en charge l'énonciation d'une différence, de conduites déviantes et marginales que nous essayerons d'analyser à travers une approche d'ordre herméneutique qui conciliera la perspective théorico-conceptuelle et épistémologique avec la pratique textuelle.

Du binôme « Déviance-Marginalisation »

Il est toujours assez périlleux de vouloir décider de l'inadéquation ou non d'un fait social, tant celui-ci reste assez variable selon les époques, les lieux et les peuples. Les valeurs et interdits sociaux sont relatifs au contexte normatif, ce qui est répréhensible au sein d'une communauté ou à une époque donnée peut très souvent être accepté sous d'autres cieux ou en d'autres temps. Une relativité qu'eut tôt fait de relever dans ses écrits Blaise Pascal en soulignant que « le larcin, l'inceste, le meurtre des enfants et des pères, tout a eu sa place entre les actions vertueuses »[5]. Cependant, bien qu'il soit un fait historiquement établi que la morale reste assujettie au type de société[6], il demeure que les normes[7], une fois établies par le groupe, s'imposent comme patrons régulateurs à tous les membres : les enfreindre mettrait en péril tout projet de vie commune, du fait de la dysharmonie qui en résulterait[8]. Selon Maurice Cusson, le vocable se révèle assez englobant et fait référence à « [...] l'ensemble des conduites et des états que les membres d'un groupe jugent non conformes à leurs attentes, à leurs normes ou à leurs valeurs et qui, de ce fait,

---

5. Blaise Pascal, *Pensées*, Paris, Garnier, 1960, p. 152.
6. Émile Durkheim, *Éducation et sociologie*, Paris, Librairie Félix Alcan, 1922, p. 55.
7. Au sein des sciences humaines et sociales, les définitions du concept varient selon l'angle disciplinaire ou d'analyse. Il est tantôt défini de manière abstraite comme « un précepte d'action régissant la conduite des acteurs sociaux » (André Akoun & Pierre Ansart (dir.), *Dictionnaire de Sociologie*, Paris, Le Robert/Seuil, 1999, p. 365.), tantôt de manière détaillée comme « des techniques, des usages, des mœurs et des lois et [étant] inséparables de l'activité de régulation qui les crée et les maintient. Propres à un groupe (dans le cadre notamment de pratiques ou de déontologies professionnelles) ou à une société donnée (l'objectif étant alors d'assurer la prospérité publique à l'aide de préceptes et d'interdits institutionnellement définis), elles prennent la forme de règles ou de modèles, appris et partagés par une pluralité de personnes, légitimités par des valeurs, organisés en système dont la non-observance ou la transgression est synonyme de déviance et est susceptible d'entraîner des sanctions ou de provoquer des réactions de désapprobation ou d'ostracisme » (Férreol Gilles, *Vocabulaire de sociologie*, Paris, 1997, p. 39.).
8. Ibid., p. 41.

risquent de susciter de leur part réprobation et sanctions »[9]. Cusson, mettant l'accent sur la nécessité impérieuse d'une graduation de la déviance, aux fins d'éviter toute classification disparate, distingue principalement trois catégories de *déviant* : les déviants sous culturels, les transgresseurs et les individus souffrant de troubles de comportement. Les premiers nommés, en sus d'enfreindre les normes établies par la société dans laquelle ils vivent, en promeuvent d'autres à l'image des terroristes et des membres des sectes. Les transgresseurs, eux, ne remettent pas en cause la validité de la norme qu'ils transgressent : « Ils n'agissent pas par principe mais par intérêt, par opportunisme, ou encore ils se laissent emporter par la passion ou la concupiscence. [...] ils violent des normes dont ils ne récusent pas vraiment la légitimité »[10]. Les délinquants et autres criminels se retrouvent dans cette deuxième catégorie. Le troisième palier dégressif, qui situe l'individu dans une sorte de « zone grise » où le caractère volontaire de l'acte peut être diffus, regroupe les alcooliques et autres toxicomanes dont les agissements —la dépendance s'installant— relèvent de plus en plus d'ordre pathologique que volontaire[11]. Ce caractère polymorphique et universel de la déviance n'est guère antinomique à l'existence de la norme. Il ne peut y avoir de société anomique, l'acte déviant présuppose des normes et règles préalablement approuvées par le groupe dont la transgression suscite un processus de stigmatisation, une réaction centripète qui induit à la marginalisation.

Le marginal est un être qui, comme se mettant « hors système », se situe « aux confins, à la périphérie, au-delà de la ligne d'horizon sociale »[12]. La relation entre la déviance, l'acte dissolutif de la cohésion sociale[13], et la marginalisation est celle de cause à effet : le marginal est isolé volontairement ou non des interactions sociales du fait de sa volonté manifeste de se distinguer du

---

9. Maurice Cusson, *Déviance*, Québec, Chicoutimi, 2006, p. 7. Une version électronique réalisée dans le cadre de la collection : "Les classiques des sciences sociales" de l'article éponyme publié dans l'ouvrage *Traité de sociologie* paru sous la direction de Raymond Boudon, chapitre 10, pp. 389-422 (Paris, Les Presses universitaires de France, 1992).
10. Ibid., p. 7.
11. Op.cit., p. 7.
12. Yves Barel, *La marginalité sociale*, Paris, PUF, 1982, p. 36.
13. Anadeli Bencomo, « Violencia crónica o crónica de la violencia : José Duque y Rossana Reguillo », Graciela Falbo, *Tras las huellas de una escritura en tránsito. La crónica contemporánea en América Latina*, Buenos Aires, Al Margen, 2007, p. 30.

reste de la communauté, du fait de son rapport négatif à la structure de l'intégration sociale[14]. La première occurrence du terme « marginal » remonte à 1928 avec l'École de Chicago[15], Robert E. Park désignait alors ainsi les « hybrides culturels ». Ceux-ci, placés à l'intersection de deux cultures différentes du fait de la migration, se trouvaient ainsi exposés à de multiples[16] allégeances dont ils finissaient par se revendiquer indistinctement :

> *L'homme marginal est un type de personnalité qui surgit à un moment et à un endroit où, du conflit des races et des cultures, de nouvelles sociétés, de nouveaux peuples et de nouvelles cultures sont en train de naître. Le destin qui le condamne à vivre en même temps dans deux mondes est le même qui le contraint à assumer, en relation aux mondes dans lesquels il vit, le rôle d'un cosmopolite et d'un étranger. Inévitablement, il devient relativement à son milieu culturel, l'individu avec le plus large horizon, l'intelligence la plus vive et le point de vue le plus détaché et le plus rationnel. L'homme marginal est toujours relativement l'être humain le plus civilisé*[17].

---

14. André Vant (éd.), *Marginalité sociale, marginalité spatiale*, Paris, CNRS, 1986, p. 51.
15. La création du Département de sociologie de l'Université de Chicago, berceau de la sociologie américaine, date de 1892. Cette fut à l'origine des premières études sur l'expérience subjective de la migration. N'hésitant pas à placer l'individu au centre de leur analyse, les fondateurs, William Isaac Thomas et Robert Ezra Park s'évertuèrent à rendre compte fondamentalement des transformations culturelles que connaissaient les migrants tout au long du processus migratoire du fait du changement de milieu.
16. Dans son article de 1928, Park part du constat que les phénomènes migratoires ne posent pas seulement des problèmes démographiques et géographiques, mais également culturels et psychologiques. Le fait migratoire est, selon lui, fondamental pour rendre compte de l'évolution des cultures. Historiquement, affirme-t-il, tout progrès d'une culture commence par une nouvelle période de migrations. Mais ce qui est nouveau, à l'époque contemporaine, poursuit-il, c'est que la mobilité des individus s'accroît, alors que les migrations collectives des peuples diminuent sensiblement. Pour Park, il résulte de cette double évolution la formation d'un nouveau type de personnalité, celle de l'individu qu'il définit comme « l'homme marginal ». Le migrant, éloigné de sa société d'origine, sans être pour autant inséré profondément dans la société d'installation, est de plus en plus solitaire et se retrouve confronté à deux cultures : il est l'« homme de deux cultures et de deux sociétés ». Robert E. PARK, « Human Migration and the Marginal Man », *American Journal of Sociology*, 37 (6), 1928, pp. 881-893.
17. Robert E. Park, « Introduction », *Everett Stonequist, The Marginal Man*, New York, Charles Scribner's Sons, 1937.

C'est avec Horward S. Becker que le vocable opère un glissement de sens[18] en 1963 pour recouvrir pleinement l'acception qui est aujourd'hui la sienne i.e. se disant essentiellement de celui « qui est en marge, [qui est] non conforme aux normes d'un système donné »[19].

Cette définition pourrait bien s'appliquer aux personnages du récit objet de notre étude, *Historia de una piltrafa*. La diégèse plonge le lecteur dans un *res fictae* d'une violence verbale et / ou physique singulière dont les personnages, pour diverses raisons, se voient enfermés dans leurs plus étroites appartenances du fait du regard social[20]. Des personnages hors du commun, atypiques dont il serait intéressant de faire la caractérisation.

Caractérisation des personnages

Historia de una piltrafa est la relation autodiégétique d'un sujet dont le nom, tout comme ceux des autres personnages, nous sera tû jusqu'à la fin du récit. Le narrateur surgit du néant : on ne connaît rien de son passé récent ni lointain, sauf qu'il est ingénieur de profession. Cette absence de nom, de références généalogiques rend le personnage difficile à définir parce qu'étiolant les attributs qui auraient pu le déterminer :

> *Être nommé signifie avoir une identité, signifie s'inscrire dans la loi, signifie encore s'inscrire dans l'Histoire, la succession du temps et des générations. En réponse à son nom, on accepte sa filiation. À l'inverse, l'absence d'un nom, le refus du nom, le changement de nom, arrêtent l'Histoire et nient l'origine*[21].

La *diégèse* s'ouvre sur ce que Jean-Michel Adam désigne sous l'appellation d' « orientation-exposition »[22] qui conditionne l'activité cognitive du lecteur et

---

18. Maurice Schöne, *Vie et mort des mots*, Paris, PUF, pp. 77-78.
19. Alain Rey (dir.), *Le Robert, Dictionnaire historique de la langue française*, Paris, Le Robert, 1998, p. 2138.
20. Amin Maalouf, *Les identités meurtrières*, Paris, Grasset, 1998, p. 29.
21. Sylvie Camet, *Les Métamorphoses du moi. Identités plurielles dans le récit littéraire XIXe – XXe siècles*, Paris, L'Harmattan, 200, p. 37.
22. Selon Jean Michel Adam, l' « orientation-exposition » d'un récit est l'énoncé inaugural qui annonce le propos narratif et en désigne les circonstances. Jean Michel Adam, *Le texte narratif*, Paris, Nathan, 1994, pp. 119-128.

indique, par sa composante évaluative, l'intérêt de ce qui va suivre :

> *Harto ya hasta de mi sombra, es cierto, pero a la sazón no inducido por ningún motivo o acontecimiento determinado, decidí sin previa deliberación que me degradaba a la categoría de piltrafa. Y esto quería decir que en adelante me prohibía la insensatez de seguir produciendo apoderamientos y huidas, hipótesis y adhesiones, execraciones y metáforas; [...]. Era lunes, era por la mañana, hacía sol. Venía de algún sitio e iba a algún otro, pero como en el estado de cosas creado por mi decisión ni el pasado ni el futuro iban a tener en lo sucesivo la menor capacidad de angustiarme, no es necesario detallar estos extremos*[23].

Sous le mode de la narration homodiégétique, le personnage relate les incidences que lui vaudra sa décision de se réduire à la catégorie de «piltrafa» (déchet), d'être tout simplement, de se dépouiller de sa puissance de motion et de s'emmurer dans un mutisme distant : « Ésta fue mi última acción: dejé caer el periódico y me detuve, con la mirada perdida en una nebulosa inacable que se extendía desde aquel momento ante mí »[24]. Un tel acte de déviance dans nos sociétés contemporaines cacophoniques et hyperactives suscite immédiatement réprobation et censure des actants toutes tranches d'âge confondues :

> *La brusquedad de mi inmovilización sorprendió a una mujer [...]. Su mirada asesina al superarme fue el preámbulo de la larga serie de desaprobatorias expresiones que, si bien con menos vehemencia, hube de percibir en los minutos siguientes que eran dedicadas igualmente a mi persona, a causa de mi innoble o al menos subversiva actitud. Hombres, mujeres, algún viejo, algún niño, todos pasaron durante un buen rato junto a mí sin ofrecerme otra cosa que su censura...*[25].

Son corps inerte sur la chaussée sera transporté sans ménagement au poste de

---

23. Lorenzo Silva, *Historia de una piltrafa y otros cuentos crueles*, Madrid, Turpial, 2014, pp. 21-22.
24. Ibid., p. 22.
25. Ibid., p. 23.

police le plus proche par deux agents plus que railleurs :

> -¿Y a este qué le pasará?-preguntó el conductor mientras iniciaba la maniobra para unirse al tráfico de la calle.
> -A saber. Le habrá abandonado su novia. O su novio.
> Oiga-dijo dirigiéndose a mí -, ¿de verdad que no puede hablar? Mire que le ahorrará más de una molestia.
> Yo permanecí inmóvil, en la postura en que me habían dejado, mirando al vacío.
> -Nada. A lo mejor pegándole una hostia[26].

L'assistance et la compassion que normalement on se doit d'attendre de cette institution ne lui seront guère témoignées. Trainé devant le bureau d'un inspecteur aux méthodes rustres, son refus de coopération déclenche l'ire de celui-ci. Bafouant les devoirs et interdits éthiques qui sont les bases de sa profession de foi, l'inspecteur lui propose tout simplement de mettre un terme à ses jours et de lui éviter ainsi de perdre inutilement son temps :

> -¿O es que sencillamente está cansado de la vida? En ese caso [...] me dice que ha sufrido un ataque de amnesia o de idiotez y que ya está bien y quiere irse a casa. Yo le dejo marchar y apenas salga a la calle se arroja bajo las ruedas de un autobús o se va al Viaducto a ensayar vuelo libre. Así se queda usted tranquilo y me deja tranquilo a mí[27].

La perquisition de son domicile confirme l'isolement relationnel du personnage : aucun de ses voisins ne le connaît véritablement, leurs échanges se limitent à d'éphémères cordialités devant le portail de l'immeuble. L'inspecteur de police, de guerre lasse, décide de l'évacuer à l'hôpital en lui promettant un bien triste sort entre les mains des blouses blanches :

> Por lo pronto te voy a enviar a algún hospital para que te examinen. Los médicos pueden ser más pesados que un policía. Confío en que te divertirás. Ya te haré saber lo que tenga.

---

26. Ibid., p. 30.
27. Ibid., pp. 31-32.

> *No eran malas noticias. Un hospital es más agradable que una comisaría, y a mí, particularmente, siempre me han gustado los hospitales, Sus amenazas no me preocupaban*[28].

L'optimisme du narrateur sera vite déchanté, parjurant les engagements du serment d'Hippocrate[29] le personnel soignant fait montre d'une extrême négligence à son égard :

> *Los camilleros me transportaban de visible mala gana, dejándome caer en el suelo desde alturas de diez o veinte centímetros cada vez que se detenían ante alguna puerta para preguntar. Cuando por fin dieron con el lugar donde debían entregarme («Sí, déjenlo por ahí») se apresuraron a desaparecer y yo quedé en el suelo, a la espera, durante una hora y media que me fue dado cronometrar meticulosamente, porque me dejaron frente a un reloj que podría describir aun hoy con tediosa prolijidad. Si fui descubierto al cabo, se debió sin duda a que al tropezar conmigo un médico se dio cuenta de que estorbaba allí donde me habían abandonado*[30].

Outre la désinvolture des brancardiers, il devra faire face à l'indifférence d'une infirmière, qui estimant son temps de garde déjà terminé, l'abandonne au chevet d'un médecin non moins consciencieux. Celui-ci, sans diagnostic aucun, ordonne qu'on le mette dans un lit et qu'on lui administre un somnifère. Il sera confiné dans une chambre individuelle, privé non seulement de la fameuse prescription mais aussi du réconfort psychologique que lui aurait apporté la présence d'un autre patient. Souillé par ses déjections, tenaillé par la faim, le protagoniste était à deux doigts de mettre un terme à son inertie volontaire quand il reçoit finalement la visite d'un autre médecin plus prodigue en admonestations et menaces qu'en soins thérapeutiques idoines :

> *-Ya veo. ¿Por qué no quieres hablar? ¿No te das cuenta de que este juego ya no tiene ningún sentido? Sólo puede traerte*

---

28. Ibid., p. 40.
29. Jeanne Ducatillon, « Le serment d'Hippocrate, problèmes et interprétations », *Bulletin de l'Association Guillaume Budé*, No 1, mars 2001, pp. 34-61.
30. Op. Cit., p. 44.

> *problemas. Puedes estar seguro de que acabarás cansándote y rindiéndote. A nosotros nos basta con esperar, para ti serán todas las incomodidades. Sabemos que no te pasa nada [...]. Como supongo que tampoco querrás comer te vamos a poner suero. Es bastante fastidioso tener el tubito enchufado. Puede que te ayude a decidirte a hablar. Luego te dejaremos dormir y mañana se te habrá pasado todo, me imagino*[31].

Quelques heures plus tard, il sera extrait de l'hôpital, balloté sur l'épaule d'une frêle infirmière. Déterminé à demeurer dans l'inertie la plus complète, le narrateur se voit jeté sur le siège arrière d'une voiturette rouge et se laisse conduire à l'appartement de la jeune femme qui fait de lui la cible de ses fantasmes sado-machistes :

> *Me azotó sin piedad, hasta extenuarse, lanzando gemidos de fiera y poniendo el alma en cada golpe. Al principio se limitó a castigarme el torso, los brazos; luego pasó a las piernas, las nalgas –para lo que me volteó oportunamente-; y por ultimo –tras volver a colocarme boca arriba-; descargó sus iras sobre mi rostro, con cuidado de no saltarme los ojos pero sin otras consideraciones adicionales, como mitigar la fuerza del azote o no prolongar el castigo demasiado. [...] un chorro caliente de un líquido de inconfundible aroma me hizo saber que mi inclemente torturadora aún no había agotado su imaginación vejatoria*[32].

Sa libido assouvie, l'infirmière l'éjectera de sa voiture en marche au milieu de la chaussée. Et c'est à cet endroit que le trouvent des individus aux noms évocateurs et symboliques (Mierda, Baboso, Fétido, Luna) qui se chargent de lui infliger gratuitement d'autres exactions physiques parce que tout simplement « [...] no existe ningún ser superior y bueno que se ocupe de los asuntos humanos, o al menos de los asuntos de los humanos desgraciados »[33]. Il sera recueilli finalement par un médecin homosexuel qui lui prodiguera

---

31. Op. Cit., pp. 46-47.
32. Ibid., pp. 52-53.
33. Ibid., pp. 59

soins et nourritures. Au fil des heures, par le biais de la focalisation interne et du style direct, le lecteur est informé de tout le ressenti qu'éprouve l'amphitryon du fait de ses orientations sexuelles. L'attitude du narrateur jusque-là réprimée s'en voit même ennoblie :

> *-¿Sabes?- comenzó a decir, acompañándose de mesurados ademanes-, me gustaría poder adoptar tu actitud. En el fondo es lo único sensato. Sí. Callar, dejar que las cosas sigan su curso. A veces la rendición es la única manera de humillar la tiranía de la fuerza, la única protesta que tiene alguna eficacia o, aun cuando sea ineficaz, algún valor. La renuncia es la única fortaleza que tenemos los débiles y tú, además de haberte dado cuenta, has tenido la valentía de asumirlo. [...]. Es el modo de vencer la injusticia fundamental que nos rodea y nos hace sus víctimas. Yo sé todo esto como tú, pero no sé librarme del desasosiego, los deseos frustrados, los miedos que carcomen el espíritu. Yo nunca saldré de aquí, nunca dejaré de sufrir los golpes, de contemplar los días que vendrán y los días que se fueron. Es triste*[34].

L'homosexualité, malgré les lois inclusives votées dans certaines contrées du globe, reste considérée comme un acte de déviance dans la plupart des pays. Ceux qui s'en réclament continuent d'être marginalisés par leurs concitoyens, s'ils ne sont pas victimes tout simplement d'incarcération ou de sévices corporels. Les coups que le médecin affirmait subir de l'extérieur du fait de ses orientations sexuelles viendront de son propre appartement qui jusqu'ici était un refuge pour lui. La caresse hésitante qu'il risquera sur le front de son hôte qu'il croyait endormi lui vaudra les violentes représailles de celui-ci :

> *Se levantó, se acercó hasta la cabecera y amparado miserablemente en las sombras y en la inconsciencia en que me suponía sumido comenzó a acariciarme la frente. Vacilé un instante, mientras evaluaba mis fuerzas, y a continuación hice –sí, hice- lo que cualquiera, a estas alturas, puede adivinar. Aferré su muñeca con ambas manos, abrí la boca, introduje sus*

---

34. Ibid., pp. 70-72.

> *dedos en ella y apreté las mandíbulas con furia.*
> *El hombre lanzó un alarido, pero yo prolongué mi castigo durante un buen rato, hasta que sentí en mi lengua el sabor de su sangre. [...]. Una vez que le tuve en el suelo me puse a horcajadas sobre él y empecé a abofetearle con toda mi alma, sintiendo en las palmas más el choque del hueso que el de sus mejillas, bastante carnosas. Él respondía a mi castigo con unos débiles gemidos de queja que me exasperaban. [...].*
> *Empezó a sangrar abundantemente por la nariz, pero dejó de quejarse; el golpe le había dejado medio desvanecido*[35].

Après avoir pris le soin d'attacher le médecin à une chaise, le narrateur s'offre une longue douche comme pour annoncer son retour aux « règles de la normalité », se revêt des habits de son amphitryon, s'arrose d'eau de Cologne et s'empare de toutes les économies de son logeur. Pris d'un subit et ironique sentiment de pitié, il quitte l'appartement, non sans avoir laissé la porte ouverte :

> *Pensaba salir sin mirar siquiera al fardo que había dejado atado a la silla, pero al abrir la puerta me asaltó un súbito sentimiento de piedad hacia aquel hombre. En el fondo no me caía del todo mal. Quizá había sido por eso que le había proporcionado aquella sesión docente al estilo del Mierda. [...].*
> *-No te preocupes –le dije –*
> *No tengo nada contra ti. Nadie puede tener nada contra ti.*
> *Y salí, dejando la puerta abierta*[36].

Points nodaux du récit, les personnages de *Historia de una piltrafa* échappent à toute tentative d'identification ou de typologie réductrice. Les quelques attributs qui leur sont prédiqués sont présentés de façon éparse dans le texte et leurs patronymes sont méconnus du lecteur. En renonçant à tout rapport paradigmatique et à toute forme de causalité syntagmatique, l'auteur dénonce comment la société capitaliste et froide tend à desservir l'être humain en butte au manque d'empathie, de compassion de ses semblables. Toute tentative

---

35. Ibid., pp. 84-86.
36. Ibid., pp. 86-87.

d'exister tout simplement, « d'endiguer le flot, d'en inverser le cours »[37], reste perçue comme un acte de déviance lourdement sanctionné. Il sied maintenant de nous intéresser à ces autres catégories de la narratologie, l'espace et le temps.

De l'univers diégétique de *Historia de una piltrafa*

Toute œuvre littéraire se caractérise par sa façon singulière de découper et d'ordonner le monde, le temps et l'espace[38]. D'une manière générale l'espace est défini comme un « Canevas géométrique universel sur lequel interviennent les phénomènes et se succèdent les évènements [...]. Situer un fait par ses coordonnées spatiales, donner la mesure exacte de ses dimensions, c'est déjà beaucoup le comprendre, réduire ce qu'il pouvait avoir comme insolite »[39]. Dans *Historia de una piltrafa*, l'espace de l'histoire coïncide avec le milieu urbain qui est le propulseur des actions des personnages. Les faits qu'il narre se sont tous déroulés dans l'univers ouvert de la ville, autour d'espaces et de scènes de vie authentiques (poste de police, hôpital, etc.) :

> *El conductor de la ambulancia [...] debía de ignorar que los vehículos automóviles son susceptibles de progresar a velocidades inferiores a los 90-100 kilómetros por hora, y que esta aptitud resulta tanto más aconsejable aprovecharla cuando uno se mueve por ciudad. Para aquel tipo solo existían pistas de asfalto jalonadas de señales inútiles que no rezaban con él*[40].

L'absence d'indications toponymiques précises concernant l'espace de la narration confère non seulement au récit une certaine universalité mais contribue aussi à la solitude du personnage principal. Aucun nom de ville, de ruelle, de rue ou d'agglomération n'est indiqué : « Era lunes, era por la mañana, hacía sol. Venía de algún sitio e iba a algún otro, pero como en el estado de cosas creado por mi decisión ni el pasado ni el futuro iban a tener en lo sucesivo la menor capacidad de angustiarme, no es necesario detallar estos

---

37. Roger Garaudy, *Appel aux vivants*, Paris, Seuil, 1979, p. 10.
38. Antonio Garrido Domínguez, *El texto narrativo*, Madrid, Síntesis, 1996, p. 210.
39. Georges Gusdorf, *Mythe et Métaphysique*, Paris, Flammarion, 1953, p. 48.
40. Lorenzo Silva, *Historia de una piltrafa y otros cuentos crueles*, Madrid, Turpial, 2014, p.

extremos »[41]. Les actions relatées pourraient se passer dans n'importe quel endroit du monde n'eut été l'adresse carcérale mentionnée à la fin du récit : « Getafe-Madrid ». L'espace de la narration se voit ainsi réduit à un lieu clos, une vague cellule de prison où le narrateur a été incarcéré après avoir violemment agressé le médecin qui l'avait accueilli chez lui :

> *Por desgracia, unos diez meses después, en el juicio, el tribunal despreció bastante mis argumentos en este sentido, así como las vagas razones que aduje para justificar mi comportamiento. Lo que yo creo es que me entendieron muy poco, pero tampoco les culpo demasiado, porque habría hecho falta estar en mi pellejo para comprender ciertas cosas.*
> *En resumen, me impusieron la pena más elevada que mis delitos permitían y, aparte de tener plan para los próximos años y un futuro personal y profesional algo incierto para cuando acabe de purgar mis culpas, esto es todo*[42].

Cette privation de liberté, quelle que soient les raisons qui la sous-tendent, accroit la marginalisation du personnage qui voit sa mobilité ainsi que ses interactions sociales réduites : il s'agit en fait d'une marginalisation « institutionnalisée » dont les visées expiatoires ont été très tôt battues en brèche par Foucault qui assimile toute prison à une simple fabrique de délinquants, vu que la détention ne peut que provoquer la récidive[43].

La poétique de l'espace induit aussi à étudier les techniques et les enjeux de la description des lieux de la diégèse. *Historia de una piltrafa* se singularise par une insertion par *ancrage*[44] avec une dénomination initiale du thème-titre qui met en contribution les facultés cognitives du lecteur en l'incitant à confronter l'univers diégétique à sa propre représentation de l'univers : l'information apportée par le passage descriptif modifie ses inférences. La douceur et l'intimité du foyer domestique tant ancrées dans notre subconscient collectif par la locution traditionnelle anglo-saxonne « home sweet home, be it poore in

---

41. Ibid., pp. 21-22.
42. Ibid., p. 87.
43. Michel Foucault, *Surveiller et punir, naissance de la prison*, Paris, Gallimard, 1975, p. 333.
44. Vincent Jouve, *Poétique du roman*, Paris, Armand Colin, 200, p.53.

sight, there's no place like home »[45] sont complétement remises en question par la froideur et l'austérité qui se dégagent de l'appartement du narrateur. « Le nid », « la maison » ne dénote aucun espace de vie et met à nu le processus « de distanciation sociale » dans lequel s'est engagé le personnage :

> *La casa, mi casa, era y es un bloque de pisos ni muy céntrico ni muy periférico, ante el que el coche se detuvo con un chirrido de frenos que mostraba que hacía poco que le habían cambiado las pastillas. Me llevaron hasta el portal y llamaron a la puerta de uno de los bajos. [...]. El nido, bastante limpio, porque yo siempre he sido muy meticuloso para eso, y bastante poco amueblado, por pereza y falta de necesidad, no habría de proporcionar al inspector demasiada ayuda para clarificar sus investigaciones. Se hartaron de hojear libros y revolver cajones, sin hallar nada que arrojara alguna luz decisiva sobre mi cotidianidad, lo único de mí que a ellos les preocupaba. Ni un teléfono, ni una fotografía, ni una carta, un carné*[46].

Les autres rares lieux évoqués par le narrateur homodiégétique correspondent aux déplacements que lui font subir les personnages qu'il rencontre au gré de la fortune : l'espace mobile de l'ambulance, l'hôpital, l'appartement de sa geôlière, celui de l'homosexuel, etc. Toujours est-il que ces lieux sont décrits au lecteur de façon assez succincte soulignant la fonction sémiotique. Les espaces supposés *habités*, les espaces de vie se retrouvent dénués de toute âme, de toute chaleur humaine à l'image des esprits marginaux auxquels ils servent de refuges. L'homosexuel, désabusé par toutes les injustices et brimades du fait de son orientation sexuelle, avoue piteusement qu'il ne se sent en sécurité qu'à l'intérieur de son appartement :

> *Has aprendido que nadie puede obstruirte el camino si no tomas camino alguno, y has sabido renunciar a todos los caminos. Es el modo de vencer la injusticia fundamental que nos rodea y nos hace sus víctimas. Yo sé todo esto como tú, pero no sé librarme*

---

45. Collectif, *Oxford English Dictionary*, Volume V, Oxford University Press, 961, pp. 349-350.

del desasosiego, los deseos frustrados, los miedos que carcomen el espíritu. Yo nunca saldré de aquí, nunca dejaré de sufrir los golpes, de contemplar con angustia los días que vendrán y los días que se fueron. Es triste[47].

En sus d'un espace, tout récit exige une temporalité « pour s'inaugurer, se maintenir, se développer comme un monde clos, suffisant, constitué »[48]. Le temps dans le récit se subdivise en temps de l'histoire et en temps du discours. Le temps de l'histoire ou de la diégèse est le temps raconté. Le temps du discours, lui, est « […] la représentation du temps en rapport avec l'instance de l'énonciation »[49]. Il se tisse des relations entre la *durée diégétique* (mesurée à l'image de la temporalité réelle) et la durée textuelle. L'étude de leurs rapports de concordance ou de divergence permet de mettre l'accent sur quatre éléments essentiels : l'ordre, le moment de la narration, la vitesse narrative et la fréquence narrative. *Historia de una piltrafa* adopte la technique de « *l'entrée in media res* », le narrateur se base sur la seule force de ses souvenirs. Une telle anachronie narrative explique le nombre considérable d'analepses de portées moyennes. En effet, les faits relatés revenant sur les turpitudes qui lui valent son séjour carcéral remontent seulement à quelque dix mois auparavant : « *Por desgracia, unos diez meses después, en el juicio, el tribunal despreció bastante mis argumentos en este sentido, así como las vagas razones que aduje para justificar mi comportamiento* »[50]. L'amplitude relativement courte accélère le récit et souligne l'impeccable sanction que la société inflige à tous ceux qui osent outrepasser ses normes. Suite à sa décision de refuser toute interaction sociale, d'« être tout simplement », il n'a fallu que 48 heures pour que le glaive s'abatte sur le narrateur : maltraitance policière, non-assistance médicale, rejet et tortures de la part de ses concitoyens, etc. La narration *ultérieure* justifie l'absence de *prolepses* dans le récit. Sous le mode

---

47. Ibid., pp. 71-72.
48. Charles Grivel, « Production de l'intérêt romanesque », Nadine Toursel et Jacques Vasseviere, *Littérature : Textes théoriques et critiques*, Paris, Nathan/HER, 2001, p. 115.
49. Oswald Ducrot et Tzvetan Todorov, *Dictionnaire encyclopédique des sciences du langage*, Paris, Seuil, 1972, p. 398.
50. Lorenzo Silva, *Historia de una piltrafa y otros cuentos crueles*, Madrid, Turpial, 2014, p.

véridique du *témoignage*[51], le narrateur raconte, seulement après coup, ce qui est arrivé. Tous les quatre mouvements narratifs (pause, scène, sommaire et ellipse) apparaissent à des degrés variables. L'ellipse la plus marquante correspond à la période qui sépare son départ de la demeure de l'homosexuel et son incarcération. La relation qu'il fait de son procès est fondamentalement un sommaire : le narrateur homodiégétique résume, condense, sur quelques lignes les minutes des audiences au tribunal : « En resumen, me impusieron la pena más elevada que mis delitos permitían y, aparte de tener plan para los próximos años y un futuro personal y profesional algo incierto para cuando acabe de purgar mis culpas, esto es todo »[52]. Ces ellipses accélèrent le récit et soulignent la décrépitude du personnage, ce sentiment de « vide social » qui anime tous ceux dont les concitoyens ont fait perdre le sentiment de leur grandeur intime. Cet échec du « Dieu des églises » veillant sur tout et décidant de tout, exposa d'ailleurs les bases de la théorie existentialiste de Jean-Paul Sartre, « [...] une doctrine qui rend la vie humaine possible et qui, par ailleurs, déclare que toute vérité et toute action impliquent un milieu et une subjectivité humaine »[53]. La subjectivité à laquelle appelait la théorie sartrienne n'est point un individualisme narcissique ni ne correspond au repli sur soi de *Historia de una piltrafa*. Pour Sartre, partir de la subjectivité est reconnaitre à l'homme sa dignité par opposition au matérialisme. La subjectivité du *cogito* n'est pas individuelle, elle est prise de conscience de l'existence d'autrui. Se poser comme conscience c'est déjà poser l'autre. Autrui est nécessaire à mon existence et à la connaissance que j'ai de moi-même :

> [...] *l'homme qui s'atteint directement par le cogito découvre aussi tous les autres, et il les découvre comme la condition de son existence. Il se rend compte qu'il ne peut rien être sauf si les autres le reconnaissent comme tel. Pour obtenir une vérité quelconque sur moi, il faut que je passe par l'autre. L'autre est indispensable à mon existence, aussi bien d'ailleurs qu'à la*

---

51. Selon Cru, le témoin est celui qui se contente dans «un pays frénétique» où tout porte la marque «de l'exagération, de la déraison» de ne relater que la stricte vérité de son expérience. Jean Norton Cru, *Témoins. Essai d'analyse et de critique des souvenirs de combattants édités en français de 1915 à 1928*, Paris, Les Etincelles, 1929, p. 300.
52. Op. Cit., p. 87.
53. Jean Paul Sartre, *L'Existentialisme est un humanisme*, Paris, Gallimard, 1996, p. 23.

connaissance que j'ai de moi. Dans ces conditions, la découverte de mon intimité me découvre en même temps l'autre, comme une liberté posée en face de moi, qui ne pense, et qui ne veut que pour ou contre moi. Ainsi, découvrons-nous tout de suite un monde que nous appellerons l'intersubjectivité, et c'est dans ce monde que l'homme décide ce qu'il est et ce que sont les autres[54].

En refusant d'agir et d'être tout simplement, en nous occultant des pans entiers de sa vie, le personnage homodiégétique de *Historia de una piltrafa* refuse de s'assumer à travers la philosophie sartrienne de la morale de l'action, l'engagement militant au sein de la société et la négation de toute forme d'oppression ou d'aliénation : « [...] no pretendía luchar contra ninguna injusticia, no trataba de hacer la guerra del débil al fuerte, porque nada de lo externo a mí me peocupaba y abismarme en mi yo me exigía olvidarme de cualquier relacion con nada, tanto de enemistad como de comunión »[55].

Les pauses correspondent à des descriptions, introspections et autres réflexions du narrateur. Sa léthargie volontaire donne lieu à une forte activité cérébrale portant sur son environnement et les autres personnages de la diègése, d'où l'importance de leur occurrence :

Habría debido dormir, pero ya fuera por miedo de un nuevo despertar sangriento o por lo poco apropiado del entorno resultó completamente imposible. Recapitulé todo lo que me había sucedido aquel día : mi decisión, el médico halitósico, los dos primeros policías, el inspector, la mujer agente, mis vecinos, los conductores de la ambulancia, el médico que me había recluido en la habitación, el médico de la enfermera gorda, la enfermera sádica, el Mierda, el Fétido y la Luna. Un muestrario de más mala que buena gente que había convertido en un calvario, a veces más intenso y a veces menos, con esporádicos momentos dichosos y numerosos que no lo habían sido, mi

---

54. Ibid., p. 58.
55. Op. Cit., p. 72.

> *vivencia de ser meramente existente. Un razonamiento objetivo habría de dirigirse contra ellos, contra los responsables, y no contra un modo de vida que aunque me había puesto a su disposición no había indicios sino para sospechar que en sí era acertado como ningún otro*[56].

Du haut de sa fonction de régie, le narrateur régule à l'extrême les scènes qui réalisent une isochronie entre temps du récit et temps de l'histoire. Ces passages dialogués mettent en exergue la *prosopographie* et l'*étopée*[57] des personnages du récit, peu de liberté est ainsi laissé aux autres protagonistes. Le manque de conscience professionnelle des ambulanciers et autre personnel soignant, la cruelle indifférence des forces de police censées assurer la protection des citoyens, les violations graves à l'intégrité physique et morale sont mis à nu. L'inspecteur de police, importuné par le mutisme du narrateur, finit par lui proposer tout simplement de se suicider pour le bien de tous :

> *-¿O es que sencillamente está cansado de la vida? En ese caso me confirma usted su nombre y dirección, que ya tengo, me dice que ha sufrido un ataque de amnesia o de idiotez y que ya está bien y quiere irse a casa. Yo le dejo marchar y apenas salga a la calle se arroja bajo las ruedas de un autobús o se va al Viaducto a ensayar vuelo libre. Así se queda usted tranquilo y me deja tranquilo a mí* [58].

Conclusion

Au rythme du mode singulatif, *Historia de una piltrafa* inscrit sa diégése dans la vraisemblance: cette habileté à « savoir-créer » grâce à laquelle l'artifice est pris comme un témoignage authentique sur la vie réelle[59]. La marginalisation vexante du protagoniste, faisant suite à son déni d'activité motrice et de toute

---

56. Ibid. p. 60.
57. Selon Jean-Michel Adam, la prosopographie est la description des qualités physiques d'un être animé réel ou fictif ; alors que l'étopée, elle, se limite à la peinture du caractère. Jean-Michel Adam , Les textes: types et prototypes , Paris, Nathan, 1997, p79.
58. Op. Cit., p. 32.
59. Paul Ricoeur, *Tiempo y narración 2, configuración del tiempo en el relato de ficción*, México, Siglo XXI, 1995, p. 394.

autre interaction sociale, souligne l'intolérance systémique de nos sociétés urbaines engluées dans une recherche effrénée de biens et services « déshumanisants »[60]. Le fait littéraire se fait le relais de la fameuse maxime du Léviathan : « L'homme est un loup pour l'homme ».

Maguette DIENG, Ph.D.

---

60. Albert Jacquard, *J'accuse l'économie triomphante*, Paris, Calmann–Lévy, 1995, p. 36.

Bibliographie

ADAM, Jean Michel, *Le texte narratif*, Paris, Nathan, 1994.

---, *Les textes : types et prototypes*, Paris, Nathan, 1997.

AREL, Yves, *La marginalité sociale*, Paris, PUF, 1982.

BAKHTINE, Mikhaïl, *Esthétique et Théorie du Roman*, Paris, Gallimard, 1978.

CAMET, Sylvie, *Les Métamorphoses du moi. Identités plurielles dans le récit littéraire XIXe – XXe siècles*, Paris, L'Harmattan, 2007.

CRU, Jean Norton, *Témoins. Essai d'analyse et de critique des souvenirs de combattants édités en français de 1915 à 1928*, Paris, Les Etincelles, 1929.

CUSSON, Maurice, *Déviance*, Québec, Chicoutimi, 2006.

DEMEULENAERE, Pierre, Les normes sociales. Entre accords et désaccords, Paris, PUF, 2003.

DUCATILLON, Jeanne, « Le serment d'Hippocrate, problèmes et interprétations », *Bulletin de l'Association Guillaume Budé*, No 1, mars 2001.

DUBAR, Claude, *La socialisation*, Paris, Armand Colin, 2000.

DUCROT, Oswald, TODOROV, Tzvetan, *Dictionnaire encyclopédique des sciences du langage*, Paris, Seuil, 1972.

DURAND, Claude, PICHON, Alain, *La puissance des normes*, Paris, l'Harmattan, 2003.

EHRENBERG, Alain, *La Fatigue d'être soi. Dépression et société*, Paris, Odile Jacob, 1998.

ELLUL, Jacques, *Déviances et déviants dans notre société intolérante*, Toulouse, Érès, 2013.

FALBO, Graciela, *Tras las huellas de una escritura en tránsito. La crónica contemporánea en América Latina*, Buenos Aires, Al Margen, 2007.

FOUCAULT, Michel, *Surveiller et punir, naissance de la prison*, Paris, Gallimard, 1975.

GALINDO, Juan Carlos, « Lorenzo Silva "¿Burbuja en la novela negra? Nadie se queja de que haya muchos bares " », feria del libro de Madrid 2016. URL: https://elpais.com/cultura/2016/06/09/actualidad/1465447039_630962.html

GARAUDY, Roger, *Appel aux vivants*, Paris, Seuil, 1979.

GARRIDO DOMÍNGUEZ, Antonio, *El texto narrativo*, Madrid, Síntesis, 1996.

GUSDORF, Georges, *Mythe et Métaphysique*, Paris, Flammarion, 1953.

JACQUARD, Albert, *J'accuse l'économie triomphante*, Paris, Calmann–Lévy, 1995.

JOUVE, Vincent, *Poétique du roman*, Paris, Armand Colin, 2007.

MAALOUF, Amin, *Les identités meurtrières*, Paris, Grasset, 1998.

OGIEN, Albert, *Sociologie de la déviance*, Paris, PUF, 2012.

PARK, Robert E., « Human Migration and the Marginal Man », *American Journal of Sociology*, 37 (6), 1928.

---, *Introduction*, in Everett Stonequist, *The Marginal Man*, New York, Charles Scribner's Sons, 1937, (Trad. de Pierre-Jean Simon, *Histoire de la sociologie*, Paris, P.U.F., 2008).

PILLON, Véronique, *Normes et déviances*, Paris, Bréal, 2003.

REY, Alain (dir.), *Le Robert, Dictionnaire historique de la langue française*, Paris, Le Robert, 1998.

RICOEUR, Paul, *Tiempo y narración 2, configuración del tiempo en el relato de ficción*, México, Siglo XXI, 1995.

SARTRE, Jean-Paul, *L'Existentialisme est un humanisme*, Paris, Gallimard, 1996.

SCHÖNE, Maurice, *Vie et mort des mots*, Paris, P.U.F., 1947.

SILVA, Lorenzo, *Historia de una piltrafa y otros cuentos crueles*, Madrid, Turpial, 2014.

VANT, André (éd.), *Marginalité sociale, marginalité spatiale*, Paris, CNRS, 1986.

VASSEVIERE, Jacques, *Littérature : Textes théoriques et critiques*, Paris, Nathan/HER, 2001.

---, *Textes théoriques et critiques*, Paris, Nathan/HER, 2001.

Pour citer cet article

Maguette DIENG « Déviants et marginaux dans *Historia de una piltrafa* de Lorenzo Silva », *Revue Legs et Littérature*, 2018 | no. 11, pp. 17-40.

Viejo, un « roman prolétaire » de l'occupation

Ancien élève de l'École Normale Supérieure de Port-au-Prince, Jean-Jacques CADET est doctorant en philosophie à l'Université Paris 8 et travaille sur la réception de la pensée marxiste en Haïti. Il est l'auteur de plusieurs articles parus dans Le Monde diplomatique *et dans revue* Contretemps. *Il est l'auteur de l'article suivant : « Le nationalisme de classe chez Jacques Roumain, transition vers le marxisme », paru dans Le devoir d'insoumission (2016), sous la direction de Roberson Edouard et Fritz Calixte aux Presses de l'Université Laval.*

Résumé

Cet article traite du rôle des ouvriers dans la désoccupation d'Haïti finalisée en 1934. Il y est question de l'usage du marxisme comme mouvement encore embryonnaire qui cherche un référent idéologique. Le mouvement ouvrier haïtien a fait ses premières expériences dans ce contexte marqué par l'industrialisation et l'impérialisme américain. La théorie marxiste n'était pas encore au rendez-vous : Karl Marx était une figure totalement inconnue pour ces militants ayant déjà réalisé plusieurs grèves. Viejo *met en relief ce contraste du mouvement syndical haïtien dont l'émergence se fera sentir en 1946. La théorie marxiste était, sous l'occupation américaine de 1915-1934, l'affaire d'une élite intellectuelle de famille mulâtre. Elle n'était pas au service des masses populaires malgré leurs maintes tentatives révolutionnaires. Comment ces ouvriers arrivent-ils à s'organiser sans la pensée marxiste ? On en profitera pour interroger la pertinence du genre romanesque comme cadre privilégié du mouvement ouvrier de tendance communiste.*

Mots clés

Prolétariat, occupation, marxisme, impérialisme, indigénisme

VIEJO, UN « ROMAN PROLÉTAIRE » DE L'OCCUPATION

L'occupation américaine d'Haïti de 1915-1934 a marqué la littérature haïtienne au point de constituer le cadre principal de beaucoup de romans, parmi lesquels *Le choc* (1932) de Léon Laleau, *Le Nègre masqué* (1933) de Stephen Alexis, *Le joug* (1934) d'Annie Desroy, *La Blanche négresse* (1934) de Cléante Valcin et *Viejo* (1935) de Maurice Casséus. Ils s'inscrivent tous dans ce que Léon-François Hoffmann[1] appelle les « romans de l'occupation », chacun tentant de décrire les dix-neuf années de cet événement. Néanmoins, ils se distinguent par la priorité mise dans l'élaboration du décor, comme Viejo qui s'intéresse largement au monde ouvrier. Dans ce roman pionnier, Maurice Casséus souligne l'engagement des ouvriers dans la désoccupation du pays. Ce qui lui a valu de la part d'Hoffman[2] de recevoir une caractérisation spéciale, « roman prolétaire ». Ainsi, ce dernier n'a pas seulement pour cadre principal l'occupation américaine Haïti, il vise aussi et surtout une classe sociale précise, les ouvriers. Il est dans ce cas un roman prolétaire d'occupation, doublé d'une originalité spécifique et d'une orientation précise.

Léon-François Hoffmann s'appuie sur la préface de Jean Price-Mars pour affirmer le caractère prolétarien de ce roman. Jean Price-Mars voit dans cet écrit le début d'une « littérature prolétarienne ». Il estime qu'il inaugure en Haïti un « mode d'expression qui soit spécifique des états d'âme des masses

---
1. Léon-François Hoffmann a même parlé de « roman sentimental » et de « roman national » dans sa catégorisation. Voir *Littérature d'Haïti*, Paris, Édicef, 1995, p. 159.
2. Ibid., p. 170.

populaires et paysannes. »³ Il situe le talent de Maurice Casséus dans sa capacité à décrire la misère des masses populaires. Sur le plan de la forme, il signale des irrégularités (comme le manque de souci pour la syntaxe), ce qui ne réduit pas la pertinence de l'ouvrage :

> *Bien que le livre qu'il nous offre aujourd'hui ne contienne pas un seul vers, bien que la forme poétique à laquelle se complait sa sensibilité s'insurge contre la carapace trop étroite de la règle classique et que son vers et sa prose se confondent presque en un genre indifférencié où seule la musique du rythme marque la cadence de la pause, le Viejo qu'il présente à notre délectation est un long et troublant poème où se reflète comme en un miroir l'existence dramatique des parias qui grouillent dans les quartiers interlopes de Port-au-Prince*[4].

Plus loin, il ajoute que : « Monsieur Maurice Casséus dont nous saluons le talent si lourd de promesses prend rang parmi les chantres poignants des détresses humaines »[5].

Avant la publication de *Viejo*, on a eu avec Jacques Roumain le premier « roman paysan » haïtien, *La montagne ensorcelée*[6] (1931) avec le même préfacier. Jean-Price Mars voit dans ce roman une première tentative de description du monde rural, endroit le plus significatif de nos racines africaines. Avant le mouvement indigéniste auquel ils s'identifient, les écrivains haïtiens s'intéressaient beaucoup aux mondes urbains et bourgeois. Avec ce récit paysan débute une vague de « romans paysans » haïtiens dont l'apogée sera en 1944 avec *Gouverneurs de la rosée*, roman haïtien le plus traduit dans le monde, et qui peut aussi être considéré comme un « roman prolétaire » dans la mesure où, pour l'auteur, le paysan est un prolétaire en pleine défiguration

---

3. Jean-Price Mars, « Introduction», Maurice Casséus, *Viejo*, Port-au-Prince, La Presse, 1935, p. VIII.
4. Ibid., p. VIII
5. Ibid., p. VIII.
6. Ce roman, considéré aussi comme le « premier récit indigéniste », a été traduit en anglais en 2004 sous la direction de Frantz-Antoine Leconte et Alfonso Garcia-Osuna et paru aux Éditions New Hemisphère Books.

sociologique sous l'emprise du capitalisme mondial, notamment celui américain. D'où sa thèse de « prolétariat paysan » pour poser la question de la subjectivation politique en Haïti. Par contre, chez Maurice Casséus, les prolétaires sont des ouvriers dont la formation politique est réalisée ailleurs. Avec *Viejo*, on n'a pas seulement un roman prolétaire, on a surtout un roman ouvrier.

À l'intérieur de ce roman, toutes les grandes problématiques qu'entrainent les luttes progressistes sont posées. L'auteur nous livre des personnages venant d'autres lieux, dont la formation idéologico-politique s'est faite à Cuba et aux États-Unis d'Amérique. Certains d'entre eux ont une culture avancée, d'autres moins ou pas du tout. Le personnage principal, Mario, ignore l'existence de Karl Marx, de Lénine et de la révolution russe de 1917. Malgré tout, il a une conscience de classe très aiguisée. Lui et ses camarades dans le roman ne sont membres d'aucun parti politique, d'ailleurs ils se méfient des « Nationalistes » obsédés par la prise du pouvoir. Comment de tels profils, des militants ouvriers, arrivent-ils à fortifier leur lutte contre l'impérialisme américain ? Que peuvent des ouvriers sans théorie face au capitalisme ? La conscience de classe vient-elle uniquement des expériences du sujet ou est-ce à la faveur de certains facteurs objectifs ? Provenant de socialisations politiques différentes, ils se rejoignent sur l'idée d'injustice causée par les occupants. Il est question d'une coalition avec les autres catégories sociales : les étudiants, les paysans et les Noirs. Tous ces éléments soulèvent des interrogations majeures méritant d'être discutées.

Maurice Casséus, Jacques Roumain et les ouvriers

Maurice Casséus est de la même tranche d'âge que Jacques Roumain, le premier est né en 1909, le second en 1907. Cette génération de l'occupation a enduré les exactions de l'impérialisme américain. Les deux ont vécu à l'étranger, voire aux États-Unis même. Maurice Casséus vivra à Harlem, quartier de New-York, considéré comme la « capitale mondiale de la culture noire ». Celui-ci a acquis sa réputation grâce au mouvement « Renaissance de Harlem », très ancré dans les luttes pour l'émancipation des Noirs. Poète et romancier, Maurice Casséus a écrit trois ouvrages, dont un « roman prolétaire » *Viejo* (1935) et un « roman paysan » *Mambo* (1949). Chez lui, il n'y a pas d'exclusivité pour la classe ouvrière, il s'intéressait aussi aux paysans, au point d'en réserver un ouvrage. Ce double intérêt ouvrier/paysan est aussi présent chez Jacques Roumain, auteur du premier « roman paysan » haïtien, *La Montagne ensorcelée* (1931), qui a eu la bénédiction de Jean Price-Mars : « Sa Montagne ensorcelée n'est pas seulement un échantillon de son talent d'écrivain, c'est la vision certaine d'un psychologue qui sait pénétrer par-delà notre démarche habituelle le ressort caché de nos actions secrètes »[7].

Lors de la publication, Jacques Roumain était dans une transition idéologique. Il tournait le dos au nationalisme et à l'indigénisme[8] pour se rapprocher du marxisme. Ce qui sera définitif lors de son voyage aux États-Unis en 1932 durant lequel il rédigera, de concert avec Christian Beaulieu, *L'analyse schématique 32-34*. Dans ce manifeste, publié en 1934, il fait mention de l'« ouvrier haïtien, l'ancien bouquin »[9]. C'est à cette occasion qu'il évoque pour la première fois le terme d'ouvrier. Auparavant, il employait les mots de travailleur, de nègre et de prolétariat. De ce dernier, il s'en sert depuis 1928 dans son article « Autour de la taxe sur l'alcool et le tabac » paru dans *Le petit Impartial* dans lequel il dénonce la dimension de classe dans les mesures prises par les autorités politiques. Quant à l'expression classe ouvrière, Michel Hector[10] rapporte qu'elle est rarement utilisée dans cet ouvrage. Son usage, estime-t-il, se réfère à la « classe ouvrière en générale au niveau international ». Sur le plan national, Roumain hésitait à affirmer l'existence d'une telle classe, vu le faible rythme d'industrialisation de l'économie haïtienne. Il vise plutôt les paysans qui non seulement forment une classe mais aussi un mouvement politique à cause de leur conscience collective très développée. Ainsi, ils seraient plus aptes à déclencher un processus de transformation sociale.

---

7. Jacques Roumain, *La Montagne ensorcelée*, in *Œuvres complètes*, Madrid, ALLCA XX, 2003, p. 200.
8. Tout en restant accroché à certaines thèses de la négritude, il qualifie l'indigénisme de « racisme à rebours » et le nationalisme de « formulation bourgeoise. Voir Jean-Jacques Cadet, « Le nationalisme de classe chez Jacques Roumain, transition vers le marxisme », Roberson Edouard et Fritz Calixte, *Le devoir d'insoumission*, Laval, Presses de l'Université Laval, 2016.
9. Jacques Roumain, *Critique d'une critique. Œuvres complètes*, Madrid, ALLCA XX, 2003, p. 646.
10. Michel Hector, *Syndicalisme et socialisme en Haïti 1932-1970*, Port-au-Prince, 1989, p. 28.

Présentation problématique de *Viejo*

Viejo est un roman d'environ cent cinquante pages publié en 1935 à Port-au-Prince par les éditions La Presse. Comme le titre l'indique, il met en scène, en plusieurs intrigues, le retour d'un haïtien, dénommé Mario, de Cuba où il a passé seize ans à travailler dans les plantations de canne à sucre. Il était parti un an avant le débarquement des Américains en Haïti en 1915. À Cuba, il a aussi vécu l'occupation militaire des États-Unis d'Amérique[11], l'exploitation à outrance de sa force de travail et le racisme des Blancs. C'est là-bas qu'il effectue ses premiers engagements militants contre le système impérialiste, d'où le début de sa subjectivation politique. De retour en Haïti, il trouve une situation identique à celle qu'il vient de quitter : un pays occupé par les forces militaires américaines où l'exploitation et la dépendance dominent et les Blancs font la loi. Il s'indigne devant cette perte de souveraineté et un statut quo qui lui rappelle tous ses souvenirs d'enfance. Il ne tarde pas à s'impliquer dans la lutte contre l'occupation, tout en mettant en mouvement son expérience militante. Avec son « statut d'ouvrier », il rejoint d'autres catégories sociales, comme les étudiants et les intellectuels.

La plus grande part du récit se déroule dans le monde urbain, notamment à Port-au-Prince. Il s'inspire d'un événement historique, la Grève des étudiants de Damiens en octobre 1929 qui a préparé la libération du pays. Mario, trente ans, soutient habilement les revendications des étudiants. Mais ce qui l'intéresse plus précisément, c'est la désoccupation du pays. Il exprime son dégout devant des situations choquantes, telles que la présence des Blancs devant la Place Dessalines et la promenade d'un officier américain sur le péristyle du palais présidentiel. Il est dérangé par la présence envahissante des Blancs américains, ce qui fait résonner une langue étrangère, l'anglais. La puissance de ces derniers impose une suprématie raciale qui rabaisse le Noir au rang de bête pour donner une place importante au profit du Blanc, notamment le dollar américain. Mario exprima sa colère ainsi :

> *On est descendu tellement jusqu'au fond de la honte que jamais plus ou n'en remontera que par l'odeur des latrines. Et cela*

---

11. Quatre interventions militaires ont eu lieu à Cuba en 1906, 1909, 1917 et 1919.

> *parce que le règne du dollar introduisait dans l'île noire la suprématie de la peau et s'étend comme une lèpre. Même ceux-là qui s'en était venus de quelque lointain désert avec à leur dos une pacotille injecte, aujourd'hui ceux-là aussi doivent se pavaner au premier plan, parce que simplement ceux-là aussi sont blancs. Sales Syriens !*[12].

Il n'hésite pas à dénoncer les élites profiteuses du statut quo. Le régime en place de concert avec les militaires américains réprime violemment tout mouvement de protestation : « C'est alors que des "marines" à motocyclette et à pieds débouchèrent et attaquèrent à coups de blackjack, des gendarmes aussi qui eux se servirent de "lourds coco-macaque" pour bastonner une pauvre foule sans armes et sans défense »[13]. Il continue plus loin : « On se battit à coups de dents, à coups de poings, à coup de pieds contre des gardes qui assommaient avec une sauvagerie sans pareille »[14]. On était dans un rapport de force inégale face à des travailleurs armés de conviction dont le but principal fut la désoccupation du pays. Quant à la bourgeoisie, elle fait partie du plan de lutte des ouvriers. « Ce qu'il faut, c'est travailler à la faillite de cette pourriture d'élite bourgeoise, cette élite gangrenée promenant ses ulcères par la cité édifiée sur ta misère, sur ta souffrance, cette élite repue, rassasiée, gavée, lorsque toi, tu crèves »[15]. C'est la priorité stratégique du combat.

Toute la force du roman réside dans cette volonté de mettre en avant la contribution des ouvriers dans les luttes contre l'occupation. Les paysans constituaient aux yeux de l'opinion commune la plus grande force de ce combat. Vu qu'ils ont étés directement les plus touchés par la dépossession brutale de leur terre, ils ont initié beaucoup de mouvements de protestation : de 1911 à 1915, on a eu « la deuxième vague du mouvement des cacos » avec Emmanuel Philogène et Pétion Jean-Baptiste comme chefs ; de 1918 à 1920, c'est autour de Charlemagne Péralte et Benoît Batraville, et en 1929, c'est l'« affaire Marchaterre ». Tous ces mouvements ont grandement contribué à la désoccupation du pays en 1934. Ce roman ne les nie pas, il tente plutôt à en signaler d'autres portés par des ouvriers. Sans aucune intention de hiérarchiser,

---

12. Maurice Casséus, *Viejo*, Port-au-Prince, La Presse, 1935, p. 15.
13. Ibid., p. 98.
14. Ibid., p. 99.
15. Ibid., p. 128.

l'auteur affirme que ceux-ci, en faible quantité soient-ils, se sont organisés contre l'occupation. Formaient-ils pour autant une classe ? Peut-on parler de conscience de classe chez les ouvriers haïtiens à cette époque ? Ces mouvements ouvriers étaient-ils puissants ?

Il est rapporté par Jean-Jacques Doubout (Michel Hector) et Ulrick Joly l'existence de mouvements ouvriers sous l'occupation avec laquelle débute l'industrialisation de l'économie haïtienne[16]. Michel Hector[17] en signale dès le 19ème siècle : il révèle la constitution en 1894 d'une Association Ouvrière à caractère mutualiste. En 1917, il y a eu la fondation de la Mutualité Ouvrière de Port-au-Prince que dirigea Georges H. Jacob. Le 17 février 1919, la première grève dans l'histoire du mouvement ouvrier haïtien est lancée. Elle est déclenchée par les travailleurs de la Haytian American Sugar Company (HASCO). D'autres structures, comme l'association nationale des ouvriers et salariés haïtiens et la Confédération nationaliste des ouvriers et des paysans avec Joseph Jolibois Fils, participeront à la lutte contre l'occupation. Ces mouvements étaient si bien organisés, qu'ils contribueront aux prémices d'une législation ouvrière, notamment la loi du 30 mai 1924 créant le Département du Travail.

Peut-on parler d'une classe ouvrière pendant l'occupation américaine ? À cette question, Roger Gaillard répond : « La classe ouvrière existe à peine »[18]. Ce qui rend compte qu'elle était à ses premiers pas. Sa plus grande difficulté, explique-t-il, était l'absence d'idéologie indépendante lui permettant d'élaborer un corpus de revendications bien à elle, cela est dû à leur dépendance aux classes dominantes :

> *car en trop petit nombre pour émerger véritablement en tant*

---

16. Cette industrialisation a été initiée par le capital étranger avec la création de la compagnie Mac Donald, de la Haytian Product Company, la United West Indies corporation, la Haytian Development Corporation, la Haytian Meat Company, la Standard Fruit and Steamship Corporation, etc. Voir Jean-Jacques Doubout et Ulrick Joly, *Notes sur le développement du mouvement syndical en Haïti*, 1974.
17. Michel Hector, *Syndicalisme et socialisme en Haïti 1932-1970*, Port-au-Prince, Henri Deschamps, 1989, p. 28.
18. Roger Gaillard, *Les blancs débarquent, 1916-1917. La République exterminatrice*, Port-au-Prince, Le Natal, 1981, p. 177.

> *que classe, ces ouvriers que l'entrepreneur traite sur le mode paternaliste, ne peuvent développer d'idéologie indépendante. La plupart, sans être pour autant de ses partisans, sont probablement du côté du radicalisme d'Élie Guérin. Mais, en fait, ils ne militent pas ; ils s'appuient sur le patronat, leur guide et leur protecteur !*[19].

Quant à Michel Hector[20], il confirme l'existence de cette classe ouvrière tout en soulignant sa forme agricole. Il estime qu'ils restent liés au monde rural, d'où l'idée d'ouvriers agricoles. C'est une période, écrit-il de « relative conso-lidation et de d'augmentation du petit noyau de prolétaires qui existait déjà à la fin du XIXème siècle »[21]. Ainsi, pour lui, il est plus facile d'évoquer l'existence d'un prolétariat haïtien que d'une classe ouvrière, d'un « pro-létariat paysan »[22] n'arrivant pas à se muer en classe ouvrière : « Le pro-létariat haïtien n'arrivait pas à se transformer en classe ouvrière, à cause de son niveau de développement, d'organisation, de conscience et de lutte »[23], écrit-il, pour établir la différence entre le prolétariat haïtien existant déjà et la classe ouvrière en devenir. Considérant sa faible quantité, son absence d'idéologie indépendante et sa forme agricole, la classe ouvrière sous l'occu-pation reflète la nature féodalo-capitaliste de la société qui lui a donné naissance.

Il y a une différence entre classe ouvrière et mouvement ouvrier. La première doit son existence aux structures économiques et sociales, c'est-à-dire aux modes d'organisation de la production et de l'échange. Dans ce cas, la classe ouvrière existe objectivement. Elle est définie suivant un rapport antagoniste avec les autres classes sociales, et jamais de façon isolée. Nous nous appuyons ici sur la définition de Lénine :

> *On appelle classes de vastes groupes d'hommes qui se distinguent par la classe qu'ils occupent dans un système historiquement défini de production sociale, par leur rapport*

---

19. Ibid., p. 177.
20. Voir son dernier ouvrage *Une tranche de la lutte contre l'occupation américaine* (2017).
21. Michel Hector, *Syndicalisme et socialisme en Haïti 1932-1970*, Port-au-Prince, Henri Deschamps, 1989, p. 25.
22. C'est hypothèse de Jacques Roumain.
23. Op. Cit., p. 29.

(la plupart du temps fixé et consacré par les lois) vis-à-vis des moyens de production, par leur rôle dans l'organisation sociale du travail, donc, par les modes d'obtention et l'importance de la part de richesses sociales dont ils disposent. Les classes sont des groupes d'hommes dont l'un peut s'approprier le travail de l'autre, à cause de la place différente qu'il occupe dans une structure déterminée, l'économie sociale[24].

Trois critères y sont présents : la place occupée dans la production, le rapport aux moyens de production et le rôle dans l'organisation du travail. Ces éléments posent l'existence de la classe ouvrière sans référence aucune à des facteurs subjectifs[25].

Vu l'état de la formation sociale haïtienne, il fallait attendre qu'elle ait conscience d'elle-même pour pouvoir s'enclencher un véritable mouvement ouvrier. Ce qui par contre coup explique que la conscientisation n'est pas essentielle pour poser l'existence d'une classe sociale. Elle semble, en revanche, nécessaire pour rentrer en lutte. Sa formation s'inscrit dans un long processus économique accompagné de certaines expériences. Il n'est pas nécessaire, comme le pense E. P. Thompson[26] dans une démarche constructiviste, d'avoir la conscience de classe pour instituer la classe. Il a fallu une industrialisation très poussée de l'économie afin d'accélérer la prolétarisation des couches populaires, stade important pour la constitution de cette dernière. Pendant l'occupation, l'on était dans la transition vers le capitalisme, mais l'accumulation du capital était lente à cause, peut-être, de sa nature étrangère.

La subjectivation politique dans Viejo

Le profil des personnages de *Viejo* est atypique. Ils ont tous vécu à l'étranger et y ont fait leur première formation politique. Mario, le personnage principal,

---

24. Lénine, *La grande initiative*, Moscou, 1919, p. 8.
25. Le problème est plus complexe qu'on peut le penser : certains marxistes évoquent la « classe en soi » en référence à la classe ouvrière et la « classe pour soir » pour le prolétariat. Ce dernier serait une classe ouvrière munie d'une conscience de classe. Voir à ce sujet Gérard Bensoussan et Georges Labica, *Le Dictionnaire critique du marxisme*, Paris, PUF, 1982, p. 170.
26. E. P. Thompson, *La formation de la classe ouvrière anglaise*, Paris, Seuil, 1988.

travaillait dans les plantations de cannes à Cuba. C'est là qu'il fait ses premières expériences militantes dans les usines. Il lancera plusieurs grèves contre les conditions de travail. Il s'indignait contre les Blancs qui, dit-il, considérait l'homme noir comme une bête. Son niveau de conscience de classe et de radicalisme était poussé au point de tuer un patron refusant d'augmenter son salaire tout en lui imposant de conditions inhumaines de travail. Il ne connaissait pas la littérature de gauche. Servin Claude est lui prolétaire ayant vécu aux États-Unis, notamment à New-York. Il n'était pas syndiqué mais il a cependant participé à des grèves pour l'amélioration du salariat. Il a vécu dans le quartier de Harlem qui a vu émerger le mouvement Renaissance de ce quartier avec Langston Hughes (1902-1967), Wallace Henry Thurman (1902-1934) et Dorothy West (1907-1998) comme animateurs principaux. Très influencé par ces derniers, il maîtrisait les pensées de Karl Marx et de Lénine. De même qu'André David, très actif dans les mouvements de protestation, a passé de longues années à l'étranger. Sauf deux étudiants (Marcel Jacquet et Galtiers Roméo), ces personnages avant-gardistes ont quitté Haïti pour un temps et développé une conscience de classe capable d'organiser de véritables luttes.

Comment expliquer ce recours à des personnages diasporiques ?[27] L'impérialisme américain était-il plus poussé à Cuba ou bien les luttes y étaient-elles plus organisées ? Vu que l'industrialisation était à son début en Haïti, doit-on penser que la classe ouvrière locale y avait du mal à se développer ? Ce qui nous paraît douteux, avec une telle conscience de classe. Les travailleurs ont organisé plusieurs mouvements de protestation, y compris une grève significative en 1919. Ils auraient pu jouer le rôle de personnages principaux dans ce récit. L'auteur opte pour la diaspora afin de mettre en avant la portée internationale de l'occupation américaine d'Haïti, c'est-à-dire situer celle-ci dans la grande crise du capitalisme de 1929 à la recherche d'espaces pour écouler ses produits. L'historien Georges Eddy Lucien[28] l'argumente par la question de main-d'œuvre à bon marché pour le système capitaliste à Cuba.

---

27. À noter que le personnage principal de *Gouverneurs de la rosée* (1944) a eu aussi ce parcours de socialisation politique dans les plantations de cannes à Cuba.
28. Georges Eddy Lucien, *Une modernisation manquée. Port-au-Prince (1915-1956), Vol 1 : Modernisation et centralisation*, Port-au-Prince, Éd. de l'Université d'État d'Haïti, 2013, p. 253.

Beaucoup haïtiens y étaient exploités.

Ces trois personnages se confondent encore sur d'autres points. Ils ne sont membres d'aucun parti politique. D'ailleurs, ils se positionnent contre certains qui seraient animés uniquement par l'appétit du pouvoir. Ils se penchent plutôt vers les exactions des Blancs sur le territoire de Dessalines. Ils luttent contre les salaires misérables incapables d'assurer la reproduction matérielle d'existence des concernés.

Ils se distinguent au niveau de leur culture théorique, malgré leur conscience de classe. Claude Servin était étonné devant la puissance intellectuelle de Mario alors qu'il ne connaît rien à la littérature de gauche. Mario n'a jamais lu Karl Max ou Lénine et il ne savait rien de la révolution russe de 1917. Par contre, il était un révolté idéologiquement conscient de ses actions. Sa carence théorique intrigue le grand lecteur Servin Claude qui ne cesse de citer Karl Marx pour commenter l'actualité :

> *— J'ai travaillé chez les blancs : New-York, Boston, Chicago. Prolétaire partout, par conséquent le troupeau des opprimés. Je n'étais pas syndiqué, camarade, mais, j'ai fait la grève. Tenez (il montra son dos) là encore, tâtez le souvenir de la matraque de refoulement. Possédez-vous bien Marx, camarade ? Mario fit signe que non. Il ne le connaissait pas.*
> *— By the devil !, dit l'homme. Vous avez accompli à Cuba ce que vous venez de dire et vous ignorez l'apôtre. Connaissez-vous au moins la révolution de 1905, 1917. Non ? Tonnerre, ça, c'est fort. Que pensez-vous alors de la Russie Soviétique ? Mario avalait mal, car jamais il n'avait fait connaissance avec toutes ces choses dont voulait lui parler Claude Servin .*
> *sociale*[29].

Le dialogue continue entre les deux militants en interrogeant cette fois la cause des révoltes à Cuba :

---

29. Maurice Casséus, *Viejo*, Port-au-Prince, La Presse, 1935, p. 43.

> – *Pourquoi vous êtes-vous révolté à Cuba ?*
> – *Parce qu'à Cuba, dit Mario, le nègre salarié, et le taureau qui tire sur la charrue, c'est la même chose. Sauf que le taureau qui tire sur la charrue reçoit pour quatre heures de travail sa ration d'herbes, et le salarié nègre pour douze heures dans les champs, à l'usine ou sur les routes sa ration d'argent : $ 1.00*[30].

Il faut préciser que ce qui manquait à Mario, ce n'était pas l'esprit critique mais la familiarité des livres. Aussi avait-il du mal à donner son avis sur le système soviétique. En revanche, il savait analyser les contradictions du système de production capitaliste. Il avait une facilité de compréhension, peut-être était-ce ce qu'il fallait avoir en premier lieu dans toute lutte progressiste. Il est rapporté à son propos : « Non, tu avais plus que ma connaissance des livres, imparfaite, élémentaire et stérile, mais celle de la vie, si grosse d'enseignements, de solitude et de privatisations. Tu avais plus que ce qu'il fallait de connaissances, Mario, puisque tu comprenais aisément les textes que je te lisais, et leur philosophie profonde de la vie, des hommes et des choses »[31].

Dans ces extraits, deux choses sont à souligner. La première concerne le niveau de culture théorique chez un ouvrier militant, la seconde a trait à l'importance de la pensée de Karl Marx dans les luttes contre l'impérialisme. Les deux sont imbriqués dans la question du rapport entre la théorie et la pratique. Chez Marx, une théorie est fondamentalement une pratique. Ainsi, les pratiques de transformation sociale sont de multiples stratégies menant à la finalité révolutionnaire, la praxis[32]. Les actions militantes de Mario étaient profondes et conscientes mais il n'était pas bibliophile. Il a acquis sa conscience de classe par lui-même. L'auteur veut montrer que le développement de la conscience de classe n'est pas nécessairement lié à une culture avancée des théories gauchistes, elle peut être déclenchée par une observation intelligente de la réalité. Les ouvriers ont besoin avant tout d'une forme de lecture apte à découvrir les injustices sociales. La connaissance des livres peut aider à

---

30. Ibid., p. 43.
31. Ibid., p. 38.
32. A ne pas le confondre au sens pragmatique comme une supériorité de l'action sur la théorie. Voir *Thèses sur Feuerbach* (1845) qui expliquent bien cette relation dialectique.

mieux déchiffrer la réalité souvent complexe. Ainsi, l'avancement de la conscience de classe chez les ouvriers est fonction d'une culture théorique solide et d'une capacité d'observation et d'analyse de la réalité.

« Tonnerre, ça, c'est fort ! »[33], s'exclame Servin qui accordait beaucoup d'importance aux théories dans les luttes progressistes. Il pensait que la « connaissance des livres » expliquait en elle-même les révoltes des ouvriers. Des étudiants et des intellectuels auraient eu le niveau de conscience le plus élevé ! Néanmoins, Mario estime qu'il aurait fait plus s'il avait possédé ces savoirs, qui lui auraient permis de saisir certaines facettes du système capitaliste. Il sollicite l'amitié de ces « intellectuels » afin de combler ses vides : « Compagn, dit-il, je veux quand même être votre ami. Je suis un ignorant au-près de vous, car vous, vous possédez toutes les connaissances. Ça ne fait rien, je désire votre amitié »[34]. En dépit de ce niveau de conscience avancé, il juge nécessaire d'acquérir des savoirs pour mieux appréhender le système d'exploitation de l'impérialisme américain. Sur certaines questions comme celle de la valeur de la journée de travail, il n'y voit que le coté exploitation des ouvriers sans souligner le profit rapporté aux patrons.

Il est confirmé par Servin que la connaissance des livres n'est pas suffisante pour activer la conscience de classe et concevoir des stratégies révolutionnaires. « Camarade, moi qui connais les livres, qu'est-ce que les hommes d'ici m'ont permis de faire ? Rien, rien. Ils ont dit une vérité qui pèse sur moi comme un fatum : "Je les tiens par le ventre" »[35], déclare Servin pour montrer la force de certains mobiles dans les luttes du changement social. Il estime que la connaissance des livres ne vaut rien politiquement si l'on n'arrive pas à satisfaire les besoins vitaux. Un militant conséquent doit pouvoir assurer sa reproduction matérielle d'existence afin de mieux utiliser les savoirs acquis. Dans le cas contraire, l'on ne sera pas indépendant et tout sera manipulé depuis la conscience (« fausse conscience ») jusqu'aux stratégies révolutionnaires.

Mario ignorait « l'apôtre » de ses révoltes à Cuba, à savoir Karl Marx. Il ne «

---

33. Op. Cit., p. 43.
34. Ibid., p. 46.
35. Ibid., p. 48.

possédait pas Marx », comme le souligne son camarade Servin. L'intrigue du roman a pour cadre l'année 1931 et il est tout à fait normal que l'ouvrier haïtien ne connaisse pas ce philosophe allemand. Il faudra attendre deux ans plus tard, soit en 1933, pour que l'introduction officielle du marxisme soit réalisée sous l'impulsion de Jacques Roumain. En 1934, l'on assistera à la création du premier parti communiste haïtien et il assurera la vulgarisation du marxisme. Ce dernier sera l'affaire d'une élite, les masses populaires n'y avaient pas accès. La faible existence de ce parti, seulement deux ans, et de ses faibles actions, dues à son illégalité, font que l'ouvrier haïtien n'a pas eu sous l'occupation la connaissance de cette arme théorique. Cependant, il a quand même réalisé sa première grève en 1919 et mené d'autres luttes contre les occupants. Ce qui explique que le marxisme ne sera pas tellement mobilisé dans les luttes avant 1932 du côté des ouvriers, des étudiants, des écrivains et des paysans. Ceux dont la socialisation politique s'effectue aux États-Unis ou en Europe connaissent les idées de Marx. Quant à l'ouvrier local, il était sans nul doute armé des thèses de l'indigénisme pour intégrer le combat anti-occupation.

Quelle est l'importance du marxisme pour le mouvement ouvrier haïtien ? Ce mouvement ne serait-il pas plus organisé s'il avait tout de suite été connu ? Pouvait-il prendre chair sans cette référence à Marx ? Considérant les travaux de ce dernier sur le mode de production capitaliste, il est nécessaire de l'avoir lu si l'on veut bien combattre ce système. *Le Capital* s'impose comme l'un des meilleurs outils descriptifs de cette forme de production. Aussi faut-il retravailler son œuvre pour la mettre à la portée de ces militants-ouvriers, comme Georges Politzer l'a fait pour la philosophie dans *Principes élémentaires de la philosophie* (1936).

Quelle idéologie pour le mouvement ouvrier ?

À défaut du marxisme, le discours de la lutte de classe est présent chez les personnages. Il y a un refus de questionner la couleur au profit des positions occupées par les sujets dans la production. « Le problème n'est nullement une question d'épiderme, mais toujours l'éternelle lutte de classe. C'est toujours le prolétariat en grande majorité noire courbé sous la férule du bourgeois qu'il alimente. Le prolétariat que vous êtes a toujours supposé que c'était à cause de sa peau noire que le bourgeois mulâtre le brimait. Eh ! bien, non, camarades, c'est une erreur »[36]. Des références à Acaau et à Dessalines viennent en appui de ce discours de classe. Un slogan est développé autour du second : « Dessalines pas vlé wè blancs »[37]. Un éloge est prononcé en faveur d'Acaau, leader paysan ayant affirmé ceci : « Nèg rich se mulâtre, mulâtre pauvre se Nèg »[38]. Il s'agit d'ancêtres locaux avec lesquels est élaborée l'idéologie de lutte contre l'occupation.

L'intérêt pour la notion de nègre est visible dans le roman. Il est expliqué par l'influence mondiale du mouvement américain, la Renaissance de Harlem. Certains animateurs sont même vénérés pour leur passage en Haïti. Il sera même fait reproche à ceux qui resteront indifférents à leur niveau. David prend la parole en ces termes :

> *Cependant, savez-vous seulement que Langston Hughes a passé trois mois ici, deux mois au Cap, un mois à Port-au-Prince, Langston Hughes, considéré comme le plus grand poète nègre. Vos clubs ne sont pas ouverts pour le recevoir, à vos thés il ne fut guère invité : il n'y a rien à faire, est-ce parce qu'il n'est qu'un pale petit mulâtre. Savez-vous seulement que Walter White, qui a écrit un chef-d'œuvre, a passé des semaines ici. ... P.W. Right, le millionnaire nègre américain, voyagerait ici, viendrait rendre hommage à la terre de Toussaint-Louverture. Mais il n'y a rien à faire, je vous le répète, ils sont nègres !*[39].

Le cas du poète Langston Hughes est significatif dans la mesure où il a participé au devenir marxiste de Jacques Roumain.

En guise de conclusion

Si l'on approfondit l'analyse des personnages de *Viejo*, l'on peut constater

---

36. Ibid. p. 127.
37. Traduction française (libre) : Dessalines n'aime pas les Blancs.
38. Traduction française (libre) : Un nègre riche est un mulâtre, un mulâtre pauvre est un nègre.
39. Op. Cit. p. 115.

qu'ils ne travaillent plus, ce sont de vrais chômeurs vivant de leurs petites économies engendrées lors de leur exil forcé. Ils ne sont pas dans une usine à subir l'exploitation du mode de production capitaliste. Aussi devient-il difficile de parler de « roman ouvrier ». Léon-François Hoffmann, vulgarisateur de l'idée de « roman prolétaire », parlera de « roman lupenprolétarien ». D'ailleurs, ce récit n'évoque pas les mobilisations dans les usines, les rassemblements locaux et la première grève dans histoire du mouvement ouvrier haïtien. Le travail comme lieu de socialisation politique des ouvriers par excellence est absent. Il est plutôt question d'anciens ouvriers dont la socialisation politique s'est effectuée à l'étranger venant grossir l'« armée de réserve » du capitalisme.

Néanmoins, ce roman décrit certaines vicissitudes du monde ouvrier haïtien. Il permet de discuter les grandes problématiques d'un vrai mouvement ouvrier en Haïti. Les interrogations sur le rapport entre connaissance des livres et conscience de classe, sur l'existence d'une classe ouvrière, la socialisation politique, l'ampleur de l'impérialisme américain, l'existence d'une littérature prolétarienne et l'importance de Karl Marx chez les ouvriers traversent de part en part le récit. Il s'inscrit dans la lignée idéologique du premier « roman paysan », *La Montagne ensorcelée* (1931) de Jacques Roumain, tentant d'instaurer dans la pensée l'expression des déboires des masses populaires. Ces deux romans initiateurs, préfacés par Jean-Price Mars, dégagent une maturité idéologique à laquelle les jeunes générations ne pourront pas résister.

Jean-Jacques CADET, Ph. D.C.

Bibliographie

ALEXIS, Stephen, *Le nègre masqué*, Port-au-Prince, Imp. de L'État, 1933.

BENSOUSSAN, Gérard, LABICA, Georges, *Dictionnaire critique du marxisme* [1982], Paris, P.U.F., 2001.

CADET, Jean-Jacques, « Le nationalisme de classe chez Jacques Roumain, transition vers le marxisme », Roberson Edouard et Fritz Calixte (dir.), *Le devoir d'insoumission*, Laval, Presses de l'Université Laval, 2016.

CASSÉUS, Maurice, *Viejo*, Port-au-Prince, La Presse, 1935.

----, *Mambo*, Port-au-Prince, 1949.

DESROY, Annie, *Le joug*, Port-au-Prince, Imp. Modèle, 1934.

DOUBOUT, Jean-Jacques, JOLY, Ulrick, *Notes sur le développement du mouvement syndical en Haïti*, Port-au-Prince, Imprimerie Abécé, 1974.

GAILLARD, Roger, *Les blancs débarquent, 1916-1917, La République exterminatrice*, Port-au-Prince, Le Natal, 1981.

HECTOR, Michel, *Syndicalisme et socialisme en Haïti 1932-1970*, Port-au-Prince, Henri Deschamps, 1989.

----, *Une tranche de la lutte contre l'occupation américaine*, Port-au-Prince, L'Imprimeur S.A., 2017.

HOFFMANN, Léon François, *Littérature d'Haïti*, Paris, Édicef, 1995.

Lénine, *La grande initiative*, Moscou, 1919.

LALEAU, Léon, *Le choc*, Port-au-Prince, Librairie La Presse, 1932.

LUCIEN, Georges Eddy, *Une modernisation manquée. Port-au-Prince (1915-*

1956), Vol 1 : Modernisation et centralisation, Port-au-Prince, édition de l'UEH, 2013.

POLITZER, Georges, *Principes élémentaires de philosophie*, Paris, éditions sociales, 1954.

ROUMAIN, Jacques, *La Montagne ensorcelée. Œuvres complètes*, Nanterre, édition de l'Unesco, 2003.

---, *Analyse schématique 32-34. Œuvres complètes*, sous la direction de Léon-François Hoffmann, Madrid, ALCA XX, 2003.

---, *Gouverneurs de la rosée. Œuvres complètes*, sous la direction de Léon-François Hoffmann, Madrid, ALCA XX, 2003, pp. 255-396.

VALCIN, Cléante, *La blanche négresse*, Port-au-Prince, V. Valcin, 1934.

THOMPSON, Edward P., *La formation de la classe ouvrière anglaise*, Paris, Seuil, 1988.

Pour citer cet article :

Jean-Jacques CADET, « *Viejo*, un "roman prolétaire" de l'occupation », *Revue Legs et Littérature*, 2018 | no. 11, pp. 41-60.

La femme, un moyen de se dire dans *Lambeaux* de Charles Juliet

Asma MAHIOU est née le 01 juillet 1990 à Alger en Algérie. Enseignante de langue Française au secondaire, elle est titulaire d'une licence et d'un master en langue et littérature française et prépare également une thèse de doctorat en littérature francophone et contemporanéité à l'Université d'Alger 2. Auteur de travaux sur Les mots de Jean-Paul Sartre et Lambeaux de Charles Juliet, elle travaille actuellement sur trois romans de Nathacha Appanah. Ses thèmes de recherche portent sur la femme.

Résumé

Dans Lambeaux *de Charles Juliet, un récit autobiographique, la femme occupe peu de place. Dans ce dernier, nous retrouvons quelques figures féminines aux statuts différents mais ces dernières sont mises sous silence, elles n'agissent pas comme des personnages indépendants dans l'histoire mais contribuent à dire l'histoire d'un personnage principal: le « moi » du narrateur. Cela nous amène à nous poser les questions suivantes : comment la femme contribue-t-elle à la construction du moi du narrateur ? À quelle partie dite de l'auteur correspond chacune des manifestations de la femme ? Faire taire des personnages, qui en principe assument des rôles importants, pour se dire relève-t-il de l'égoïsme ou exprime-t-il un certain hommage rendu à ceux-ci ? C'est d'ailleurs ce à quoi nous tenterons de répondre dans ce présent article.*

Mots clés

autobiographie, genèse, femme, soi, rétrospection

LA FEMME, UN MOYEN DE SE DIRE DANS *LAMBEAUX* DE CHARLES JULIET

Introduction

La femme d'aujourd'hui n'est pas celle d'hier car elle peut exister indépendamment de l'homme sans être écrasée par lui ou, dans les meilleurs des cas, être chaperonnée par ce dernier. Cette place qu'elle occupe, ce statut qu'elle épouse ne lui a pas été accordé par le sexe opposé, elle le lui a arraché car il lui a toujours appartenu d'agir comme inférieure ou égale à l'homme. Dans toute société qui se veut moderne, il est admis comme étant une vérité incontestable que la femme est l'égal de l'homme tel que le genre grammatical attribué aux mots, notre sexe ne nous valorise ni ne nous dévalorise dans aucun cas car c'est l'être en soi qui détermine la valeur de chaque individu. Il reste toutefois quelques cas de misogynie, de machisme où la femme est remise sous terre... La littérature a de tout temps été inspirée de la société. De cette dernière, elle crée la société du roman où la ressemblance peut être implicite (sous-entendue/ métaphorisée) ou explicite pour un effet de réel comme c'est le cas dans les romans réalistes. Alors si prétendre à la vraisemblance est la devise des romans réalistes, qu'en est-il des écritures de soi ?

Les écritures de soi en général et l'autobiographie en particulier sont des œuvres qui s'inspirent de l'être en soi. Ce n'est plus d'une société qu'il s'agit dans ces récits, ou de relations interactionnelles entre des individus (personnages) mais de relations unilatérales qui partent d'un point central : le personnage principal. Celui-ci peut être assumé par le narrateur dans le cas d'une narration autodiégétique ou relégué à la troisième personne du singulier dans le cas de la narration hétérodiégétique.

L'autobiographie, qui est « un récit rétrospectif en prose qu'une personne réelle fait de sa propre existence, lorsqu'elle met l'accent sur sa vie individuelle, en particulier sur l'histoire de sa personnalité »[1], se distingue du roman autobiographique, de l'autofiction et de tout autre genre s'assimilant à elle, par un pacte autobiographique[2]. Ce dernier se conclue par le biais d'éléments paratextuels relevant de l'ordre du péritexte[3] ou de l'épitexte[4] comme c'est le cas pour *Lambeaux* de Charles Juliet où l'auteur conclue le pacte six ans après la parution de son œuvre sur les lignes d'une autre publication : « *Lambeaux*, un récit autobiographique qui m'a conduit à élucider certaines choses me concernant »[5].

Charles Juliet est un auteur français voué à l'écriture. Bon nombre de ses œuvres, si elles ne sont pas des recueils de poèmes, sont des récits autobiographiques. Tel est le cas pour *Lambeaux*.

Lambeaux est un récit autobiographique publié en 1995. Il porte sur une partie de la vie de l'auteur, celle de sa mère et celle de l'autobiographie *Lambeaux*. Il s'agit comme l'indique le titre[6], d'un récit fragmenté autant sur le plan structurel que sur le plan générique. La narration est, quant à elle, assumée par un « tu » continuellement mais ce dernier renvoie dans chaque chapitre à

---

1. Philippe Lejeune, *Le Pacte autobiographique*, Paris, Seuil, 1996, p. 14.
2. Un pacte est l'affirmation dans le texte de cette identité, renvoyant en dernier ressort au nom de l'auteur sur la couverture. (Voir Philippe Lejeune, *Le Pacte autobiographique*, Paris, Seuil, 1996, p. 26).
3. Dans *Seuils*, Genette définit ainsi le péritexte : Pour le péritexte « Un élément du paratexte (...) [situé] autour du texte, dans l'espace du même volume, comme le titre ou la préface, et parfois inséré dans les interstices du texte, comme les titres de chapitres ou certaines notes. »
4. Pour l'épitexte, dans *Seuils*, Genette le définit ainsi : « Tous les messages qui se situent, au moins à l'origine, à l'extérieur du livre: généralement sur un support médiatique (interviews, entretiens), ou sous le couvert d'une communication privée (correspondances, journaux intimes et autres) ».
5. Charles Juliet, *Ce long périple*, Paris, Bayard, 2001.
6. Le mot « lambeau » signifie partie détachée (d'un tout) comme l'indique Alain Rey dans son *Dictionnaire culturel en langue française*.

un nouveau personnage ce qui le rend polyphonique. Parfois le « tu » renvoie au fils, d'autres fois, il renvoie à la mère. C'est d'ailleurs à ce personnage principalement ainsi qu'aux autres figures féminines présentes dans le texte mais mises sous silence que nous nous intéresserons dans cette présente étude. Nous tenterons d'identifier la contribution de chaque figure féminine dans la construction du moi autobiographique dans *Lambeaux*. Pour cela nous découvrirons dans un premier temps, les principales figures féminines présentes dans ce récit. Nous soulignerons dans un second temps le rapport au mythe de la genèse. Enfin, nous terminerons par une analyse des figures en question.

1. Les femmes de Juliet

Le récit de Juliet est une œuvre hybride proposant dans son premier chapitre une biographie de la mère et dans le second une autobiographie du fils. On comprendra tout au long de notre lecture que la première partie n'est présente que pour compléter la seconde et de ce fait, dire l'auteur. Si les autres figures féminines n'ont pas occupé une place aussi grande dans le récit, elles ont néanmoins participé, par leur intervention aussi brève et transparente soit-elle, à dire le personnage principal. Nous retrouvons donc en plus du personnage de la mère biologique, celui de la mère adoptive, de la femme du chef et, enfin, celui de la compagne.

C'est dans la partie biographique que nous découvrons la figure de la mère biologique. Son histoire, depuis sa naissance jusqu'à sa mort. On apprendra qu'elle était l'ainée d'une fratrie de quatre filles. De ce fait, elle se verra obligée de devenir mère avant même de donner la vie vu la condition misérable de sa famille qui oblige les deux parents à sortir travailler en lui léguant cette responsabilité.

> *Tu es l'ainée, tu leur as servi de mère, et très tôt dans ton âge, alors que tu n'as pas encore quitté l'école, cette lourdeur par tout le corps au long des journées, la nécessité où tu es de te harceler pour venir à bout de ce que tu entreprends, cette sorte de vague malaise qui te rend plus lente, moins efficace,*

---

7. Charles Juliet, *Lambeaux*, Paris, Gallimard, 1995, p. 15.

t'empêche de prendre plaisir à ce que tu fais[7].

Cette responsabilité ne fera que la rendre plus vulnérable que jamais car elle va devoir quitter l'école et donc, s'isoler du monde encore plus. Quand elle croit à une porte ouverte, un premier amour jeune et pur, elle est frappée par la gifle de l'abandon. Le mariage sans amour et les quatre grossesses successives l'amèneront à bout : « Déterminée à ce que rien ne reste de ce à quoi tu tiens, tu jettes au feu ta bible et tes cahiers. Puis tu t'assois, et bien calée entre le mur et la table, dans un grand calme, tu effectues rapidement ce qui doit être fait »[8].

Hortense Juliet finira, pour avoir tenté de se suicider, dans un asile psychiatrique. Au lieu de lui tendre l'oreille, on lui a tendu la camisole de force. Pour réparer un acte d'inconscience, on a commis un autre, plus impardonnable en la séparant de ses enfants, parmi eux, le dernier (auteur de *Lambeaux*) qui n'avait qu'un mois. C'est dans cet hôpital qu'elle finira par mourir de faim au sens propre.

Nous remarquerons que ce personnage apparaît à travers le pronom « tu » qui est un pronom personnel. Il désigne une personne présente. La personne à qui le « je » s'adresse. Par conséquent, le « tu » implique obligatoirement un « je». Or, à travers son expression (le « je »), et son rapport à l'autre, nous pouvons dire qu'il se définit lui-même : « L'autre c'est moi »[9]. Effectivement, même si ce chapitre concerne une période où l'auteur n'est pas encore né, nous réussissons à relever des traits de caractères qu'il va hériter (les gènes) car ce sont nos gènes et notre passé qui nous font et qui nous permettent d'avancer. Antonio Gramsci disait à ce propos : « Celui qui ne sait pas d'où il vient ne peut savoir où il va »[10].

La seconde mère à intervenir est la mère adoptive. Elle devait s'occuper du nourrisson (narrateur-auteur) pour un temps limité, mais elle finit par le garder plus longtemps que prévu parce qu'elles s'y sont attachées, elle et ses fil-

---

8. Ibid, p. 80.
9. Rimbaud
10. Il s'agit d'une phrase célèbre d'Antonio Gramsci, grand écrivain et philosophe italien du début du XXème siècle.

les, à lui. Avec celle-ci, la narration est hétérodiégétique. C'est derrière un « elle » (variante féminine du « il ») que se cachera cette mère. Selon Benveniste, le « il » est une non personne. Il n'est là que parce qu'un « je » le mentionne, parle de lui. Mais, il est absent. Nous pouvons déduire de cela que la figure de la mère adoptive ainsi que celles des femmes qui vont suivre puisqu'elles vont adopter le même pronom, existent dans le récit sans exister. Il ne s'agit pas de personnages à part entière mais de figures, actants, qui vont permettre de réaliser l'entreprise autobiographique de l'auteur : « Ton père t'a confié à M. et Mme R., des paysans qui vivaient dans un village de la plaine »[11].

Mme R. (Félicie Ruffieux) avait une famille nombreuse et autant de travail en dehors que dans la maison avec les trois enfants qu'elle prenait en nourrice. C'était une femme au grand cœur qui parlait peu et ne se plaignait jamais : « Elle te parle peu, ne te gronde jamais, et ce qu'elle a à te dire passe dans son regard »[12].

C'est cette femme, par ailleurs, qui va engendrer chez l'enfant l'envie d'apprendre la langue française pour lui transmettre ses émotions. Une langue qui sera, à l'avenir, son moyen d'expression en tant qu'écrivain : « Au terme de ces deux heures, tu te promets chaque fois d'être particulièrement attentif pendant les cours de français, d'acquérir du vocabulaire, de soigner tes rédactions. Il faut qu'un jour tu sois capable de lui écrire des lettres où elle pourra lire tout l'amour que tu lui portes »[13].

Les deux autres figures qui vont suivre sont assumées par le pronom « elle » également. Il y aura d'abord la femme du début. Celle du chef de section qui fera découvrir l'amour au narrateur (auteur) sur le plan émotionnel comme sur le plan charnel. Elle l'incitera aussi à travailler à l'école, pour elle, pour lui : « Pour elle et pour toi, t'explique-t-elle, il est important que tu décroches de bonnes notes et obtiennes régulièrement une permission de sortie [...] Un jour, elle te prend dans ses bras. Atterré et ébloui, tu t'abandonnes. La suis avec stupeur sur le chemin qu'elle te fait découvrir »[14].

---

11. Op. Cit., p. 91.
12. Ibid., pp. 97-98.
13. Ibid., p. 104.
14. Ibid., p. 106.

Il se dégagera de cette relation un sentiment de tourments et de culpabilité chez le personnage. Par ce fait, il était en train de trahir son chef, son ami et sa mère car en entreprenant cette relation, il allait à l'encontre des principes de l'amitié et de l'éducation religieuse qu'il a reçus.

> *Et comment éviter que ton désir et le bonheur de savoir qu'une femme t'aime ne soient corrodés par une lancinante culpabilité ? Le chef et sa confiance et son amitié. La mère à laquelle tu penses si souvent et qui te semonce, te rappelle que tu as reçu une éducation religieuse, que tu dois savoir qu'il y a des choses qui ne se font pas. Tu mourrais de honte si elle savait*[15].

Il y aura ensuite la femme de la fin (fin du récit). Celle qui va lui permettre de sortir de l'ombre, d'oser, de publier. Elle sera son soutien autant sur le plan psychique que pécunier car elle proposera de subvenir seule à leurs besoins : « Une jeune femme accepte de partager ta vie. Tu ne peux rien lui dire de qui tu es, de ton histoire, de ta difficulté à vivre, mais tu lui apprends que le besoin d'écrire t'habite, et que selon toute probabilité, il va régir ton existence [...]. Elle te convainc pourtant de quitter ton poste de professeur et propose d'être seul à gagner votre pitance »[16].

Pour les trois derniers personnages féminins, il n'y a pas de portrait physique mais un portrait moral. En sachant que le physique, c'est le concret. C'est ce qui est palpable, ce qui existe sur un point de vue matériel, visuel, et que le moral renvoie plus à l'abstrait qui, souvent, rejoint le symbolique. Dénuer les personnages en question de leur physique reviendrait à leur enlever en quelque sorte leur existence matérielle qui est un obstacle à l'objectif premier de l'auteur qui est celui de se définir à travers elles. Autrement dit, le pronom « elle » ainsi que l'absence de portraits physiques seraient des procédés d'annihilation de l'identité des personnages en tant que figures indépendantes qui faciliterait le procédé de mythification de celles-ci pour accomplir la

---

15. Ibid., p. 107.
16. Ibid., p. 131.

tâche qui leur est due.

2. Retour sur le mythe de la genèse

Le thème de la religion apparaît dans le premier chapitre pour ensuite revenir avec plus de force dans le deuxième. Ainsi, dans la biographie de la mère biologique, nous nous retrouvons face à une addiction à la bible sans aucune compréhension de celle-ci. Cela transparaît par ailleurs à travers la tentative de suicide de la mère alors que cet acte est condamné par la religion chrétienne. Il faut souligner aussi le fait que la mère découvre le livre religieux sur un coup de hasard sans jamais développer d'intérêt mystique : « Au fond d'une armoire, sous de vieux sacs de pommes de terre, tu déniches une bible en assez bon état ... Tu ignores d'où viennent ces textes, à quelle époque lointaine ils furent écrits, qui étaient ces hommes qui ont su tirer d'eux-mêmes des paroles aussi justes et aussi vraies, mais cela ne te préoccupe guère »[17].

Dans l'autobiographie du fils, le thème en question prend plus de force car il ne signale plus une simple présence dans le récit. Dans ce chapitre, la religion est héritée des parents avec le livre et son interprétation. Il est certes autant l'isoloir du fils qu'il a été celui de la mère mais la foi est présente chez le second personnage au même point que les préceptes religieux sont acquis : « La mère à laquelle tu penses si souvent et qui te semonce, te rappelle que tu as reçu une éducation religieuse »[18].

Nous remarquons par ailleurs que cet aspect religieux a autant d'influence sur les agissements du personnage que sur l'acte scriptural de l'auteur qui n'hésite pas à user du procédé de mythification pour se dire.

> *Appelons mythification le transfert d'un événement à l'intérieur des frontières de la légende. La parenté lointaine entre mythification et ce que les formalistes russes appelaient défamiliarisation est digne d'attention : car qu'est-ce que projeter un événement dans un territoire mythique, sinon le*

---

17. Ibid., pp. 31-32
18. Ibid., p. 107.

> *situer dans une certaine perspective, le placer à une distance confortable, l'élever sur un plan supérieur, afin qu'il soit plus aisé à contempler et à comprendre*[19].

Le mythe présent dans ce récit et qui a servi de support à l'écrivain est celui de la création. Ainsi, selon de nombreux mythes religieux, la femme est l'autre moitié de l'homme[20]. Elle fait ou plutôt elle représente une partie de lui[21]. Autrement dit, elle est un fragment, un lambeau, peut-être même, de lui. C'est dans cette perspective que l'auteur use des quatre lambeaux féminins pour écrire *Lambeaux*.

3. Analyse des personnages

L'image de la femme dans ce récit (que ce soit la mère biologique, la mère adoptive, l'épouse du chef de section ou encore la compagne) nous renvoie toujours à la première femme (mère de tous les Hommes) : Ève que Dieu créa, dans le mythe de la genèse, à partir d'une des côtes d'Adam : « Dieu prit une de ses côtes et referma les chairs à sa place. Le Seigneur Dieu transforma la côte qu'il avait prise à l'homme en une femme qu'il lui amena »[22].

Par conséquent, si la femme est faite d'une des côtes de l'homme, cela mènerait à dire que la femme fait partie de l'homme.

Or, chaque personnage féminin du récit représente une partie de la vie de l'auteur. Une partie de sa vie qu'il rejette consciemment (ou bien qu'il n'arrive à voir qu'à travers l'autre parce qu'il est en quête de soi) mais qu'il arrive à assimiler à travers ce mythe : « ils ne feront plus qu'une seule chair »[23].

Il est à préciser que ces figures féminines qui participent à dire l'auteur correspondent aux trois archétypes de la femme en littérature : La mère, l'amante et la femme-enfant qui correspondent dans l'ordre aux personnages de : la mère biologique et la mère adoptive, la femme du chef de section et la compagne.

---

19. Thomas Pavel, *Univers de la fiction*, Paris, Seuil, 1988, p. 100.
20. Platon : Le mythe des androgynes
21. Christianisme : le mythe religieux
22. Genèse 2, pp. 18-24.
23. Genèse 2, p. 24.

Si la mère est un statut acquis par les deux premiers personnages de la liste, celui de l'amante et de la femme-enfant s'avère un peu plus difficile à cerner. La femme du chef de section fait découvrir l'amour au personnage principal (auteur-narrateur), de ce fait elle devient son amante. Mais elle est aussi *enfant* parce qu'elle s'éprend d'un enfant, parce qu'elle sollicite la protection (d'un enfant). Par conséquent, nous pouvons dire de celle-ci qu'elle se trouve dans une sorte d'entre-deux archétypal : celui de la femme-enfant et celui de l'amante. Le personnage de la compagne également se trouve calé entre deux représentations : la mère et l'amante. Cette femme est l'amante parce qu'elle est la compagne : il s'agit d'un statut acquis. Elle est aussi la mère car elle agit comme elle, elle protège le personnage principal, se sacrifie pour lui, et lui donne tout pour qu'il puisse germer et c'est cet amour à profusion, cette notion du sacrifice qui renvoie à la figure de la mère.

Conclusion

Tous les personnages féminins du récit n'ont servi qu'à un point : définir l'auteur. Chaque personnage représente une partie de la vie de l'auteur. La mère biologique dans son sens littéral représente la naissance à la vie terrestre. Pour la mère adoptive, nous retrouvons une partie dans le récit où l'auteur précise que c'est sa volonté d'écrire une belle lettre à sa mère qui l'a fait s'intéresser à la matière : langue française. Par conséquent, elle représente la naissance à la langue. La femme du chef de section lui permet de découvrir l'amour, la passion : naissance à l'amour. Et enfin la dernière, sa compagne, celle qui va lui permettre de naître à la littérature, à la gloire.

Dans son œuvre, l'auteur a tenté, essentiellement, de se définir à travers l'autre et c'est dans cette perspective qu'il a fait appel à ces figures féminines. Chacune d'elles a participé d'une certaine manière à élaborer ce « moi » qui était en *Lambeaux* de Charles Juliet.

Asma MAHIOU, Ph.D.C.

Bibliographie

GENETTE, Gérard, *Seuils*, Paris, Seuil, 1987.

JULIET, Charles, *Lambeaux*, Paris, Gallimard, 1995.

LEJEUNE, Philippe, *Le Pacte autobiographique*, Paris, Seuil, 1975.

PAVEL, Thomas, *Univers de la fiction*, Paris, Seuil, 1988.

REY, Alain (Dir.), *Dictionnaire culturel en langue française II*, deto-legu, Le Robert, 2005.

Pour citer cet article :

Asma MAHIOU, « La femme, un moyen de se dire dans *Lambeaux* de Charles Juliet », *Revue Legs et Littérature,* 2018 | no. 11, pp. 61-72.

Lire *Cahier d'un retour au pays natal* d'Aimé Césaire : mémoire, engagement et quête identitaire

Ancienne élève de l'École Normale Supérieure de Port-au-Prince, Mirline Pierre détient un Master en Langages, Cultures et Sociétés en milieu plurilingue de l'Université des Antilles (UA). Éditrice, professeure à l'Université de Port-au-Prince et à l'Institut français en Haïti, elle est l'auteure de plusieurs articles parus dans la revue Legs et Littérature, *de deux biographies pour enfants (Je découvre... Dany Laferrière, 2014 et Je découvre... Charlemagne Péralte, 2016), et co-auteure de l'essai 50 livres haïtiens cultes qu'il faut lus dans sa vie (2014). Elle s'intéresse aux thèmes liés à la dictature, la femme, la migration et la mémoire.*

Résumé

Cahier d'un retour au pays natal *d'Aimé Césaire est une œuvre phare dans l'histoire de la pensée antillaise et de la littérature francophones. Œuvre d'engagement, née de la colère et de la révolte, elle marque la résistance d'une âme éprise du refus d'assimilation, de la valorisation de la culture nègre. Cet article entend prend pour appui sur le* Cahier *pour faire ressortir les correspondances entre l'acte d'écriture et celui du souvenir et de la mémoire. Comme oeuvre de transition, il s'agira également de montrer qu'elle se veut être une contre-histoire de l'histoire universelle qui a contribé à construire une image et une perception dévalorisantes du Noir.*

Mots clés

Mémoire, négritude, engagement, colonisation, racisme

LIRE *CAHIER D'UN RETOUR AU PAYS NATAL* D'AIMÉ CÉSAIRE : MÉMOIRE, ENGAGEMENT ET QUÊTE IDENTITAIRE

Cahier d'un retour au pays natal d'Aimé Césaire est l'une des œuvres les plus emblématiques de la littérature antillaise et des littératures francophones. Publié en 1956 aux éditions Présence Africaine à Paris et traduit en plusieurs langues, ce classique est devenu un incontournable dans les discussions autour de l'identité et de la mémoire. Le texte se veut être une contre-histoire de l'esclavage et de la colonisation dans les Antilles. C'est aussi et surtout un texte qui incite le nègre à rejeter toute forme d'assimilation blanche ou européenne pour devenir lui-même dans sa peau noire et d'adopter sa culture telle qu'elle est. En d'autres termes, c'est un cri destiné aux peuples noirs/aux anciens colonisés.

En effet, *Cahier d'un retour au pays natal* est une œuvre inclassable du point de vue de la forme du texte. Ce n'est ni un récit ni un roman. L'œuvre est plutôt rapprochée vers la poésie, mais il s'agit d'une poésie qui se veut de métamorphoser la forme poétique classique. À lire le texte intégral, la musicalité et la tonalité qui s'y dégagent, l'on se trouve en présence d'un poème fleuve ou un long poème qui, d'un côté, essaie de fondre tous les genres littéraires et, de l'autre, qui refuse de se catégoriser dans un registre littéraire quelconque. D'où l'on peut prendre le risque de parler d'un anti-texte ou d'un texte hybride qui entend révolutionner la structure préétablie des textes littéraires. Par contre, il est l'un des textes fondateurs et matriciels du mouvement de la Négritude. Dans son essai sur l'œuvre, Dominique Combe souligne que : « Le *Cahier* est la première œuvre publiée par Césaire ; à bien des égards, elle peut être considérée comme la matrice de toutes les œuvres ultérieures, en raison même de sa polyvalence générique : poème, mais aussi discours idéologique et, dans une moindre mesure, texte dramatique en raison des dialogues implicites et explicites »[1].

Ainsi, le *Cahier* marque une certaine rupture avec le premier mouvement littéraire populaire des Antilles le « Doudouisme », dont les œuvres des écrivains de ce mouvement littéraire ont été produits par des colons créoles en vue d'exprimer leur amour et leur nostalgie des Antilles. Avec la publication de ce volume de Césaire, on assiste à un transfert de littérature qualifiée d'évadée pour faire place à une littérature plutôt antillaise, donc identitaire laquelle fait apparaître les grandes questions de l'identité et de la mémoire. Autrement dit, une littérature qui décrit la réalité du « nègre », c'est-à-dire son histoire, sa culture, sa douleur et autres.

À lire et comprendre *Cahier d'un retour au pays natal*, l'on pourrair même aller jusqu'à se demander s'il ne s'agirait pas d'une contre-histoire de l'histoire universelle donc un projecteur sur l'histoire de la colonisation et de l'esclavage dans les Antilles ? N'est-ce pas aussi une invitation à une prise de conscience chez les « nègres » dans la mesure où cela fait référence à des moments clés de notre histoire en tant peuple antillais ? Si l'on a bien compris, le *Cahier* pourrait être une quête/une fouille au fin fond de la mémoire. Par ailleurs, la quête peut renvoyer à des souvenirs du passé tout en cherchant à comprendre l'histoire au sens inverse, donc l'histoire des opprimés. Si l'on se réfère au contexte politico-social de la publication du *Cahier*, il peut bien se référer à une forme de souvenir en ce sens qu'il fait bien appel à la mémoire. Du coup, on pourrait se demander s'il ne s'inscrit pas également dans une forme d'engagement ? Un chant de révolte contre une société acculturée ? Pour nous en convaincre, nous allons essayer de voir en quoi *Cahier du retour au pays natal* d'Aimé Césaire pourrait-il correspondre à un acte de souvenir tel que le souligne la lecture de Michèle Finck.

---

1. Dominique Combe, *Aimé Césaire : Cahier d'un retour au pays natal*, Paris, PUF, 1993, p.

Cahier du retour au pays natal : une œuvre de transition

Nous sommes en 1938, date de la publication du *Cahier* de Césaire, soit dix-sept ans après la publication de *Batouala* de René Maran. Ce roman, écrit par un Noir et qui est de surcoît le premier livre à recevoir un prestigieux prix littéraire, à savoir le Goncourt, la même année, marque l'avènement du mouvement de la Négritude dans les Antilles vers les débuts du 20ème siècle. Elle annonce aussi et surtout une sorte de rupture pour céder la place à une littérature antillaise indigène et authentique, puisqu'auparavant la littérature des Antilles avait plutôt un goût d'exotisme, fait dû à la présence ou à l'existence des colons vivant sur l'île. Avec la parution du *Cahier* ainsi que l'épanouissement de la Négritude (1930-1960), la littérature des Antilles se décrit, sous la plume de nombre d'écrivains, comme une réflexion sur la culture nègre. À cet effet, elle se propose de redécouvrir la culture antillaise et de réécrire son histoire, ses traditions et ses mœurs. Du coup, elle se définit comme une contre-histoire de l'histoire officielle. En d'autres termes, les écrivains de cette période seront des historiens qui cherchent à faire jaillir la lumière sur tout ce qui constitue des points d'ombre à la culture nègre. D'où ils s'inscriront dans une quête de la mémoire et de l'identité.

Perçue comme une quête vers la mémoire et l'identité, le *Cahier* sonne aussi et surtout l'heure d'une révolution dans la manière d'écrire dans les Antilles. C'est un projet contre l'assimilation des noirs. Une stratégie contre une société acculturée et aussi un procès de réhabilitation de la culture nègre tout en évitant les mythes et les mensonges de l'histoire officielle. Du coup, la naissance de la micro histoire. À vrai dire, il prend le contre-pied de ce que l'on appelle la grande histoire (histoire des vainqueurs) pour laisser la place aux vaincus et aux opprimés. Par exemple, *Cahier du retour au pays natal* a été écrit lors du retour de Césaire en Martinique et aussi à partir d'un constat d'assimilation du peuple martiniquais aux blancs français. Il revêt également un penchant autobiographique dans la mesure où l'on sent dans la lecture que Césaire nous met en face d'une expérience vécue ou d'un constat. En fait, pour faciliter la compréhension du *Cahier*, certains critiques le divisent en sept mouvements et d'autres en trois parties lesquelles contiennent deux masses antithétiques et un pivot central. Cet aspect n'est pas notre priorité, on va mettre l'accent de préférence sur le sens qu'écrire pourrait avoir pour

Césaire. **Écrire…, un acte d'engagement et de mémoire**

Que désigne le pays natal dans la pensée ou dans l'imaginaire de Césaire ? Ne s'agit-il pas de l'île de l'enfance, la terre des origines, le retour aux sources en tournant le dos à la société acculturée, dégradée, aliénée, en d'autres termes, cette anarchie culturelle à force de trop vouloir ressembler à l'autre ? C'est donc l'Afrique, la terre des Ancêtres. En proposant le terme de *négritude*, ce néologisme qu'il a utilisé en 1935 dans le premier numéro de *L'Étudiant noir*, Césaire s'inscrit déjà dans une forme d'engagement. Que signifie le mot nègre utilisé par Césaire ? À quel groupe ethnique renvoie-t-il ? Pour Daniel Delas, le mot a une histoire. Il dérive donc

> *de l'adjectif nègre couramment utilisé du 16ème jusqu'au 19ème siècle par les Européens pour désigner les hommes de peau noire, sans connotation péjorative au début, puis de plus en plus avec une valeur raciste, à mesure que les conquêtes de l'Occident s'associaient à l'idéologie esclavagiste. D'où la charge revendicatrice que va prendre le terme dans la bouche d'un Noir instruit du 20ème siècle*[2].

Ainsi, face à la charge raciste que charriait le terme auparavant, Césaire s'évertue à lui attribuer de nouvelles valeurs, à savoir les liens oubliés, négligés ou niés avec l'Afrique. Il renvoie, d'un côté, au poids du passé, sa valeur, son sens, et de l'autre, à l'histoire, à la mémoire. C'est probablement pour avoir redéfini le terme que Sartre écrit ceci dans *Orphée noir* :

> *Un Juif, blanc parmi les blancs, peut nier qu'il soit juif, se déclarer un homme parmi les hommes. Le nègre ne peut nier qu'il soit nègre ni réclamer pour lui cette abstraite humanité incolore : il est noir. Ainsi est-il acculé à l'authenticité : insulté, asservi, il se redresse, il ramasse le mot « nègre » qu'on lui a jeté comme une pierre, il se revendique comme noir, en face du Blanc, dans la fierté*[3].

---

2. Daniel Delas, Littératures des Caraïbes de langue française, Paris, Nathan, 1999, p. 27.
3. Jean-Paul Sartre, *Orphée noir*, préface à l'*Anthologie de la nouvelle poésie nègre et malgache de langue française* de Léopold Sedar Senghor, Paris, PUF, 1948, p. xiv..

Ce poème né de l'exil, de la distance, de la rencontre de l'autre et du heurt issu lors du retour dans l'île natale désemparée, perdue « dans la boue de cette baie [...] cette ville plate, étalée »[4] évoque toute la déception du poète devant le reniement des siens à trop vouloir ressembler à l'Européen. Texte fondateur portant en lui un projet humaniste, Césaire, en parlant de sa Martinique, parle au nom et pour tous les peuples colonisés. L'emploi des expressions comme «cette terre, cette ville, ce peuple »[5] est assez significatif. D'une image dégradée du Noir, il projette une vision triomphante et fière de la négritude.

Poème d'engagement, de mémoire –sur fond de construction identitaire –, le *Cahier* marie passé, donc souvenirs du poète, et avenir. En témoigne ce passage qui évoque le souvenir de la saison de Noël, les regrets et les joies du poète qui regarde le temps passer très vite.

> *Passés août où les manguiers pavoisent de toutes leurs lunules,*
> *septembre l'accoucheur de cyclons,*
> *octobre le flambeur de cannes, novembre qui ronronne aux*
> *distilleries, c'était Noël qui commençait.*
> *Il s'était annoncé d'abord Noël par un picotement de désirs,*
> *une soif de tendresses neuves, un*
> *bourgeonnement de rêves imprécis, puis il s'était envolé tout à*
> *coup dans le froufrou violet de ses*
> *grandes ailes de joie, et alors c'était parmi le bourg sa*
> *vertigineuse retombée qui éclatait la vie des cases*
> *comme une grenade trop mûre.*
> *Noël n'était comme toutes les fêtes. Il n'aimait pas à courir les*
> *rues, à danser sur les places publiques, à*
> *s'installer sur les chevaux des bois, à profiter de la cohue pour*
> *pincer les femmes, à lancer des feux*
> *d'artifice au front des tamariniers. Il avait l'agoraphobie, Noël.*
> *Ce qu'il lui fallait c'était toute une journée*
> *d'affairement, d'apprêts, de cuisinages*[6].

Il revient aussi sur sa vieille maison d'enfance qui a abrité ses souvenirs de

---
4. Aimé Césaire, *Cahier d'un retour au pays natal*, Paris, Présence africaine, 1939, p. 3.
5. Ces expressions reviennent tout le long du texte.
6. Ibid., p. 5.

petit garçon insouciant, ses frères et sœurs, ses parents qui triment pour joindre les deux bouts à chaque fin de mois :

> *Au bout du petit matin, une autre petite maison qui sent très mauvais dans une rue très étroite, une maison minuscule qui abrite en ses entrailles de bois pourri de dizaines de rats et la turbulence de mes six frères et sœurs, une petite maison cruelle dont l'intransigeance affole nos fins de mois et mon père fantasque grignoté d'une seule misère, [...] et ma mère dont les jambes pour notre faim inlassable pédalent, pédalent de jour, de nuit, je suis même réveillé la nuit par ces jambes inlassables qui pédalent la nuit et la morsure âpre dans la chair molle de la nuit d'une Singer et que ma mère pédale, pédale pour notre faim et de jour et de nuit*[7].

Cahier d'un retour au pays natal est une œuvre chargée d'éléments autobiographiques, de référents qui renvoient au pays natal, à la petite vie de Césaire, à de sensations qui remontent au plus profond de son être, entre autres ses joies, ses regrets et ses colères d'enfance.

> *Et chacun se met à tirer par la queue le diable le plus proche, jusqu'à ce que la peur s'abolisse insensiblement dans les fines sablures du rêve, et l'on vit comme dans un rêve véritablement, et l'on boit et l'on crie et l'on chante comme dans un rêve, et l'on somnole aussi comme dans un rêve, avec des paupières en pétales de rose, et le jour vient velouté comme un sapotille, et l'odeur de purin des cacaoyers, et les dindons, qui égrènent leurs pustules rouges au soleil, et l'obsession des cloches, et la pluie...*[8].

Quête de soi et quête de l'autre, Césaire poursuit dans le *Cahier* un idéal identitaire. L'emploi du pronom personnel *je* tout au long du texte renvoie non seulement au poète mais cumule aussi la voix de toute une humanité, de tout un peuple. Un *je* qui se veut à la fois lyrique, unique et pluriel. D'où même le lecteur peut s'identifier dans ce qu'il décrit ou évoque comme faisant

---

7. Ibid., p. 6.
8. Ibid., p. 5.

partie de son propre vécu à lui. Il engage son lecteur. Ce dernier comme Césaire prend donc conscience des problèmes soulevés. Le *je* lyrique de Césaire respon-sabilise et donne/ouvre une voix/voie aux sans-voix dans le but de changer le cours des choses.

> *Je retrouverais le secret des grandes communications et de grandes combustions. Je dirais orage. Je dirais fleuve. Je dirais tornade. Je dirais feuille. Je dirais arbre. Je serais mouillé de toutes les pluies, humecté de toutes les rosées. Je roulerais comme du sang frénétique sur le courant lent de l'œil des mots en chevaux fous en enfants en caillots en couvre-feu en vestiges de temple en pierres précieuses assez loin pour décourager les mineurs. Qui ne me comprendrait ne comprendrait pas davantage le rugissement du tigre*[9].

Si bien qu'en certains endroits, le *je* alterne un *nous* collectif, et se veut, du coup, le porte-parole de tous les Nègres du monde.

> *Nous dirions. Chanterions. Hurlerions.*
> *Voix pleine, voix large, tu serais notre bien, notre pointe en avant;*
> *Des mots ?*
> *Ah oui, des mots !*
> *Raison, je te sacre vent du soir.*
> *Bouche de l'ordre ton nom ?*
> *Il m'est corolle du fouet.*
> *Beauté je t'appelle pétition de la pierre.*
> *Mais ah ! la rauque contrebande*
> *de mon rire*
> *Ah ! Mon trésor de salpêtre !*
> *Parce que nous vous haïssons vous et votre raison, nous nous réclamons de la démence précoce de la*
> *folie flambante du cannibalisme tenace*[10].

---

9. Ibid., p. 7.
10. Ibid., p. 9.

Écrire pour se souvenir

Dans son essai *Qu'est-ce que la littérature ?*, Jean-Paul Sartre développe une réflexion sur la littérature en examinant l'art d'écrire et la situation problématique de l'écrivain. Pour lui, l'acte d'écrire s'inscrit dans une forme d'engagement. En utilisant les signes, l'écrivain entend transmettre une idée, interagir avec le monde en essayant d'apporter un sens nouveau aux choses. Sartre nous dit que le travail de « l'écrivain est de transmettre le mouvement perpétuel du monde, ses différentes significations »[11]. Ainsi, tout en proposant ce sens nouveau, en transmettant cette vision du monde –ce monde toujours en mouvement– l'écrivain adopte une démarche d'écriture qui prend en compte le souvenir, la mémoire. Césaire, en proposant dans le *Cahier* cette autre vision du monde (nègre), fouille dans le passé –ce passé meurtri– pour projeter l'avenir. D'où son écriture se veut d'abord souvenir, mémoire. Césaire revient sur le passé oppressant des Noirs, la traite négrière, le calvaire des esclaves venus d'Afrique.

> *Que de sang dans ma mémoire ! Dans ma mémoire sont des lagunes. Elles sont couvertes de têtes de morts. Elles ne sont pas couvertes de nénuphars. Dans ma mémoire sont des lagunes. Sur leurs rives ne sont pas étendus des pagnes de femmes.*
> *Ma mémoire est entourée de sang. Ma mémoire a sa ceinture de cadavres !*
> *et mitraille de barils de rhum génialement arrosant nos révoltes ignobles, pâmoisons d'yeux doux d'avoir lampé la liberté féroce*[12].

Aussi la mémoire joue-t-elle un rôle dans l'acte d'écrire. L'on écrit toujours à partir de son vécu, avec soi et avec l'autre. À la lecture du *Cahier*, l'on a pu voir que Césaire revient constamment sur son enfance, sa ville natale, sa famille –c'est le côté autobiographique du poème – mais il se rappelle aussi du passé odieux et hideux des Noirs d'Afrique, de son pays meurtri, sa « ville inerte, de ses au-delà de lèpres, de consomption, de famines, de peur tapie

---

11. Voir Jean-Paul Sartre, *Qu'est-ce que la littérature ?*, Paris, Gallimard, 1948.
12. Op. Cit., p. 12.

dans les ravins »[13]. Il évoque le traitement inhumain infligé par le colon aux Nègres conçus comme des bêtes de somme, des biens meubles de peu de valeur :

> *Et ce pays cria pendant des siècles que nous sommes des bêtes brutes ; que les pulsations de l'humanité s'arrêtent aux portes de la négrerie ; que nous sommes un fumier ambulant hideusement prometteur de cannes tendres et de coton soyeux et l'on nous marquait au fer rouge et nous dormions dans nos excréments et l'on nous vendait sur les places et l'aune de drap anglais et la viande salée d'Irlande coûtaient moins cher que nous, et ce pays était calme, tranquille, disant que l'esprit de Dieu était dans ses actes*[14].

Ici, c'est sa colère et son indignation que le poète crache devant ce passé horrible et abject. C'est bien une forme de dénonciation des dérives coloniales, une révolte contre les puissances dominantes de l'époque de la colonisation. À bien comprendre l'essai de Sartre, il nous est permis de considérer la littérature comme un acte d'engagement politique envers ou contre un système. À ce titre, elle pourrait se définir comme une arme de combat, de lutte et de résistance contre les préjugés et l'oppression. L'écrivain, étant donc un acteur social, il est capable d'agir contre le système. C'est justement ce que fait Césaire dans le *Cahier*. En réaction contre le mépris du Noir, l'oppression du système colonialiste, il revendique sa négritude et propose une vision autre du Noir que celle véhiculée par le système. C'est donc de « cette crise d'identité que naquit le cahier. En un mot, l'éloignement, la solitude, la nostalgie et l'histoire tragique de son peuple de son peuple noir forment la matrice première du *Cahier d'un retour au pays natal* »[15], écrit Frano Vrancic.

Tout en éveillant la mémoire, le calvaire et l'espoir des opprimés, le poème de Césaire fait naître également un sentiment de revendication pour la liberté, un

---

13. Ibid., p. 3.
14. Ibid., p. 13.
15. Frano Vrančić, «La négritude dans *Cahier d'un retour au pays natal d'Aimé Césaire* », *Études romanes de Brno*, 36, 2015, pp. 199-200.
URL : http://hdl.handle.net/11222.digilib/134040. Consulté le 4 avril 2018.

homme nouveau car il est « venu le temps de se ceindre les reins comme un vaillant homme »[16]. Puis, plus loin, le poète s'assume, accepte sa condition de Nègre :

> *J'accepte... j'accepte... entièrement, sans réserve...*
> *ma race qu'aucune ablution d'hysope et de lys mêlés ne pourrait purifier*
> *ma race rongée de macules*
> *ma race raisin mûr pour pieds ivres*
> *ma reine des crachats et de lèpres*
> *ma reine des fouets et des scrofules*
> *ma reine des squasmes et des chloasmes*
> *(oh ces reines que j'aimais jadis aux jardins printaniers et lointains avec derrière l'illumination de toutes*
> *les bougies de marronniers !).*
> *J'accepte. J'accepte*[17].

En proclamant et assumant sa négritude, il devient cet homme nouveau « issu de cette "négraille" désormais debout/libre retrouvant le goût amer de la liberté »[18] et souligne le poète « la vieille négritude progressivement se cadavérise »[19]. Ainsi naît un monde nouveau.

Mirline PIERRE, M.A.

---

16. Op. Cit., p. 17.
17. Ibid., p. 18
18. Daniel Délas, *Littératures des Caraïbes de langue française*, Paris, Nathan, 1999, p. 49.
19. Op. Cit., p. 20.

Bibliographie

CÉSAIRE, Aimé, *Cahier d'un retour au pays natal* [1939], Paris, Présence africaine, 1956.

COMBE, Dominique, *Aimé Césaire : "Cahier d'un retour au pays natal"*, Paris, PUF, 1993.

DELAS, Daniel, *Littératures des Caraïbes de langue française*, Paris, Nathan, 1999.

SARTRE, Jean-Paul, *Orphée noir*, préface à l'*Anthologie de la nouvelle poésie nègre et malgache de langue française* de Léopold Sedar Senghor, Paris, PUF, 1948.

---, *Qu'est-ce que la littérature ?*, Paris, Gallimard, 1948.

VRANČIĆ, Frano, « La négritude dans *"Cahier d'un retour au pays natal"* d'Aimé Césaire », *Études romanes de Bruno*, 36, 2015, pp. 193-206. URL : http://hdl.handle.net/11222.digilib/134040. Consulté le 4 avril 2018.

Pour citer cet article :

Mirline PIERRE, « Lire *Cahier d'un reour au pays natal* d'Aimé Césaire : mémoire, engagement et quête identitaire », Revue *Legs et Littérature*, 2018 | no. 11, pp. 73-85.

Entre littérature et psychanalyse : vers une interprétation ou une approche clinique du texte

Murielle El HAJJ est doctorante ès lettres et langue françaises à l'Université Libanaise de Beyrouth. Son champ de recherche se fonde sur l'approche psychanalytique des textes littéraires et le travail de l'inconscient dans l'écriture et la lecture, ainsi que sur la littérature moderne et postmoderne, la sémiotique littéraire et les études de genre. Lecteur en langue française et rédacteur en chef à l'Université du Qatar, elle a publié des articles de revues universitaires et sociales.

Résumé

L'auteur d'un texte littéraire n'a plus de droit sur l'écrit qu'il publie. Le texte travaille dans une dimension d'inconscient et il est travaillé par l'inconscient de l'auteur, des personnages et du lecteur. C'est devant le lecteur et en rapport avec son regard que les secrets du texte et les significations connotées se révèlent. La lecture sous le lorgnon de la psychanalyse devient un champ de rencontre de l'inconscient du lecteur avec celui des personnages-personnes et de l'auteur. Partant de là, l'on se demande si les apports de la psychanalyse consistent à faire seulement une interprétation des œuvres littéraires. En effet, "psychanalyser" le texte littéraire consiste au premier abord à confirmer qu'il est un "micro-monde" dans le macro-monde réel, ce qui veut dire que les personnages qui le peuplent sont les prototypes des êtres réels et ont eux-mêmes un inconscient. Lecteur, auteur, personnages et texte deviennent à tour de rôle des patients sur le divan et se retrouvent en situation d'analysants autant que d'analystes. Un travail de réécriture et de cure s'établit au-delà de l'interprétation, faisant de la lecture une entrée au cabinet de psychothérapie où les troubles de la psyché – ceux de l'auteur, des personnages et du lecteur – sont analysés.

Mots clés

Psychanalyse, psychothérapie, texte littéraire, inconscient, interprétation.

ENTRE LITTÉRATURE ET PSYCHANALYSE : VERS UNE INTERPRÉTATION OU UNE APPROCHE CLINIQUE DU TEXTE

Poser la question sur le rapport entre la littérature et la psychanalyse consiste à affirmer au premier abord que la littérature n'apporte pas seulement un savoir, ni une pédagogie, mais elle est une façon de penser le monde. Autrement dit, le monde de la fiction n'est pas un ailleurs. On ne s'évade pas par le moyen de la littérature, de ce monde qui est tout à fait le miroir des hommes et de leurs œuvres, et dans lequel le lecteur se trouve lui-même modifié. Dans ce monde – la littérature – qui est le nôtre, le lecteur fait l'expérience des mots qu'il lit et continue à être travaillé et modelé par eux. En effet, « la "littérature" nous paraît aujourd'hui être l'acte même qui saisit comment la langue travaille et indique ce qu'elle a le pouvoir, demain, de transformer »[1]. Le lecteur se demande ce que les personnages qu'il rencontre représentent pour lui et se rend compte que ces êtres fictifs sont en fait des prototypes des personnes qu'il connaît en réalité. Il fait une (re)découverte du texte littéraire et se trouve même étonné devant le caractère surprenant de ses propres pensées, puisqu'il ne lit pas mais pense le texte et toutes ses composantes.

La lecture d'un texte littéraire est au premier abord un travail de recherche, mais une recherche qui est moins une exploitation qu'une exploration. Le lecteur est placé devant les mots, amené à les entendre et sûrement à être

---

1. Julia Kristeva, *Semiotikè. Recherches pour une sémanalyse*, Paris, Seuil, 1969, p. 9.

étonné par ce qu'ils véhiculent. Dans ce sens, Jean Bellemin-Noël a dit :

> *La lecture d'inspiration psychanalytique est [...] un lieu particulièrement exposé. Car chaque lecteur y fait obligatoirement l'expérience de ce qu'il retient de la doctrine freudienne et de qu'il lui faut oublier. Chacun est pris dans la logique d'un partage singulier : entre du déjà-dit sur un certain mode – qu'on pourrait nommer théorique-inaugural – et ce qu'il est possible de faire dans la suite; entre des principes d'interprétation et une pratique de lecture qui produit pour une part ses règles ; entre les grandes lignes d'une grammaire et un usage*[2].

Partant de là, l'on se demande si l'application de la psychanalyse sur le texte littéraire se limite au mécanisme de l'interprétation ou s'il s'agit d'une approche clinique. À tenir compte que le lecteur fait le récit des moments constituants de sa rencontre avec le texte dans un sens que le processus de la subjectivité accède à la généralité ouvrant la voie de l'objectivité et se décalant en quelque sorte de lui-même pour prendre une autre ampleur. Autrement dit, le lecteur qui était par rapport à l'auteur un "lecteur virtuel" dans le monde devient lors de sa lecture du texte l'auteur secondaire de ce dernier et l'imprègne ainsi de sa propre touche et expérience dans un sens qu'il ouvre le texte à un autre rayonnement de sens tout en laissant son inconscient s'engager dans une (re)lecture qui devient sienne.

Langage et inconscient

Le texte littéraire est une série de signes, tandis que la psychanalyse « cherche à entendre le caractère vivant du langage »[3] en tenant compte de son double caractère (patent et latent). De plus, la psychanalyse exige le questionnement d'une série de signes textuels qui sont indéfiniment ouverts et susceptibles de se modifier et de s'éclairer. Dans ce sens, « le langage est adressé à quelqu'un, même à l'insu de celui qui parle, et le langage est polysémique, il se déploie

---

2. Pierre Bayard, (dir.), *Lire avec Freud pour Jean Bellemin-Noël*, Paris, PUF, 1998, pp. 187-188.
3. Leslie Kaplan, *Les Outils*, Paris, P.O.L., 2003, p. 32.

sur plusieurs dimensions, il comporte par sa matière même la possibilité de jouer avec le son et le sens des mots »[4]. Lors de sa rencontre avec le texte littéraire, le lecteur tient compte du double caractère du langage. Le texte lui parle, lui raconte des faits. Les mots sont conçus comme des signifiants porteurs de significations latentes (signifiés) et les figures de rhétorique (tropes) qui sont supposées être au service du mécanisme narrativo-descriptif, deviennent elles-mêmes un moyen pour décoder le langage de l'inconscient. À noter que ce dernier renvoie aux « effets de la parole sur le sujet, c'est la dimension où le sujet se détermine dans le développement des effets de la parole en suite de quoi l'inconscient est structuré comme un langage »[5]. Or, les figures de rhétorique que Sigmund Freud appelle "les rejetons de l'inconscient"[6] créent des rapports de ressemblance, de proximité et de déplacement comme la métaphore, la comparaison, la métonymie et la synecdoque ; ainsi que des rapports d'opposition et de paradoxe comme l'oxymore et l'antithèse. En étudiant ces rapports, le lecteur se rend compte que l'emploi des tropes n'est pas gratuit dans le texte littéraire. Au premier plan, ces images pittoresques servent de censure "esthétique" pour camoufler le non-dit ou le refoulé. Au second plan, elles jouent le rôle de "gestes manqués" et renseignent le lecteur sur ce qui échappe à la conscience de l'écrivain, à souligner que celui-ci ne les utilise pas dans l'intention de cacher le non-dit, « c'est son inconscient qui parle à la fois grâce à lui et malgré lui »[7].

Ainsi, le texte littéraire est une production de contenus fondée sur des effets de sonorité (rimes, allitérations) et de rapports signifiants/signifiés, ainsi qu'une espèce particulière de formes que l'on nomme images et qui appartiennent à la fois au discours de la langue et à celui de l'inconscient. « L'écriture fait se succéder les tons, lâche les complaisances du pittoresque pour un rythme dramatique, passe du compte rendu à la peinture animée : la technique du contour se met en valeur pour éviter l'allure didactique, tout comme, à l'inverse, elle évite l'unisson du merveilleux »[8]. La différence, ici, réside en ce que le discours du patient adressé au psychanalyste porte des messages qui veulent transmettre quelque chose, tandis que le langage textuel, au-delà de sa

---

4. Op. Cit., p. 32.
5. Jacques Lacan, *Les quatre concepts fondamentaux de la psychanalyse*, Paris, Seuil, 1973, p. 167.
6. Sigmund Freud, *Métapsychologie*, Paris, Gallimard, 1999, p. 49.
7. Jean Bellemin-Noël, *Vers l'inconscient du texte*, Paris, PUF, 1996, p. 69.
8. Ibid., pp. 83-84.

signification codée, porte des signes qui sont ordonnés de façon à laisser ouvertes les richesses infinies du sens, ou plutôt d'une multitude de sens. En fait, les signes de l'analysant se considèrent comme liés d'abord au signifié que les codes de dénotation et de connotation indexent sur eux, tandis que les signes du texte littéraire mettent en valeur leur face de signifiants de façon à produire, par-delà ces codes, des effets de sens imprévisibles. Autrement dit, les uns, ayant leur sens derrière eux, veulent dire un non-dit ; les autres disent un sens qui demeure bien en avant d'eux. Et Jacques Lacan de dire à ce niveau : « [...] l'inconscient, c'est le discours de l'Autre. Or, le discours de l'Autre qu'il s'agit de réaliser, celui de l'inconscient, il n'est pas au-delà de la fermeture, il est au-dehors »[9].

Le texte littéraire, un langage onirique

En partant de l'analyse sémiotico-rhétorique, surtout du travail de condensation, d'identification et de déplacement, le langage textuel s'assimile au fur et à mesure au langage onirique. En effet, tout rêve est un texte, en d'autres termes, le rêve est toujours un récit de rêve.

> *Cela implique que les procédures d'analyse textuelle, quel que soit encore leur inachèvement de méthode, ont une sorte de droit de regard sur toute élaboration de l'inconscient – en particulier les structures de la narration, le statut des descriptions, l'intervention des tropes rhétoriques, la vie secrète des motifs comme formulations de fantasmes et formations de compro-mis... De là, l'intérêt non déguisé que les psychanalystes soucieux de théorie portent aux grands textes dits littéraires*[10].

À ce niveau, le texte qui devient un "fragment de rêve" véhicule un contenu manifeste et un autre latent. Le lecteur qui écoute ce récit de rêve établit un travail de déchiffrement qui permet à la lecture de produire un discours poétique et de doter l'esthétique d'une nouvelle dimension faisant ainsi

---

9. Jacques Lacan, *Les quatre concepts fondamentaux de la psychanalyse*, Paris, Seuil, 1973, p. 147.
10. Jean Bellemin-Noël, *Vers l'inconscient du texte*, Paris, PUF, 1996, pp. 68-69.

entendre une parole de l'Autre, qui est celle de l'Autre en nous. À noter que selon Sigmund Freud : « L'interprétation des rêves est, en réalité, la voie royale de la connaissance de l'inconscient »[11]. Dans ce sens, on insiste sur les rapports entre l'auteur d'un texte et le psychanalyste devant cette problématique du rêve-texte qui est figure du texte-rêve. À ce niveau, il est apparu positif de récuser radicalement la distinction entre un "rêve imaginaire", celui de la fiction esthétique, et un "rêve réel", celui de l'homme qui raconte ce qu'il vient de rêver, et cela au nom de la textualité commune aux deux. Or, tout comme le rêve, le texte exprime un désir et trouve le moyen d'accomplir le refoulé sur le mode de l'imaginé. Conçu en tant que "rêve littéraire", le texte s'assimile à un « discours symbolique ou allégorique »[12] dont le sens est décrypté par le moyen de « références plus ou moins nettes à une table de traduction sommaire, une sorte de clef des songes »[13].

Sans oublier le rêve onirique – le cauchemar et la rêverie – qui est inséré dans l'œuvre littéraire et qui est tout à fait celui que les patients soumettent au déchiffrement dans le cadre de la cure psychanalytique. Dans ce sens, la lecture se transforme en un déchiffrement onirocritique sur deux plans : le premier consiste à analyser le rêve inséré dans le texte (micro-rêve), tandis que le second consiste à analyser le texte-rêve (macro-rêve), aboutissant ainsi à une étude du rêve dans le rêve, c'est-à-dire du rêve primaire ou le rêve des personnages et du rêve secondaire ou le texte littéraire. Partant de cette analyse du sens dans le sens, le lecteur parvient à cerner les désirs insatisfaits des personnages, leurs traumatismes refoulés et leurs fantasmes. À noter que les personnages composant le texte littéraire ne sont plus conçus à ce niveau en tant qu'êtres fictifs, mais en tant qu'êtres possédant une essence, une nature et une organisation à l'image de l'être réel.

L'entrée au cabinet de psychothérapie

Lors de sa première occurrence, le personnage se manifeste être l'objet d'une représentation fortement marquée par l'imagination du lecteur. Or, cette image

---

11. Sigmund Freud, *Cinq leçons sur la psychanalyse*, Suivi de *Contribution à l'histoire du mouvement psychanalytique*, Paris, Payot, 2002, p. 45.
12. Ibid., p. 31.
13. Ibid., p. 31.

primaire se précise et se développe de plus en plus au cours de la lecture selon les détails distillés par le texte. Le lecteur est ainsi amené à modifier la représentation qu'il avait en tête. En effet, l'image mentale du personnage ne se satisfait pas d'une addition de traits, mais à travers une synthèse issue des perceptions du monde extérieur. Dans ce sens, le personnage devient le prototype de personnes que le lecteur connaît ou rencontre dans la vie réelle. On parle ainsi d'un personnage-personne qui appartient au monde. « On peut d'ailleurs penser que, pour la plupart des lecteurs de romans, c'est l'illusion d'entrer en contact avec des figures presque "plus vivantes" que les personnes "réelles" qui fonde le plaisir de lire »[14]. On parle ici de liens qui se créent entre le lecteur et le texte dans un sens que l'inconscient du lecteur modifie sa vision de ce qu'il lit et ce que le texte esquisse dans la pénombre alimente en lui des rêveries qui prennent une signification imprévue.

De plus, l'activité de lecture – on parle ici sûrement d'activité vu que le lecteur s'avère être un pôle actif dans la genèse du texte – revêt des formes multivalentes. Il s'agit en fait d'interpréter, de délier, de dénouer et de décomposer le texte pour enfin le relier, le renouer et le recomposer. Or, dans l'interprétation du texte, le lecteur est sur le divan et le texte ainsi que les personnages sont sur le fauteuil et vice-versa. Certes, « l'écriture a mobilisé l'inconscient de l'auteur, mais le texte a échappé une fois pour toutes à cet inconscient-là au moment où étant mis en lecture c'est-à-dire en réécriture, il s'est pour ainsi dire acquis un inconscient à lui »[15]. En effet, le lecteur se rend compte qu'il n'est pas en face d'un texte-papier et qu'il se place devant un miroir dans lequel il trouve un reflet de lui-même et de la société actuelle. Il parvient à repérer l'Autre en lui tout en repérant le monde latent de l'inconscient des personnages qui n'est en fait que celui de l'être en général. En fait, l'inconscient ne manipule pas seulement le conceptuel sur le mode exclusivement perceptuel, mais il désintrinque aussi le visuel-acoustique des mots de ce qui leur est indexé de mental et de référentiel dans le but de le faire travailler comme une matière-représentation liée par hypothèse à une pulsion avant tout somatique. Le lecteur qui participe avec l'auteur dans l'écriture ajoute au sein du texte original sa propre version. À ce niveau, le texte secondaire, c'est-à-

---

14. Vincent Jouve, *L'effet-personnage dans le roman*, Paris, PUF, 1992, p. 149.
15. Jean Bellemin-Noël, *Psychanalyse et littérature*, Paris, PUF, 2002, p. 212.

dire celui du lecteur, devient à son tour le discours d'un patient lors d'une séance de psychothérapie. Il s'agit ainsi d'un discours qui est inséré dans le discours et d'un jeu de rôle interprété par le lecteur jonglant entre psychanalyste et patient.

Le lecteur aboutit à l'affirmation que l'œuvre ne s'écrit pas toute seule et qu'elle a pour auteur un écrivain qui lui livre des secrets, son secret. Or, le résultat ne sera jamais un aveu que l'on pourrait lire sous les détours et les ornements du texte, ce qui mène le lecteur à déduire qu'il ne s'agit plus de l'auteur qui parle, mais du texte lui-même. Dans ce sens, l'auteur n'écrit pas pour se montrer, mais pour disparaître. Et si selon Sigmund Freud le rêve est le gardien du sommeil, le texte est conçu ici comme le gardien du fantasme. En effet, le lecteur remarque de plus en plus qu'il s'enfonce dans l'interprétation du texte que celui-ci incorpore, annexe et manipule les fantasmes de l'auteur pour en faire sa propre substance, l'arrachant ainsi au vécu de ce dernier.

> *Dès lors la critique psychanalytique n'a de chance d'atteindre son véritable objet que si elle pose, au départ, l'hypothèse d'un inconscient du texte, distinct de l'inconscient de l'auteur même s'il est produit à partir de lui. L'inconscient du texte est logé dans la boucle de l'"oméga", espace tendanciellement clos, jamais tout à fait clos pourtant, de telle sorte que quelque chose en effet nous atteint par-là*[16].

À ce niveau, le lecteur-auteur qui parvient à détecter l'inconscient de l'auteur et son inconscient est, en fait, en train d'aboutir encore une fois à "l'inconscient du texte" puisque ce dernier est inséparable de celui de l'auteur. De ce fait, il reste à déduire que "l'inconscient du texte" est une seule et unique entité indécomposable et renvoyant au "texte-personnages-auteur-lecteur-texte". Le lecteur se rend compte que lorsqu'il étudie la structuration inconsciente d'une œuvre d'art, il poursuit un équivalent d'un être humain. Il trouve aussi que sous le nom d'inconscient du texte, il est en train de chercher d'une certaine manière à sa façon un être. Sans oublier que la première originalité de

---

16. Jean Bellemin-Noël, *Vers l'inconscient du texte*, Paris, PUF, 1996, p. 261.

la théorie de l'inconscient consiste à montrer qu'il n'y a pas de séparation entre les diverses attitudes et activités de l'être. Il s'agit en fait « d'une continuité entre l'enfant et l'adulte, entre le "primitif" et le "civilisé", entre le pathologique et le normal, entre l'extraordinaire et l'ordinaire »[17].

De plus, le lecteur constate que le discours inconscient d'un texte agit au premier abord au niveau des mots, c'est-à-dire du langage textuel ; qu'il ne se limite pas à un genre particulier, ni à certains sujets, ni à certains objets, ni à certaines époques ; qu'il ne choisit pas de s'exprimer dans des formes, des rythmes et des syntaxes spécifiques ; et qu'il ne se cantonne pas dans des thèmes, des motifs, des intrigues, des moralités et des autres données du contenu. Ceci dit, le lecteur trouve que l'inconscient est partout. En effet, le lecteur conçoit la vie réelle comme étant un texte littéraire dont les personnages sont les personnes qu'il connaît en réalité et dont l'intrigue est sa propre vie quotidienne et celle des autres qui l'entourent. Dès lors, il n'applique plus la textanalyse sur les textes littéraires seulement, il se rend compte qu'il l'applique aussi sur sa propre vie et sur la société qui deviennent à leur tour un texte ouvert. C'est dans ce sens que Jean Bellemin-Noël dit que « la prise en considération de l'inconscient peut se croire efficiente chaque fois que l'homme se retourne sur lui-même et chaque fois que son activité de connaissance sort de l'axiomatique, de la physis et de la technè, pour s'intéresser aux aspects "concrets" de l'existence et de l'histoire, de la société et de l'individu »[18].

Le modèle freudien de l'auto-analyse consiste ainsi à redéfinir le travail textanalytique en termes d'auto-transfert avec le texte. Ceci dit, le texte entre en résonance active avec l'inconscient du lecteur. En fait, il n'y a pas d'auto-analyse si elle n'est parlée dans un acte de communication verbale ou écrite à quelqu'un. Il en est de même pour la session de psychothérapie qui n'existe que dans un cadre analyste-patient. Il est ainsi essentiel que le travail critique du texte fasse l'objet d'une communication triangulaire auteur-lecteur-inconscient. Ce triangle rappelle celui de l'analyste-patient-inconscient qui se fonde lui-même sur la communication ou le langage. L'on parle ainsi d'une lecture-

---

17. Op. Cit., p. 12.
18. Ibid., p. 13.

cure qui, au-delà des sensations qu'elle procure, permet au lecteur de se redéfinir et influe sur le monde extra-textuel, à tel point que le texte semble à un moment donné le monde réel, alors que ce dernier semble être le texte. Partant de là, "psychanalyser le texte" consiste à établir une analyse fondée sur des faits et à diagnostiquer les personnages tout en tenant compte du fait que le texte et ses personnages ont un inconscient comme un corps chimique a une propriété. Ceci dit, la psychanalyse du texte est une approche clinique de ce dernier à partir de laquelle l'inconscient du lecteur rencontre celui des personnages et de l'auteur. À noter que cette rencontre/relation triangulaire est à l'origine de l'inconscient du texte.

Murielle El Hajj, Ph.D.C

Bibliographie

BAYARD, Pierre, (dir.), *Lire avec Freud pour Jean Bellemin-Noël*, Paris, PUF, 1998.

BELLEMIN-NOËL, Jean, *Psychanalyse et littérature*, Paris, PUF, 2002.

BELLEMIN-NOËL, Jean, *Vers l'inconscient du texte*, Paris, PUF, 1996.

FREUD, Sigmund, *Cinq leçons sur la psychanalyse*, Suivi de *Contribution à l'histoire du mouvement psychanalytique*, Paris, Payot, 2002.

FREUD, Sigmund, *Métapsychologie*, Paris, Gallimard, 1999.

JOUVE, Vincent, *L'effet-personnage dans le roman*, Paris, PUF, 1992.

KAPLAN, Leslie, *Les Outils*, Paris, P.O.L., 2003.

KRISTEVA, Julia, *Semitokè. Recherches pour une sémanalyse*, Paris, Seuil, 1969.

LACAN, Jacques, *Les quatre concepts fondamentaux de la psychanalyse, Essais*, Paris, Seuil, 1973.

Pour citer cet article :

Murielle EL HAJJ, « Entre littérature et psychanalyse : vers une interprétation ou une approche clinique du texte », *Revue Legs et Littérature*, 2018 | no. 11, pp. 87-98.

Pour une relecture du mouvement indigéniste haïtien

Diplômé en Lettres modernes de l'École Normale Supérieure (ENS) de l'Université d'État d'Haïti, Qualito ESTIMÉ détient un Master 2 Espace Caraïbes, Arts, Littératures, Philosophie de l'Université Paris 8 Vincennes St-Denis en 2015. Membre de la Haitian Studies Association (HSA), il obtient en 2013 de cette association le Prix Michel-Rolph Trouillot pour ses travaux de recherches sur l'Indigénisme et le roman paysan haïtiens. Il enseigne depuis 2015 à l'École Normale Supérieure de l'Université d'État d'Haïti (UEH) et poursuit à présent ses recherches sur l'histoire littéraire de son pays.

Résumé

Cet article entend souligner la nécessité d'une relecture et de recentrer le débat autour du mouvement indigéniste qui apparaît en Haïti au début du XXème siècle. Construit sur fond de la pensée ethnographique de Jean Price-Mars diffusée dans le contexte de l'occupation américaine d'Haïti, l'indigénisme se révèle un mouvement qui crée des mouvances et engendre des tendances politiques, idéologiques et surtout artistiques dans le champ des lettres, des arts et de la pensée dans le pays. Si le docteur Price-Mars, maître à penser de l'époque, n'est pas le seul à s'engager dans la construction d'une pensée anthropologique revalorisant la culture haïtienne, il est pourtant celui qui donnera le ton et indi-quera le chemin de sortie, à l'Élite nationale, de ce qu'il appelle lui-même le bovarysme culturel. Toutefois, il semble que les remous au sein de plusieurs secteurs de la vie nationale à l'époque engendrent des mésinterprétations directes, des réceptions faussées et erronées de sa pensée à propos des influences et/ou contributions de cette pensée à bien

Mots clés

Indigénisme, mouvement, culture, identité, Revue Indigène.

POUR UNE RELECTURE DU MOUVEMENT INDIGÉNISTE HAÏTIEN

La date du 28 juillet 1915 demeure gravée dans l'histoire et la mémoire du peuple haïtien. C'est le début de l'invasion et l'occupation américaine de la première république noire du monde. Assoiffer de mettre en application les prescrits de la doctrine de Monroe afin d'empêcher aux puissances européennes d'avoir plus d'influence dans la région, les Américains prétextèrent que les interminables luttes sociopolitiques à caractère fratricide qui ravagent le pays prouvent que les Haïtiens ne peuvent se gouverner et constituent une menace à leur endroit, le pays étant considéré comme "leur arrière-cour". L'histoire rapporte que durant les cinquante premières années du XXème siècle, les Américains ont occupé pendant un certain nombre de temps, divers territoires de la région. Et le débarquement à Bizoton n'est que le franchissement d'une étape de leur politique expansionniste. Voulant surtout prendre le contrôle de l'économie nationale après de longues tentatives sans grand succès, et réduire à néant l'interventionnisme européen et surtout allemand dans la politique intérieure du pays, ils prennent le contrôle de la Banque centrale, du parlement haïtien et placent le pays sous protectorat. Sans pour autant rencontrer une quelconque résistance ferme de la part des institutions du pays, à l'époque, en décrépitude totale.

Ce choc que fut cet évènement sans précédent dans l'histoire nationale a engendré diverses formes de luttes et des mouvements[1] au sein de la société civile plus ou moins organisée. Dans tous les pays Latino-Américains occupés à l'époque, une *yankeephobie*[2] se crée. À noter que les Cacos qui s'étaient affirmés dans le paysage sociopolitique depuis la révolution de 1843 s'érigent contre cette humiliation. Menés par Charlemagne Péralte et Benoit Batraville ils opposent une lutte armée organisée en une guérilla structurée pour combattre l'armée envahisseur.

Mon propos ici n'est pas de faire l'historique de l'occupation ou des différentes formes de contestations qu'elle a occasionnées. L'objectif est, de préférence, de faire une certaine lumière sur les mouvances de l'indigénisme haïtien, m'intéressant surtout à la propension littéraire et artistique du mouvement, né autour d'un discours anthropologique et ethnographique élaboré par le docteur Jean Price-Mars, principal penseur et figure intellectuelle emblématique de l'époque. Contrairement à cette génération de jeunes intellectuels, en général mulâtres, qui se refugiera derrière l'héritage culturel français que leur classe partage et nourrie depuis l'indépendance, qui brandira le vieux tronc gaulois pour se défendre de l'aliénation culturel des *yankees*, Price-Mars propose à l'Élite haïtienne d'entamer une quête identitaire en remontant à son origine africaine et à l'assumer. Pour ce, il lui propose un cours d'éthique civique[3] afin de le réconcilier avec le pays profond. Le propos de cet article, ne prend son sens qu'en se plaçant au cœur d'un fervent débat autour de la pensée ethnographique price-marsienne : sa place, son influence, sa réception, le rôle qu'elle a joué sur tous les fronts, des combats menés contre l'occupation et l'influence considérable de cette pensée dans le champ idéologique et politique de cette période assez effervescente.

Le cadre opératoire de nos recherches sur l'indigénisme nous amène hors des frontières d'Haïti, plus précisément sur le continent sud-américain où il s'émancipe sur le plan idéologique, politique et littéraire durant la première

---

1. Nicholls David. « Idéologie et mouvements politiques en Haïti, 1915-1946 », *Annales. Économies, Sociétés, Civilisations*, 30ᵉ année, No 4, 1975. pp. 654-679.
2. Ce que Manigat appelle une forme de résistance à l'expansionnisme étasunien de l'époque. Leslie François Manigat, *Éventail d'Histoire vivante d'Haïti, 1791-2007*, Port-au-Prince, collection du CHUDAC, 2007, p. 555.
3. Michel-Rolph Trouillot, « Jeux de mots, jeux de classe : les mouvances de l'indigénisme », *L'Indigénisme, Conjonction*, No 197, Port-au-Prince, Le Natal, 1993, p. 29.

décennie du XXème siècle, dans des pays comme l'Équateur, le Pérou, la Bolivie, le Brésil et le Mexique. À travers ces contrés il s'exprime en un mouvement ayant comme fondement une préoccupation particulière pour la condition des autochtones et se fonde sur certaine pensée anthropologique. Son versant politique désigne l'ensemble des axes stratégiques de gestion des populations indigènes mises en œuvre dans ces États. Cet indigénisme prend naissance au Mexique à la suite de la révolution de 1910, diffusé en Amérique latine, et répond à une problématisation de la question indienne sous l'angle de l'intégration des populations indigènes à la "communauté nationale", conçue sur le modèle de l'État-nation occidental. Toutefois, s'acheminant sur ces territoires pendant près de deux siècles, l'indigénisme participe à la formation des consciences nationales depuis 1820 comme une prise de conscience de la spécificité des peuples amérindiens et de leur passé. Il présente à ce titre la qualité de prendre la défense des peuples et de leur culture amérindienne, mais présente pour certains chercheurs comme Antonio Carlos de Souza Lima[4] le défaut de le faire souvent de manière paternaliste, en excluant l'Indien du processus de décision politique. Il demeure donc, que l'indigénisme comme nous l'avons toujours su ne s'est pas développé uniquement sur le sol haïtien. Henri Favre[5] nous le présente, avec beaucoup de clarté. Selon les caractères qui l'ont constitué en tant que courant d'opinion et mouvement idéologique en Amérique latine depuis plus de 500 ans, se développant dans chacun de ces pays avec les particularités locales et nationales. Au *racialisme* construit à partir de la seconde moitié du XIXème siècle, notamment par Francisco Pimentel au Mexique ou Javier Prado au Pérou qui tous deux préconisent l'intégration de l'Indien à travers l'exaltation du métissage, succède au début du XXème siècle la définition culturaliste de l'indigénisme qui cherche à prendre en compte les traits originaux des civilisations préhispaniques et affirme la nécessité de reconnaître une place à l'Indien dans la construction des identités nationales. En Amérique latine aussi, ce mouvement a épousé à travers le temps les idéologies à la mode. « Une dernière forme importante de cet indigénisme n'est autre que la prise en compte de la situation des populations indiennes par les penseurs marxistes d'Amérique latine, à commencer par José Carlos Mariátegui, pour lesquels la

---

4. Antonio Carlos de Souza Lima, « L'indigénisme au Brésil : migration et réappropriation d'un savoir administratif », *Revue de synthèse*, 4e semestre, Nos 3-4, 2000, pp. 381-410.
5. Henri Favre, *L'indigénisme*, Paris, PUF, 1996, p. 126.

dimension du "problème indien" est avant tout de nature économique »[6]. Ceci, en poursuivant le même objectif d'intégration que leurs précurseurs en indigénisme. Sur le plan esthétique[7], la force de ce courant indigéniste pluriséculaire s'exprime en particulier dans sa capacité à inspirer de nombreux artistes[8]. Littérature, musique et peinture d'Amérique latine se trouvent avoir été depuis très longtemps un lieu d'expression privilégié de l'indigénisme, à l'image notamment des muralistes mexicains qui en firent l'un de leur thème d'inspiration privilégiés à l'instar de Diego Rivera.

En Haïti, c'est au sein du Cénacle des frères Nau (1836) qu'apparaît pour la première fois l'indigénisme dans la littérature haïtienne et dans l'écriture de l'histoire nationale, avec la publication de *L'histoire des Caciques d'Haïti* par le Baron Émile Nau, chef de fil du cénacle. Il s'indigne dans son travail de l'extermination des Aborigènes, qui disparaissent avec entre autres, leur langue et leur littérature orale. Le travail du Baron occasionne un regain d'intérêt sans précédent pour les vestiges linguistiques qu'il révèle et devient une source d'inspiration qui, désormais, change la donne littéraire et consolide les bases d'une production originale recherchée à l'époque. Si les indigénistes latino-américains (artistes, littéraires, politiques) travailleront côte à côte avec les autochtones encore vivants de leurs pays, en Haïti l'indigénisme dès son début avec les Nau sera une réclamation d'appartenance au passé d'un peuple anéan-ti, une quête idéalisée, un mythe sacralisé, l'expression d'une consternation doublée d'une amertume romancée.

Cependant, les poètes de la *Revue Indigène* de 1927 ne reconnaissent aucune paternité à l'indigénisme des frères Nau. Price-Mars non plus ne fait aucun clin d'œil à la production littéraire de l'école, ni aux contes d'Ignace Nau. Il ne voue aucune analyse, à la publication littéraire de cette époque. Son indigé-

---

6. Bertrand Michel. Henri Favre, « L'indigénisme », *Héros et nation en Amérique latine*, *Caravelle*, No 72, 1999, p. 240.
URL:http://www.persee.fr/doc/carav_1147-6753_1999_num_72_1_2844_t1_0239_0000_3.
Consulté le 23 novembre 2017.
7. Ibid., p. 240.
8. A partir de très nombreux exemples sélectionnés dans divers pays d'Amérique latine, Henri Favre montre l'étroitesse des liens qui se sont tissés entre ce courant d'opinion et les artistes latino-américains. Sans être exhaustif, il n'en donne pas moins un panorama très large qui montre la profondeur de ce mouvement parmi les intellectuels d'Amérique latine.

nisme sera une remontée vers l'Afrique ancestral en quête de son legs aux Haïtiens.

Sur le plan littéraire, à la même époque les romanciers sud-américains de l'époque décrivent dans un style extrêmement cru et réaliste la réalité de la vie des peuples indigènes employés comme prolétaires. Au Brésil, le modèle théorique, développé notamment par Oswald de Andrade, est celui de l'anthro-pophagie culturelle, qui prône la déconstruction des cultures étrangères par l'assimilation de leurs idées, de leurs valeurs, pour en faire émerger une vision et une représentation du monde originales : l'affirmation d'Oswald de Andrade, " Tupi or not tupi, that is the question ", synthétise cette probléma-tique de l'identité. Avec Oswald de Andrade et Carlos Drummond de Andrade, Mário de Andrade est l'un des principaux acteurs du modernisme. Dans ses recueils de poèmes ou son roman *Macunaíma* (1928), il donne à ce mou-vement son art poétique : sujets inspirés du folklore brésilien, rénovation de l'expression poétique par l'introduction de la langue parlée, redéfinition de l'indigénisme, dédain des valeurs bourgeoises.

De son coté, Jorge Icaza, chef de file de l'indigénisme équatorien, un mouvement de défense des Indiens opprimés par les blancs, publie son premier roman *Huasipungo (la Fosse aux Indiens)* en 1934, soit trois ans après le premier "récit paysan" *La montagne ensorcelée* écrit par Jacques Roumain, dans lequel il inaugure ce genre en Haïti. Le roman d'Icaza, un violent réquisitoire contre les traitements que les propriétaires fonciers faisaient subir aux Indiens de l'Équateur, remporta un énorme succès et fut traduit dans plusieurs langues. Icaza y décrit la manière dont les petites parcelles de terre "données" par les propriétaires fonciers aux Indiens en échange de leur travail étaient ensuite récupérées par la force, avec une violence qui pouvait aller jusqu'au meurtre. Cette critique directe des abus du capitalisme et de l'exploitation des Indiens provoqua naturellement la fureur des propriétaires fonciers et de l'Église. Ce texte nous rappelle les déboires de la famille de Prévilus Pierre, un paysan haïtien converti au protestantisme tout en continuant à vivre sous les jougs des croyances ancestrales, alors qu'ils se font tous exploiter dans le village par le grand propriétaire Octave Cyrille, dans la fameuse trame romanesque qui se développe dans *Bon Dieu rit* d'Edris Saint-Amand. Ce rapprochement des liens qui existent consciemment ou pas entre l'indigénisme haïtien et celui des latino-américains reste un travail à faire par les historiens et critiques de la littérature haïtienne.

Dans l'article de Michel-Rolph Trouillot cité plus haut, il parle des mouvances de l'indigénisme haïtien. Ce terme est expressément choisi en ce sens qu'il met l'emphase sur le rôle et l'influence de la pensée price-marsienne sur ses contemporains et ses successeurs tant sur le terrain idéologique que, politique et les études culturelles en Haïti, depuis l'avènement de cette pensée ethnographique durant l'occupation. Il est important de recenser, sans prétendre à l'exhaustivité, les propos critiques avancés sur la question. Dans cette controverse, des critiques comme Claude Clément Pierre[9], Joubert Satyre, Lionel Trouillot placerons aussi leurs mots, dans une analyse thématique et une approche syntaxique des poèmes publiés dans les différents numéro de la *Revue Indigène*. Ils nous aident à comprendre que les poètes ont fait peu de cas de tout effort de détermination et de toute recherche de définition du concept "Indigène". Ce laxisme apparent laisse place à tous les avatars, à toutes les dérives et toutes les extrapolations-approximations auxquelles se sont livrés les deux courants de la critique traditionnelle. Cette critique dite traditionnelle et les auteurs de manuels sont dans la ligne de mire : « On a trop tendance à négliger la matérialité du texte pour ne s'en tenir qu'à son aspect extra ou supra linguistique »[10]. Le nativisme et l'*alma mater* ne constituent qu'un aspect minime de la thématique de la Revue. Il ne s'agit point, selon eux, d'une mémoire à proprement parler, de la revendication d'un passé ou d'une origine, mais d'un constat d'absence, d'un manque, d'une perte de mémoire, exprimée souvent sous forme d'épiphonème.

Roger Gaillard, allant dans le même sens que Trouillot s'essaie à une ébauche de périodisation de divers mouvements littéraires et tente une délimitation des différentes mouvances dont parle Trouillot tout en faisant le lien avec la pensée de Price-Mars : En premier lieu il y a "l'apparition en 1927"[11], qu'il identifie à une rupture esthétique par rapport à ce qui se faisait dans le domaine de la création poétique en Haïti auparavant. En second lieu il parle de

---

9. Claude Clément Pierre, « *La Revue indigène* et la critique de l'indigénisme », *L'Indigénisme, Conjonction*, No 197, Port-au-Prince, Le Natal, 1993, p. 55.
10. Ibid., p. 57.
11. Roger Gaillard, « L'indigénisme haïtien et ses avatars », *L'Indigénisme, Conjonction*, No 197, Port-au-Prince, Le Natal, 1993, p.15.

la "floraison", qu'il délimite de 1927-1934, où l'Indigénisme apparait sous d'autres formes littéraires comme le roman ; genre spécifique qu'il appelle alors "récit paysan" et aussi dans la musique haïtienne. Enfin il parle de la "dispersion" de 1934-1947, qu'il explique par les événements politiques majeurs que connaît le pays et leur répercussion sur la production littéraire. Pour Gaillard cette période de l'indigénisme annonce et/ou englobe beaucoup d'autres courants : comme le mouvement des Griots, le réalisme merveilleux haïtien. Trouillot insiste de prime abord sur le fait que l'indigénisme doit être lu comme mouvement qui engendre mouvances s'il est ainsi étudié. Tenant compte des éléments mobilisés à cet effet : acteurs, scène, volontés individuelles et collectives, histoire et sociologie qu'il tient du sociologue Alain Touraine. Et au cœur de ces mouvances il identifie trois projets tournant autour du socle commun d'un nationalisme non clairement défini. Un projet littéraire et artistique, un projet d'éthique civique et un projet sociopolitique. Pour lui, ces trois projets qui s'émancipent autour de la zone d'influence du discours price-marsien et revendiquent à l'époque un nationalisme assez flou se frottent, cependant, « la soudure entre eux [les mouvements] n'est pas un énoncé idéologique commune mais la transformation de l'espace physique, social et politique où s'opposent les définitions contradictoires de la nation »[12].

Georges Castera fait une approche intéressante des deux principales revues publiées dans la période. Il souligne l'absence d'une théorie littéraire accompagnant la Revue de 1927 qui facilite sa récupération par *Les Griots* en 1938. Les poètes de la *Revue Indigène* avaient principalement un souci esthétique. Castera, cite Normil G. Sylvain chez qui l'on trouve une certaine esquisse théorique du mouvement dans laquelle deux démarches se dégagent :

> *Primo, [...] faire connaitre les écrivains probes, les penseurs sérieux qui préparent à la France une jeunesse saine et vigoureuse. L'œuvre d'un Auguste Comte, commentée par Maurras, Valois, Galéot, Daudet. La réforme intellectuelle et morale de Renan, Taine, Fistel, Barrès, Le Play..., j'en passe.*
> *Dans ces penseurs, nous prendrons des méthodes de raisonnement et des modes d'action, ils nous serviront de modèle et nous permettront de bâtir une doctrine originale. Secundo, Dans*

---

12. Ibid., p. 30.

> *cette Amérique espagnole et anglaise nous avons la glorieuse destinée de maintenir avec le Canada et les Antilles française, honneur funeste et périlleux car il nous valut un siècle d'isolement, la langue française... Nous devons connaitre la littérature et l'âme de l'Amérique latine... Nous avons à leur faire connaitre notre apport bien mince encore sans doute à l'œuvre de civilisation latine[13].*

Les jeunes de la *Revue Indigène* ont en général voyagé un peu partout en Amérique et en Europe. Ils sont imbus de ce qui se fait dans la littérature d'outre-mer et sont en contact avec des écrivains de par le monde. Ils entendent continuer l'héritage culturel français, entendent découvrir et faire découvrir en Haïti les écrivains de l'Amérique latine. « *el indigenismo*, dans sa version mexicaine et péruvienne est, d'autre part, l'une des expositions du modernisme latino-américain »[14]. Pour Castera, c'est de là que provient l'adjectif "indigène", en le mettant néanmoins entre guillemets, de manière à souligner scrupuleusement l'emprunt et l'ambivalence dont ce terme est porteur en Haïti. On comprend alors que les poètes de cette revue inscrivaient plutôt leurs créations dans un courant de renouvellement esthétique d'époque, d'où aussi la présence considérable dans leurs textes de termes qui n'ont rien d'identitaire ou du moins qui soient propres au folklore haïtien.

Il faut noter que le projet de la revue *Les Griots* n'a pas forcément un lien inconstatable avec ce qu'en feront Les trois D (Duvalier, Denis et Diaquoi) dans la récupération qu'ils en feront. Il faut faire la distinction entre les préoccupations esthétiques de Brouard et Clément Magloire et celles de Denis[15] et Duvalier : « force est de reconnaître que la revue *Les Griots* a mené une lutte acharnée pour la reconnaissance du folklore haïtien, et sur celle de la musique vodou dans la diversité de ses rythmes et rites »[16]. Ce projet vite récupéré devient politique et se perd dans une propagande néfaste construite sur fond d'une notion de race substantielle. « Le changement opéré dans le dispositif institutionnel de l'ethnologie par le régime entame le processus de

---

13. Georges Castera, « L'indigénisme haïtien, un point de vue contradictoire », *Littérature haïtienne : de 1960 à nos jours. Notre Librairie*, No 132, 1997, p. 78.
14. Ibid., p. 79.
15. Voir Lorimer Denis, François Duvalier, *Le problème des classes à travers l'histoire d'Haïti*, Port-au-Prince, Imprimerie de l'Etat, 1959.
16. Georges Castera, Op. Cit., p. 89.

récupération du discours anthropologique par ses idéologues. Bien loin de renvoyer a une nouvelle renaissance à l'instar de celle des années 1920, les années 1960 marquent plutôt la fin d'un cycle »[17].

Trouillot, bien avant Castera, appelle à faire la démarcation entre l'esthétique proprement littéraire de la *Revue Indigène* de 1927, le discours price-marsien sur la culture et l'identité haïtienne diffusé à travers ses conférences réunis dans *La vocation de l'élite* et dans *Ainsi parla l'oncle*, et de la récupération qu'en feront les Griots et, après coup, les idéologues duvaliériste. Ils sont tous à peu près de la même époque et fréquentent les mêmes cercles intellectuels.

S'il ne propose pas une autre filiation idéologique, Trouillot prend le contrepied J. Michael Dash[18] et Max Dominique qui font de la pensée ethnologique de Price-Mars l'origine du discours et du pouvoir dictatorial duvaliérien[19]. Au passage, Trouillot fustige lui aussi les auteurs des manuels : « on se méfiera donc des déclarations totalisantes des manuels littéraires. Ghislain Gouraige écrit que les poètes de la Revue Indigène "n'ont fait, en somme, qu'obéir aux prescriptions de Price-Mars". C'est se tromper d'âge, de région, et de fraction sociale. Berrou et Pompilus répètent que l'élection de Duvalier consacrait "le triomphe politique de l'indigénisme". C'est se tromper de personnages et de scène ; c'est surtout se tromper de méthode et de grille d'analyse »[20]. Nous sommes alors inviter à retourner aux textes et à soupeser les réceptions qui en ont été faites.

Trouillot rejette du même coup la critique de Max Dominique qui voit, après Dash, le Duvaliérisme comme l'aboutissement voulu de l'indigénisme, comme un moment historique d'un mouvement unique dans lequel littérature, idéologie et politique se mélangeraient pour faire fonctionner une machine totalitaire. Dominique écrit : « la fiction littéraire dégénère dans le mythe. Dès

---

17. Jhon Picard Byron, « Quelques propositions pour l'étude de la genèse du discours duvaliérien d'après le rôle attribué à une de ses sources : l'ethnologie haïtienne », Bérard Cénatus et. al., *Haïti de la dictature à la démocratie ?*, Montréal, Mémoire d'Encrier, 2016, p. 125.
18. J. Michael Dash, *Literature and ideology in Haiti, 1915-1961*, New Jersey, Barnes & Nobles Books, 1981, p. 73.
19. Voir à ce sujet Jhon Picard Byron, Op. Cit., pp. 121-134.
20. Michel-Rolph Trouillot, « Jeux de mots, jeux de classe : les mouvances de l'indigénisme », *L'Indigénisme, Conjonction*, No 197, Port-au-Prince, Le Natal, 1993, p. 31.

les années 30 surtout dans les années 40, l'indigénisme se durcit, se fige sous les oripeaux d'un déterminisme racial où dominent la paranoïa, le narcissisme. Le point de départ, c'est bien encore Price-Mars et son insistance sur une "mystique nègre", qui présuppose l'essence du noir des africanistes haïtiens »[21]. Alors qu'à la lecture d'*Ainsi parla l'Oncle*, on ne voit à aucun moment qu'il est question d'essence raciale, ou d'illumination nègre. Price-Mars dans son essai d'ethnographie tient plutôt compte du fait que l'Haïtien est le ré-sultat d'un brassage né du choc culturel entre les Européens et les Africains sur les plantations coloniales, et le conseille de commencer la quête de son identité en en tenant compte.

Price-Mars, en qui Senghor voit le précurseur de la Négritude, originaire de la Grande-Rivière du Nord, est né dans une famille pour le moins modeste. Il était appelé à devenir tailleur comme l'aurait souhaité son père mais le destin en a décidé autrement. Lui qui n'avait pas fréquenté l'école primaire institutionnalisée trouve la chance d'intégrer le Collège Grégoire et le Lycée Pétion rénové sous Salomon, grâce aux fréquentations de sa grand'mère. Il fait des études à la faculté de médecine de Port-au-Prince. Ses deux cousins Vilbrun Guillaume et Tirésias A. Simon Sam deviennent respectivement parlementaire et Président de la République. Élève brillant, on lui octroie une bourse d'étude en médecine et fait de lui un diplomate représentant Haïti en France. Quand Price-Mars revient en Haïti et donne ses conférences aux jeunes filles du Primavera, dès 1917, certains des jeunes de la *Revue Indigène* sont en voyage d'études en Europe. Il n'est pas le seul, à l'époque, à contribuer à la construction de la pensée ethnologique haïtienne. Il serait difficile à l'époque que ses jeunes petits bourgeois aient eu besoin d'une certaine paternité du docteur. Ce qu'Émile Roumer confirme d'ailleurs en 1980 dans une entrevue accordée au journaliste Christophe Philippe-Charles : « Je ne reconnais pas Price-Mars comme le père de l'indigénisme. Voyez-vous son nom dans la *Revue Indigène* ?... Lorsque nous luttions contre les Américains, il n'était pas là »[22]. Dans cette même entrevue Roumer précise qu'il faut parler "d'école indigène" et, déclare que l'adjectif Indigène du nom de la Revue renverrait à l'armée libératrice de 1804 : « Ce que Dessalines n'a pas pu faire,

---

21. Max Dominique, *L'Arme de la critique littéraire*, Montréal, CIDIHCA, 1988, p. 154.
22. Philippe Christophe Charles, *Conversation avec Emile Roumer et Franketienne*, Port-au-Prince, Choucoune, 2012.

nous l'avons réalisé nous-mêmes par le moyen de notre plume »[23]. Mais à voir la production littéraire de ce groupe, on peut grandement douter d'une telle déclaration.

Par ailleurs, la notoriété de Price-Mars est une aubaine pour les concepteurs du discours duvaliérien qui revendiquent sa paternité tout en voulant mener à terme un projet qui diffère de celui du docteur et en abordant les problèmes du pays sur fond d'une problématique culturelle et fortement raciale « Alors que Price-Mars voit dans la méconnaissance de la culture populaire un problème, Denis et Duvalier trouvent dans cette culture même "le problème haïtien" par excellence, dont la solution ne peut résider que dans une réforme intégrale de la mentalité haïtienne »[24]. Les penseurs et idéologues du noirisme politique dont Duvalier et René Piquion vont faire de la religion du peuple dévoilé par le docteur Jean Price-Mars un fer de lance pour mener leur lutte de couleur. Alors que Price-Mars voyait en l'étude du vaudou un facteur de réconciliation entre les nantis et la masse paysanne, Duvalier en fit une arme dans la lutte entre la faction de la classe dominante, censée représenter le pays profond, et sa fraction mulâtre, censée défendre les intérêts du commerce international[25].

Price-Mars propose pourtant un projet d'éthique civique, profondément Durkheimien dans ses croyances sociales. Haïti souffre d'une pathologie sociale. Pour en sortir, il faut convaincre l'élite haïtienne d'assumer sa vocation nationale. Puisque la démission de cette élite provient de son anomie socio-culturelle[26], on lui fera un cours d'anthropologie pour renouveler ses valeurs en insistant sur les richesses culturelles du monde paysan et de l'Afrique antique. À rappeler la quantité considérable d'haïtiens de la petite bourgeoisie et de la paysannerie qui ont dû fuir le pays pour échapper à la geôle, le lot de victime et les conséquences flagrantes aujourd'hui de cette dictature sanglante. Une dictature qui a réduit à néant les acquis, les réalisations et les espoirs de 46.

Le gouvernement de Duvalier qui se réclame du mouvement indigéniste et en

---

23. Ibid., p. 23.
24. Michel Acacia, « Indigénisme et vision du monde rural », *L'Indigénisme, Conjonction*, No 198, Port-au-Prince, Le Natal, 1993, p. 56.
25. Léon-François Hoffmann, *Littérature d'Haïti*, Paris, EDICEF/AUPELF, 1995, p. 206.
26. Michel-Rolph Trouillot, « Jeux de mots, jeux de classe : les mouvances de l'indigénisme », *L'Indigénisme, Conjonction*, No 197, Port-au-Prince, Le Natal, 1993, p. 31.

appelle à nos traditions africaines pour « sauver » le pays entendait seulement faire la part belle aux classes moyennes d'Haïti. On sait à quel désastre le pays a été conduit. Cela nous invite à ne pas détacher le problème culturel du peuple haïtien des situations économiques et politiques des classes les plus exploitées du pays[27].

Une pensée développée dans son essai d'ethnographie, c'est cette initiative de remise en valeur du folklore (défini comme le savoir du peuple) porté par la classe majoritaire, la classe paysanne qui comprend 95%[28] de la population à l'époque. Conscient des déformations faites à sa pensée, Price-Mars prendra la parole à 91 ans pour se démarquer des duvaliéristes qui font basculer Haïti dans le drame d'une médiocrité extrêmement agressive[29].

On me pardonnera de répéter que, ici comme ailleurs, la question sociale réside dans l'opposition qui dresse les démunis, les "prolétaires" de quelque couleur qu'ils soient, contre ceux qui sont favorisés par la fortune et qui les exploitent en tirant des bénéfices exorbitants de leur travail. En Haïti, Acaau, le premier a dénoncé en 1843 le problème qui existe entre les propriétaires de toute couleur et les bourgeois de toute nuance[30].

Durant la période où fleurit ce que nous appelons "l'indigénisme"', le roman paysan haïtien connaît son apogée. Avec passion et ferveur, des romanciers, à la suite des ethnologues, s'attachent à observer et à décrire minutieusement la société rurale[31].

> *Le Dr Jean Price-Mars peut être considéré comme l'un des intellectuels haïtiens ayant le mieux abordé la question de l'Afrique au début du XXème siècle. En posant la notion de race et de l'Afrique, il a évité l'exploitation politique de la question de la couleur... il a vivement combattu l'image négative de l'Afrique*

---

27. Laennec Hurbon, *Dieu dans le vaudou haïtien*, Port-au-Prince, H. Deschamps, 1987, p. 80.
28. Kethly Millet, *Les paysans haïtiens et l'occupation américaine 1915-1930*, Montréal, Collectif paroles, 1978, p. 16.
29. Leslie Péan, *Comprendre Anténor Firmin*, Port-au-Prince, Éditions de l'UEH, 2012, p. 157.
30. Jean Price-Mars, *Lettre ouverte à René Piquion, directeur de l'Ecole normale supérieure, sur son "Manuel de la Négritude"*, Port-au-Prince, Éd. des Antilles, 1967, p. 33.
31. Alix Emera, « Le vaudou dans le roman indigéniste », *L'Indigénisme, Conjonction*, No 197, Port-au-Prince, Le Natal, 1993, p. 93.

> *dans le mémoire de l'Haïtien, qui a honte d'admettre son identité comme Nègre*[32].

En guise de conclusion, ce sont surtout les travaux du docteur Jean Price-Mars, dont l'influence fut considérable sur la vie intellectuelle haïtienne à partir de l'occupation américaine, qui ont permis à bien d'Haïtiens de considérer le vodou différemment et d'avoir des jugements plus nuancés à son sujet. « C'est dans ce procès de redéfinition que le vaudou est posé comme l'un des principaux pôles identificatoires. Il pouvait dès lors devenir le fondement de l'haïtienneté artistique. Mais au-delà du vodou en tant que tel, c'est l'ensemble de l'univers des croyances, des mythes et de légendes qui est ouvert aux beaux-arts ; et l'ouverture s'étend à tout l'espace social »[33]. De là, le point de rencontre entre l'ethnographie, l'art et la littérature haïtienne qui s'est effectué grâce aux travaux de Price-Mars sur le folklore haïtien et ses composantes. « On peut mesurer le renversement que suppose le développement des études ethnographiques, à partir des premières années du XXème siècle et le procès de valorisation du vodou qui l'accompagne »[34].

Comme toute la génération dite « de la honte », Price-Mars fut profondément bouleversé par l'occupation. Si la réaction de bon nombre d'Haïtiens fut de réaffirmer avec l'énergie du désespoir l'appartenance du pays à la culture fran-çaise, il inspira ceux qui se lancèrent à la découverte du pays profond et en célébrèrent l'originalité.

Parler du vodou devant l'élite haïtienne sans le condamner du haut d'une chaire ou d'une tribune était une gageure, et Price-Mars s'en rendait bien compte. Il ne prétendit pas glorifier le vodou [...] mais simplement dissiper l'ignorance et le mépris de ses concitoyens pour tout ce qui relevait de la culture populaire. « Il apparaitra au lecteur », écrit Price-Mars dans l'avant-propos d'*Ainsi parla l'oncle*, « combien notre entreprise est téméraire d'étudier la valeur du folklore haïtien devant le public haïtien »[35]. Encore plus

---

32. Vertus Saint-Louis, « Sans-Souci et Darfour : deux figures de l'Afrique dans l'histoire d'Haïti », Bérard Cénatus et. al., *Haïti de la dictature à la démocratie ?*, Montréal, Mémoire d'Encrier, 2016, p. 89.
33. Carlo A. Célius, *Langage plastique et énonciation identitaire, l'invention de l'art haïtien*, Québec, Presses de l'Université de Laval, 2007, p. 345.
34. Ibid., p. 340.
35. Léon-François Hoffmann, *Littérature d'Haïti*, Paris, EDICEF/AUPELF, 1995, p. 206.

téméraire aurait été prétendre étudier la valeur du vodou en tant que religion à part entière, plutôt que comme l'une des nombreuses composantes du folklore.

Price-Mars commença par démontrer que la « barbarie » des Africains était un mythe savamment entretenu, et que les Haïtiens n'avaient aucune raison d'avoir honte de leurs ancêtres. Du point de vue religieux, ces derniers n'étaient pas des fétichistes, comme l'avaient affirmé leurs dénigreurs, mais des animistes qui adoraient non pas les pierres, ou les arbres, ou les idoles mais bien les esprits qui s'y incarnaient. La défense d'Haïti et de la race noire par le Dr. Jean Price-Mars se distingue de celle de ses prédécesseurs Valentin Pompée de Vastey, François Denys Légitime et Anténor Firmin. À la différence de ces derniers, il a élevé au rang de culte respectable, le vaudou, tenu au XIXe siècle comme acte de barbarie, pratique de sorcellerie, activité diabolique qui avilit le peuple haïtien. Il a de plus valorisé le folklore au sens de culture populaire alors que ses prédécesseurs n'ont accordé d'importance véritable qu'à la seule culture intellectuelle venue de France et véhiculée dans la langue de ce pays. « [...] Price-Mars décrit avec beaucoup de sympathie et de bonhomie la vie rurale, les paysans et leurs croyances. Avec Price-Mars, le vaudou autrefois tenu pour honte nationale, devint un élément authentique de la culture nationale. L'Haïtien peut être fier de ses origines africaines que n'entache nullement le vaudou »[36].

Même si elles n'ont surtout pas été acceptées à l'unanimité[37] par cette classe de la petite bourgeoisie à laquelle elles étaient destinées, les idées de Price-Mars trouvèrent un écho favorable dans une bonne partie de la jeunesse intellec-tuelle, persuadée que l'idéologie de ses ainés avait mené au désastre. À partir de la parution de son essai, les articles et pamphlets sur tous les aspects du folklore — y compris bien entendu le vodou — se multiplièrent. Les premiers romans paysans paraissent, et le vodou y joue un rôle important, soit dans l'intrigue même, soit au moins dans la toile de fond. Si des revues de jeunes comme *La Nouvelle Ronde*, fondée en 1925 et la *Revue indigène*,

---

36. Vertus St- Louis, « Les Indigénistes en Haïti. Essai de questionnement », Michel Acacia, *Révolte, subversion et développement chez Jacques Roumain*, Port-au-Prince, éd. de l'Université d'Etat d'Haïti, 2007, p. 296.
37. Comme on pouvait s'y attendre, cette ''révolution'' se heurta à de sérieuses résistances. Ses partisans furent accusés de vouloir remplacer la culture française par la barbarie africaine, le christianisme par l'idolâtrie et le rationalisme cartésien par la déraison primitive.

fondée en 1927 ne proposent qu'un léger élargissement des sources traditionnelles d'inspirations. *La Petite Revue*, entre 1925 et 1935, et surtout *Les Griots*, entre 1938 et 1940 se montrent plus agressives et n'hésitent pas à attaquer l'idéologie régnante. Avec l'encouragement de l'industrie hôtelière, des chorales adaptent des invocations aux *lwas* et des troupes de danse inscrivent le kongo et le yanvalou à leur répertoire. Des spectacles vodou garantis authentiques commencent à être proposés à la curiosité des touristes qui débarquèrent en Haïti à la faveur de l'occupation. Le 31 octobre 1941 est fondé le Bureau d'ethnologie, centre de recherches dirigé par Jacques Roumain. Consacré à l'enseignement, l'institut d'ethnologie ouvre ses portes un mois plus tard sous la direction du docteur Price-Mars.

L'éclosion de la peinture dite « naïve », où l'inspiration vodou prédomine, ne va pas tarder[38]. En effet, le Centre d'Art est fondé en 1944 par l'américain Dewitt Peters, le fait important, entre autres, semble l'intrusion directe et formelle du rural dans la peinture haïtienne[39]. Dans le domaine de la musique, « à partir de 1946, les choix esthétiques d'un nombre croissant de musiciens (et d'ethnologues) et l'attention spéciale portée au tourisme favorisent à Port-au-Prince et au Cap surtout, l'éclosion d'une ligne musicale "folklorique" ou indigène »[40]. Selon Jean Coulanges : « le courant dit "folklorique" compte à son actif, la plus importante sinon la seule tentative de remplacer la musique d'origine étrangère par une musique d'inspiration locale et populaire. Chants des bas-fonds, chants datant de l'époque coloniale des grandes plantations, chants rituels du vaudou, mélopées, plaintes, joie et douleur populaires, jusque-là proclamé à voix sourde, occupent le devant de la scène. Des chansons de rue franchissent le seuil de la maison des "gens de bien". Le théâtre de verdure offrit des spectacles imités des réjouissances populaires. Le Jazz des Jeunes (formé depuis 43) entreprit de répandre des thèmes et rythmes venus des "mornes". Michel Desgrottes et son groupe le chœur des "Cousins", le chœur de Michel Dejean, le chœur "Simidor" avec frère Laguère, le groupe

---

38. Léon-François Hoffmann, *Littérature d'Haïti*, Paris, EDICEF/AUPELF, 1995, p. 187-188.
39. Rodney Saint-Eloi, « Peinture et indigénisme », *L'Indigénisme, Conjonction*, No 198, Port-au-Prince, Le Natal, 1993, p. 138.
40. Jean Coulanges, « Indigénisme et musique en Haïti », *L'Indigénisme, Conjonction*, No 198, Port-au-Prince, Le Natal, 1993, p. 59.
41. Ibid., p. 60.

"Voix et Tambours d'Haïti" tentèrent de recréer la parole paysanne sacrée : le chœur Hounsis. Grâce à l'indigénisme qui remit en valeur notre folklore, « la musique descendait officiellement de son trône : pour la première fois, on découvrait que l'on pouvait être musicien chez soi »[41]. Ce sont plutôt les artistes et certains littéraires et penseurs de l'époque qui parviendront à comprendre et appliqueront les leçons du maître.

Qualito ESTIMÉ, M.A.

Bibliographie

ACACIA, Michel, *Révolte, subversion et développement chez Jacques Roumain*, Port-au-Prince, éditions de l'Université d'État d'Haïti, 2007.

---, « Indigénisme et vision du monde rural », *L'Indigénisme, Conjonction*, No 198, Port-au-Prince, Le Natal, 1993.

ANDRADE, Mario de, *Macunaíma*, 1928.

BERTRAND, Michel, « Héros et nation en Amérique latine », Henri Favre, *L'indigénisme, Caravelle*, No 72, 1999, pp. 239-242. URL:http://www.persee.fr/doc/carav_11476753_1999_num_72_1_2844_t1_0 239_0000_3. Consulté le 23 novembre 2017.

CASTERA, Georges, « L'indigénisme haïtien, un point de vue contradictoire », *Notre Librairie, Littérature haïtienne. Des origines à 1960*, No 132, Saint-Étienne, 1997, pp. 76-89.

CHARLES, Christophe Philippe, *Conversation avec Émile Roumer et Frankétienne*, Port-au-Prince, Choucoune, 2012.

CÉLIUS, A. Carlo, *Langage plastique et énonciation identitaire, l'invention de l'art haïtien*, Québec, Presses de l'Université de Laval, 2007.

CÉNATUS, Bérard et. al., *Haïti de la dictature à la démocratie ?*, Montréal, Mémoire d'Encrier, 2016.

COULANGES, Jean, « Indigénisme et musique en Haïti », », *L'Indigénisme. Conjonction*, No 198, Port-au-Prince, Le Natal, 1993, pp. 59-75.

DASH, J. Michael, *Literature and ideology in Haiti, 1915-1961*, New Jersey, Barnes & Nobles Books, 1981.

DENIS, Lorimer, DUVALIER, François, *Le problème des classes à travers l'histoire d'Haïti*, Port-au-Prince, Imprimerie de l'Etat, 1959.

DOMINIQUE, Max, *L'Arme de la critique littéraire*, Montréal, CIDIHCA, 1988.

EMERA, Alix, « Le vaudou dans le roman indigéniste », *L'Indigénisme, Conjonction*, No 197, Port-au-Prince, Le Natal, 1993.

FAVRE, Henri, *L'indigénisme*, Paris, PUF, 1996.

GAILLARD, Roger, « l'indigénisme haïtien et ses avatars », *L'Indigénisme, Conjonction*, No 197, Port-au-Prince, Le Natal, 1993.

HOFFMANN, Léon-François, *Littérature d'Haïti*, Paris, EDICEF/AUPELF, 1995.

HURBON, Laennec, *Dieu dans le vaudou haïtien*, Port-au-Prince, Henri Deschamps, 1987.

ICAZA, Jorge Icaza, *Huasipungo*, 1934.

LIMA, Antonio Carlos de Souza, « L'indigénisme au Brésil : migration et réappropriation d'un savoir administratif », *Revue de synthèse*, 4e semestre, Nos 3-4, 2000, pp. 381-410.

MANIGAT, Leslie François, *Éventail d'Histoire vivante d'Haïti, 1791-2007*, Port-au-Prince, Collection du CHUDAC, 2007.

MILLET, Kethly, *Les paysans haïtiens et l'occupation américaine 1915-1930*, Montréal, collectif paroles, 1978.

NAU, Émile, *L'histoire des Caciques d'Haïti* [1854], Port-au-Prince, Fardin, 2004.

NICHOLLS, David, « Idéologie et mouvements politiques en Haïti », 1915-1946, *Annales. Économies, Sociétés, Civilisations*. 30e année, No. 4, 1975, pp. 654-679.
URL : http://www.persee.fr/doc/ahess_0395-2649_1975_num_30_4_293637. Consulté le 23 novembre 2017.

PÉAN, Leslie, *Comprendre Anténor Firmin*, Port-au-Prince, Éditions de l'Université d'État d'Haïti, 2012.

PIERRE, Claude Clément, « La Revue indigène et la critique de l'indigénisme », *L'Indigénisme, Conjonction*, No 197, Port-au-Prince, Le Natal, 1993.

PRICE-MARS, Jean, *Lettre ouverte à René Piquion, directeur de l'Ecole normale supérieure, sur son "Manuel de la Négritude*, Port-au-Prince, Imp. des Antilles, 1967.

ROUMAIN, Jacques, *La montagne ensorcelée*, Port-au-Prince, 1931.

SAINT-AMAND, Edris, *Bon Dieu rit* [1952], Paris, Hatier, 1988.

SAINT-ÉLOI, Rodney, « Peinture et indigénisme », *L'Indigénisme,*

Conjonction, No 198, Port-au-Prince, Le Natal, 1993, pp. 125-149.

SYLVAIN, Normil, *Revue Indigene*, Port-au-Prince, 1927.

ST-LOUIS, Vertus, « Les Indigénistes en Haïti. Essai de questionnement », ACACIA, Michel, *Révolte, subversion et développement chez Jacques Roumain*, Port-au-Prince, éditions de l'Université d'État d'Haïti, 2007, pp. 295-303.

---, « Sans-Souci et Darfour : deux figures de l'Afrique dans l'histoire d'Haïti », CÉNATUS, Bérard et. al., *Haïti de la dictature à la démocratie ?*, Montréal, Mémoire d'Encrier, 2016, pp. 89-104.

TROUILLOT, Michel-Rolph, « Jeux de mots, jeux de classe : les mouvances de l'indigénisme », *L'Indigénisme, Conjonction*, No 197, Port-au-Prince, Le Natal, 1993.

Pour citer cet article :

Qualito ESTIMÉ, « Pour une relecture du mouvement indigéniste haïtien », *Revue Legs et Littérature*, 2018 | no. 11, pp.99-119.

Assise historique et représentation identitaire au service de l'histoire fictionnelle dans *Les Nuits de Strasbourg* d'Assia Djebar

Mourad LOUDIYI est enseignant-chercheur et formateur au Centre Régional des Métiers de l'Éducation et de la Formation de Fès-Meknès au Maroc, depuis 2011. Il a soutenu son doctorat en Approche et poétique des textes, et son HDR (habilitation à diriger des recherches) en Approches des textes littéraires. Ses publications couvrent un large spectre de sujet, notamment les approches des textes littéraires, la didactique de la littérature et le développement de la profession-nalisation chez les futurs enseignants du FLE. Chercheur associé d'une équipe : Didactique du français langue étrangère.

Résumé

Historienne de formation, écrivaine francophone algérienne notoire de passion et académicienne de consécration, Assia Djebar écrit des romans où elle questionne l'identité et l'altérité comme retentissement du post-colonialisme. Le discours sur Soi et sur l'Autre, puisé dans la mémoire collective ou personnelle, prend de d'ampleur dans l'écriture djerbienne. Si l'amour est pensé comme avatar d'une éventuelle ouverture et complé-mentarité avec l'Autre, la langue, porteuse des séquelles culturelles, idéologiques et historico-politiques, marque une rupture irrémissible. Dans cet article, nous essayerons de démontrer comment Assia Djebar a réussi à mettre en scène des protagonistes au bord de l'infaillibilité iden-titaire et une fiction où la mémoire collective et personnelle règne sur la destinée des êtres et de leur devenir.

Mots clés

Littérature postcoloniale, mémoire collective, identité, altérité

ASSISE HISTORIQUE ET REPRÉSENTATION IDENTITAIRE AU SERVICE DE L'HISTOIRE FICTIONNELLE DANS *LES NUITS DE STRASBOURG* D'ASSIA DJEBAR

Introduction

La littérature francophone et la littérature maghrébine d'expression française, à travers la production littéraire de certains romanciers, accorde à la problématique identitaire une place prioritaire. Après l'indépendance, la littérature algérienne postcoloniale a réservé un traitement particulier aux questions de soi. La régénérescence de dissensions historiques nourrit les récits, par la mise en scène d'intrigues et de personnages aux frontières mémorielle, territoriale et identitaire et dépeint les afflictions de l'histoire que vivifie la mémoire.

Assia Djebar est une écrivaine algérienne polymorphe ; elle est l'auteure de romans, d'essais, de poèmes, de nouvelles, de pièces de théâtre... Son talent n'est plus à démontrer et sa renommée est incontestable, faisant partie de la prestigieuse Académie française où elle a été élue le 16 juin 2005. Dans *Les Nuits de Strasbourg*, roman écrit en 1997, Assia Djebar va tenter l'impossible : écrire le roman du dialogue avec l'Autre. À travers un imaginaire ambivalent, elle appréhende une toute nouvelle vision d'aborder l'Autre, joue à inventer plusieurs formes de langage et s'exerce à la pratique d'une expression plurielle. Le texte est travaillé par les thématiques de l'exil, de l'altérité, de l'amour, de la mémoire, de l'Histoire, du statut de la femme algérienne insoumise et réfractaire contre le pouvoir masculin.... Tous ces éléments semblent avoir comme réceptacle l'identité et l'Histoire postcoloniale. L'intérêt réservé aux concepts de l'identité et de l'altérité, pensés à la convergence de l'histoire personnelle et des assises de l'historiographie, nous conduit à nous interroger sur la manière dont l'auteure envisage la rencontre de Soi et de l'Autre, dans un discours sans cesse renouvelé par cette relation à l'Autre.

Par la présente étude, nous analyserons l'impact de la diversité culturelle et linguistique sur la conception romanesque postcoloniale d'Assia Djebar et le retentissement de l'approche subversive de l'écrivaine dans *Les Nuits de Strasbourg* sur l'écriture de la fiction et de l'Histoire. Analyser le processus identité/altérité de ce roman reviendra nécessairement à analyser le face-à-face problématique de Soi avec l'Autre. Nous tenterons de montrer d'abord, la déterritorialisation de la fiction et l'impact de l'Histoire sur la conception romanesque de l'auteure ; ensuite, la relation conflictuelle entre la langue et l'identité au sein du couple ; enfin, la rencontre du "je" avec l'Autre, et la possibilité de l'ouverture, de la reconnaissance, de l'échange, ou le rejet, la méfiance, l'ignorance, l'intolérance et la fuite.

I. L'histoire postcoloniale algérienne revisitée au gré de la fiction

Analyser *Les Nuits de Strasbourg* revient à découvrir la téléologie des allégories historiques, considérée comme une forme de reconquête de l'Histoire. Historienne de formation, Assia Djebar, s'y référant le plus souvent, affiche une quête mémorielle de l'histoire : « Sur le XIXe siècle, j'avais besoin d'ouvrir quelques fenêtres, choisies arbitrairement et non comme l'aurait fait un historien »[1]. De sa vie personnelle, elle s'en inspire et s'y jette à corps perdu pour imbriquer : vie/fiction, véracité/vraisemblance, réel/imaginaire. L'exil et la langue, objet de quête et de réappropriation, constituent des vecteurs de sa création littéraire. La langue de l'Autre est acquise bon gré mal gré, reluquée comme « langue adverse », car, affirme-t-

---

1. Thoria Smati, « un entretien avec Assia Djebar », *Algérie-actualité*, 29 mars-4 avril 1990. URL : http://journals.openedition.org/semen/2289. Consulté le 01 avril 2018.

elle, « j'ai fait le geste inaugural de franchir moi-même le seuil, moi librement et non plus subissant une situation de colonisation »[2].

Dans *Les Nuits de Strasbourg*, Assia Djebar « voyage »[3] à travers une écriture migratoire oscillant entre les siens et les colonisateurs, entre une culture nationale et une culture occidentale, entre l'arabe et le français. Les personnages, quoique originaires de société et de culture différentes, y mutualisent des récits personnels, tissés sur un fond historique. Vu son âge, François aurait pu participer à la guerre d'Algérie, probabilité troublante pour sa maîtresse Thelja qui ne peut dissimuler sa commotion dès leur première nuit d'amour : « – Où étais-tu alors ?... (Sa question est impérieuse.) – La guerre chez toi ?... Je ne me trouvais ni en Alsace, ni en Algérie (il a comme une absence, il ajoute très vite, avec un accent amer qui la surprend). Ni même en France ! »[4]. Une telle relation entre le bourreau (François, l'éventuel soldat de la France colonisatrice) et la victime (Thelja, dont le père est un maquisard tué pendant la guerre d'Algérie) est d'une invraisemblance déconcertante : « Tu es mon amant et tu es français !...Il y a dix ans [...] une telle... intimité m'aurait paru invraisemblable !... [...] Je ne t'aurais pas vu vraiment ! »[5]. Ils n'arrivent pas à se dessaisir de l'emprise de l'Histoire, bien que partageant des moments d'intimité intenses. La mémoire regorgeant de souvenirs indéfectibles fait resurgir ce que l'amour purge, le temps de la valse sexuelle des corps. Au cours d'une nuit de communion avec son amant-ennemi, Thelja se souvient de son père, inconnu alors : « Mon père, cet inconnu, ce fantôme qui m'assaille, ce guerrier berbère comme tant d'autres avant lui, depuis les légions romaines chez nous, or, ce montagnard revient me hanter, où se trouvait-il, précisément, à la Noël 1939 ?... »[6]. Ce souvenir évoqué lors de la quatrième nuit passée avec son amant fait resurgir dans la mémoire de Thelja deux moments si lointains dans le temps et l'espace : le premier concerne François, le second relatif à sa mère. Les deux évènements ont trait à la quête des pères du couple : l'un disparu dans une ville européenne en 1939, l'autre dans une grotte en Kabylie

---

2. Assia Djebar, *Ces voix qui m'assiègent ... En marge de ma francophonie*, Paris, Albin Michel, 1999, p. 44.
3. Mireille Calle-Gruber, *Assia Djebar ou la résistance de l'écriture, Regard d'un écrivain d'Algérie*, Paris, Maisonneuve et Larose, 2001, p. 29.
4. Assia Djébar, *Les Nuits de Strasbourg*, Arles, Actes du sud, 1997, p. 54.
5. Ibid., p. 55.
6. Ibid., p. 229.

en 1959[7] : « D'un coup, inopinément, lui revint l'image du garçonnet de cinq ans trottinant dans les rues enneigées de Strasbourg... En surimpression, ensuite, des pieds nus, à la plante rougie de henné, des pieds de femme, tout craquelés sur les bords, les pieds brûlés d'une femme de vingt ans se hâtant en pleine montagne, dans le noir, avec au fond un panorama de neige... »[8]. L'affect que laisse en elle la résurgence du souvenir paternel rend son investigation si tenace qu'elle entame des recherches à ce sujet. Elle rend visite au père Marey, auteur d'un manuscrit sur l'histoire de l'émigration maghrébine à Strasbourg, et tente d'apporter des éclaircissements en consultant les archives relatives aux émigrés algériens, issus de l'est de l'Algérie[9] : « Français-musulmans (comme on appelait alors ces colonisés), souvent à peine démobilisés, s'installaient au foyer nord-africain du père de Marey, pour travailler comme manœuvres ou plombiers, menuisiers, électriciens, deux ans, trois ou davantage. Revenus de ce Sud algérien, qui commençait, dès 1954 et 1955, à être entraîné dans la guerre, ils se retrouvaient, en Alsace, suspects, pourchassés ... »[10].

L'intrigue se déroule loin de l'Algérie et commence sur une page sombre de l'histoire de la ville de Strasbourg : il s'agit du départ en masse des habitants pour fuir le massacre des Allemands en 1939. Environ cent mille alsaciens choisirent la France comme exil et la majorité d'entre eux débarquèrent en Algérie française. Assia Djebar avoue que c'est à partir de faits historiques relatifs à cette ville qu'elle a écrit *Les Nuits de Strasbourg* : « Dans ce roman, je crois que j'ai, à ma manière, re-penser […], oui, j'ai re-pensé, à partir des

---

7. Cf. Désirée Schyns « Une guerre peut en cacher une autre : la mémoire multidirectionnelle chez Assia Djebar et Maïssa Bey », Catherine Brun (éd.), Algérie. *D'une guerre à l'autre*, Paris : Presses Sorbonne Nouvelle, 2014, pp. 53-65. .
8. Assia Djébar, *Les Nuits de Strasbourg*, Arles, Actes du sud, 1997, p. 185.
9. La quête entreprise par l'héroïne est celle d'Assia Djebar, et d'autres écrivains algériens, qui tentent de réécrire l'Histoire de leur pays, lors de la période postcoloniale. Guiliva Milò a les mots justes pour décrire cette quête historique : « La littérature coloniale et surtout post-coloniale précède en Algérie de la blessure suscitée par le vif sentiment de la perte de l'origine. […] Le langage, en tant que producteur de sens, est seul susceptible de mettre à jour une vérité amère qui vient combler le manque, le vide d'une histoire jamais écrite. […] Chez Assia Djebar la discipline historique va […] féconder l'imagination : ses recherches personnelles, les quelques sources documentaires dont elle dispose inspirent la création poétique.» (*Lecture et pratique de l'Histoire dans l'œuvre d'Assia Djebar*, Bruxelles, P.I.E. Peter Lang, 2007, pp. 18-19).
10. Assia Djebar, *Les Nuits de Strasbourg*, pp. 290-291.

blessures du passé, une ville comme Strasbourg : ville frontière, ville autrefois dite "libre", et ayant oscillé tant de fois entre autorité française puis allemande, puis française »[11]. C'est l'Histoire de deux pays, en l'occurrence : l'Algérie et l'Alsace, à travers la rencontre de Thelja, fille d'un maquisard tué durant la guerre d'Algérie et de François, français qui vit à Strasbourg. Tous deux ont en commun le déchirement de l'expatriation et la sujétion aux valeurs du pays d'accueil, sous prétexte de réussir leur insertion et l'assujettissement à la langue du colonisateur d'antan. La première et la seconde guerre mondiale établissèrent un nouvel ordre dans la région. Les Alsaciens durent émigrer en Algérie : « Mais chassés de chez eux, ils [les Alsaciens] deviendront, à leur tour, les envahisseurs du territoire maghrébin en engendrant d'autres blessures, comme si la douleur, nécessairement cyclique, était inexorablement liée à la destinée des hommes luttant pour dominer ou pour survivre »[12].

Les Nuits de Strasbourg met en lumière le foisonnement des mémoires qui composent le récit propre à cette ville caractérisée par Thelja comme « la cité de toutes les mémoires »[13]. Les mémoires individuelles des personnages y sont doublées par les mémoires collectives de leurs pays. Les analepses narratives commémorent deux événements qui endeuillent encore les esprits et la conscience humaine : l'histoire expansionniste alsacienne relayée par l'histoire coloniale algérienne. L'on comprend, à ce sujet, toute la portée significative du titre attribué au neuvième chapitre où les mémoires de l'Alsace et de l'Algérie sont imbriquées : « Alsagérie ». Le caractère émouvant et pathétique de ces histoires provient du retour incessant des personnages à leur mémoire, avec obsession. La démultiplication de l'histoire crée des allers et retours grâce auxquels les personnages-fantômes procèdent à des enquêtes : « O toi qui éclairais de l'arrière ma route, dans quel labyrinthe vais-je te chercher devant »[14] se demande Eve après le départ de Thelja. Un tel choix narratif cherche à prendre en filature les fluctuations des mémoires molestées pour « "panser", tenter d'adoucir des blessures »[15] d'un passé personnel qui peuple le présent. Plusieurs histoires s'interposent et s'opposent : l'histoire Algérienne

---

11. Fatma Zohra Imalayene, (DJEBAR, Assia), *Le roman Maghrébin Francophone. Entre les langues, entre les cultures : quarante ans d'un parcours : Assia DJEBAR. 1957-1997*, thèse de doctorat, université Paul- Valery, Montpellier III, 1999, p. 180.
12. Assia Djébar, *Les Nuits de Strasbourg*, Arles, Actes du sud, 1997, p. 275.
13. Ibid., p. 346.
14. Ibid., p. 402.
15. Assia Djebar, *Le Blanc de l'Algérie*, Paris, Albin Michel, 1995, p. 234.

face à l'histoire française, l'histoire juive à la rencontre de l'allemande... Assia Djebar explique comment ces mémoires agissent sur les rapports entre les personnages et leurs accointances : « Les deux couples sont dans les langues avec les histoires collectives opposées, marquées par des traces de conflits qui, malgré eux, peuvent se réveiller dans l'amour. Comment la parole est — avec elle, la mémoire obscure, engourdie— vient quelques fois bloquer, s'entreposer, au lieu d'accompagner ou de rendre plus présentes les caresses »[16]. Le lieu où évoluent les personnages principaux est unique : Strasbourg en Alsace. Or, par l'entremise de la mémoire, ils vont au-delà du lieu présent (Paris, Algérie, Allemagne...) et du temps actuel (guerre d'Indépendance en Algérie ; guerres de conquêtes impériales en Alsace, région disputée par la France et l'Alle-magne). Réels ou fictifs, les déplacements emmanchés lèvent le voile sur la diaspora coloniale et découvrent la situation de l'entre-deux et de la marge dans laquelle elle est mise au rebut.

À travers des personnages comme Ali, Jacqueline, Touma, sa sœur Aicha, Djamila et son groupe théâtral, le thème de l'immigration s'impose dans ce roman. Il s'agit là d'immigrés de la première génération (Touma) et de la deuxième génération (Djamila qui est née en France). C'est à travers leur présence et celle de personnages Algériens comme Thelja et Eve que l'histoire algérienne apparaît comme faite de mémoires d'Algériens. Thelja est éprise d'amour pour François, mais le douloureux passé colonial entre leurs deux nations crée des embroussailles irrésolues entre cette Algérienne et ce Français. Or, ce dernier a beau faire entendre sa raison, en niant toute participation à la guerre d'Algérie : « La guerre chez toi ?...je ne trouvai ni en Alsace, ni en Algérie (il a comme une absence, il ajoute très vite, avec un accent amer qui la surprend). Ni même en France! »[17], Thelja ne donne pas suite aux arguments de son amant et continue à le considérer comme ennemi, « le Français ».

---

16. Fatma Zohra Imalayene, (DJEBAR, Assia), *Le roman Maghrébin Francophone. Entre les langues, entre les cultures : quarante ans d'un parcours : Assia DJEBAR. 1957-1997*, thèse de doctorat, université Paul- Valery, Montpellier III, 1999, p. 182.
17. Assia Djebar, *Les Nuits de Strasbourg*, p. 312.

II. La dyptique linguistique dans *Les Nuits de Strasbourg* : entre affrontement et affranchissement

Dans *Les Nuits de Strasbourg*, fusionnent la langue et l'amour, comme deux quintessences humainement associables, mais littérairement incompossibles. Les couples dont les origines culturelle, religieuse et linguistique sont disparates, présentent une panoplie de traits divergents qui, vite, sont dissouts par la fougue de la chair. Thelja est algérienne alors que François est français. Eve est juive mais Hans est allemand. Irma est juive mais Karl est alsacien. Jacqueline est alsacienne mais Ali est algérien. Le choix de Strasbourg comme lieu de rencontre des couples est très significatif. La ville frontalière devient la plate-forme des langues où le Français, l'Arabe, l'Allemand se côtoient. Thelja y rencontre aussi son amant alsacien François et se plaît à rythmer leur réunion de va-et-vient constant. Leur relation s'appuie alors sur un double nomadisme : géographique mais aussi linguistique puisque l'allemand, le français et l'arabe se rejoignent dans un raffinement linguistique.

Dans cette concomitance sentimentale, le "je" est dans une situation conflictuelle avec l'Autre, à cause du langage ou devrions-nous dire grâce à lui. Les différentes expressions "langagières" (cette expression est tantôt verbale : dialogue, monologue, tantôt non-verbale : silence, gestuelle) témoignent plus d'un rapport d'ouverture que d'un contact de conflagration. La langue de l'amour djerbienne, qui n'est que l'écho de son amour de la langue de l'Autre, est, selon l'expression de Marc Gontard, cet « espace fusionnel de la passion »[18] où se jouent le dilemme avec la langue de l'Autre, l'amant de l'instant et l'éternel ennemi d'hier. Dans les deux couples principaux : Thelja – François, Eve – Hans, les ébats amoureux se font et se défont par et dans le bilinguisme : Arabe/français et français/allemand. Il s'avère donc judicieux de souligner que le recours à la langue, dans sa dimension communicative par le couple, est une condition sine qua non à son existence et à sa pérennité. Il n'est pas à exclure que c'est par la présence du couple que l'épanchement de

---

18. Marc Gontard, « "*Les Nuits de Strasbourg*", ou l'érotique des langues », Charles Bonn, Najib Redouane, Yvette Benyoun-Szmidt (dirs.), *Algérie : nouvelles écritures*, Paris, L'Harmattan, 2002, pp. 231-240.
URL : http://www.uhb.fr/alc/erellif/celicif/djebar.php. Consulté le 30 mars 2018.

la langue s'avère possible[19]. Pour Thelja, l'amour déclenche chez elle la parole et la production de celle-ci n'est envisagée que par les délassements idylliques : « [...] j'aime ce dialogue à la fois de nos corps, et la façon dont je peux enfin délier ma parole... À cause, à cause, bien sûr, du plaisir, mais aussi de notre attention au cœur même de ce plaisir, de la tienne aussi... et seulement après, de la tendresse ! »[20]. L'échange verbal au sein du couple précède ou est post-posé à l'acte sexuel. Il jaillit et étincelle par l'accouplement physique et par les frictions corporels : « Or, il fallait que sa parole à elle jaillisse neuve, entre eux, entre leurs corps, contre eux enchevêtrée à eux deux »[21]. Si la rencontre des amants, en dépit de la langue parlée ou du pays d'origine, décime les frontières, réussit le compromis et favorise le flux verbal, la séparation est présagée par l'algérienne comme la rupture du dialogue : « Peu importe que nous nous parlions tant alors que nous faisons si souvent l'amour, peu importe ce flux verbal que je vous adresse depuis que je vis sous ce ciel alsacien –, ce flux, quand je partirai, va tarir brusquement en moi... »[22]. La mémoire ou l'histoire collective place le couple dans une confrontation qui remet en cause leur relation. Le passé colonial de François et le présent postcolonial de Thelja s'entrecroisent et s'entrechoquent dans les perspectives que promet, ou com-promet oserions-nous dire, l'amour. L'écriture djebarienne paraît paradoxale : l'auteure écrit en français pour donner la voix à des protagonistes algériens. Le recours à la langue française, dans un contexte de plurilinguisme, est une occasion de « penser la langue »[23]. Les limites entre la langue maternelle et la langue étrangère sont irrésolues,

---

19. Selon la critique Alison Rice, la langue et l'amour dans ce roman sont une découverte de l'Autre et une ouverture sur lui : « *Les Nuits de Strasbourg* est un livre qui s'interroge justement sur l'importance de la communication dans l'amour. Le déroulement des neuf nuits de Thelja et François nous amène à questionner à quel point la compréhension de l'autre est indispensable au partage d'émotions amoureuses. » (« Alsagérie" : Croisements de langues et d'histoires de l'Algérie à Strasbourg dans Les Nuits de Strasbourg d'Assia Djebar », Charles Bonn (éd.), *Paroles Déplacées, Migrations identitaires et génériques entre l'Algérie et la France, dans la littérature des deux rives*, Tome 2, 2004.
URL : www.limag.com/Textes/ColLyon2003/Tome2Mars2004.pdf.
20. Assia Djebar, *Les Nuits de Strasbourg*, p. 116
21. Ibid., p. 317.
22. Ibid., p. 343
23. Lise Gauvin, « D'une langue à l'autre, la surconscience linguistique de l'écrivain francophone », *L'écrivain francophone à la croisée des langues : entretiens*. Paris, Karthala, 1999, p. 6.

instituant un « territoire imaginaire à la fois contraint et ouvert »[24]. C'est pourquoi, le recours à la langue d'origine, dans les moments de volupté acérée, tend à marquer les assises de l'identité dans sa propension vers l'altérité. Après une nuit d'amour avec François, Thelja chante en arabe sous la douche : « Elle chantonne, et pas en français ; dans sa langue maternelle probablement »[25]. François parle alsacien en plein acte sexuel : « elle l'entendit balbutier des mots confus, de tendresse, de puérilité, ou de désir : elle le laissa, ne comprenait pas »[26]. La langue de l'autre, de l'étranger est érigée comme une frontière qui sépare et qui renforce la rupture. Outre l'incompréhension, ce sont les sentiments les plus véhéments que les partenaires du couple n'arrivent pas à délecter. C'est ce qui ressort de l'étude menée par Denise Brahimi à ce sujet : « La langue devient substitut du voile, c'est elle qui désormais crée la distance entre les mots et les choses, entre le corps et la jouissance, entre le Moi et l'Autre [...] elle désamorce toute affectivité »[27].

Or, loin de tout platonisme que laisserait supposer le couple Thelja/François, le français demeure une langue imbue de charges historiques insolubles. Cette langue est celle de l'ennemi, du colonisateur et des assassins du père de Thelja, maquisard du FLN[81], tué par l'armée française au maquis, peu avant la naissance de l'héroïne. Elle est aussi, dans le subconscient de celle-ci et de son auteur, la langue du viol[28]. C'est pourquoi, la protagoniste perçoit chez François plus que l'image d'un greluchon, c'est l'allégorie de toute une histoire française marquée par le génocide perpétré lors de la guerre de libération de l'Algérie. Elle n'aurait jamais pu coucher avec lui si elle avait appris sa participation à la guerre : « J'aurais su qu'il n'y aurait plus eu de nuit entre nous, et sans doute même le souvenir de... de notre plaisir d'avant se serait dissous... »[29]. Pour elle, François incarne, d'une part, la figure de

---

24. Lise Gauvin, « Assia au pays du langage », Mireille Calle-Grüber, Assia Djebar, *Nomade entre les murs. Pour une poétique transfrontalière*, Paris, Maisonneuve & Larose, 2005, p. 222.
25. Assia Djebar, *Les Nuits de Strasbourg*, p. 133.
26. Ibid., p. 83.
27. Denise Brahimi, *Appareillages. Dix études comparatistes sur la littérature des hommes et des femmes dans le monde arabe et aux Antilles*. Paris : Deuxtemps Tierce, 1991, p. 143
28. Cf. Christiane Chaltet-Achour, « Autobiographies d'Algériennes sur l'autre rive. Se définir entre mémoire et rupture », Martine Mathieu (ed.), *Littératures autobiographiques de la francophonie*. Actes du colloque de Bordeaux, 21, 22, 23 mai 1994, Paris, l'Harmattan, p. 295.
29. Assia Djebar, *Les Nuits de Strasbourg*, p. 219.

l'Autre, de l'étranger et de l'ennemi, d'autre part, il illustre la langue française. Envers la première image, elle ressent de l'amour tandis qu'elle reconnaît pour la seconde la haine. Elle avoue sans ambages l'ambivalence de ses sentiments : « Tu es mon amant et tu es français !... Il y a dix ans [...] une telle... intimité m'aurait paru invraisemblable !... [...] Je ne t'aurais pas vu vraiment ! »[30]. Le vocable "étranger" a une connotation linguistique : c'est quelqu'un qui ne parle pas sa langue maternelle ou son idiome régional (le berbère chaoui de sa grand-mère) : « Un étranger ? C'est-à-dire quelqu'un que je ne pourrai aimer ainsi, au creux de cette beauté de ma langue d'enfance !... Me retrouver au plus profond de moi-même, en me donnant, en m'anéantissant !...Oui, un étranger, pourquoi ai-je d'abord défini ainsi l'amant de ces nuits ? »[31]. Dans ce roman, l'amour s'établit dans un entre-deux pathétique, plaçant les amoureux dans un dilemme délirant : quelle langue choisir sans révoquer en doute la langue maternelle ou la langue de l'Autre ? C'est la dimension historique qui est derrière cette réticence et ce refus, comme l'explique l'auteure elle-même : « Il m'a fallu écrire pendant plus de deux ans autour de ce verrou pour commencer à comprendre le pourquoi de "ce désert linguistique", en moi. Celui-ci, quand il s'agissait du dit amoureux, était inconsciemment investi par des scènes de violence et de la guerre des ancêtres, par la chute −indéfiniment répétée en moi− des cavaliers tombés dans le combat du siècle dernier »[32]. À propos de cet amour-haine, Assia Djebar s'exprime en ces termes : « Il y a eu familiarité dans l'opposition, et il y a eu fascination dans la haine mutuelle, il y a eu probablement amour non-avoué ou amour coupable d'une façon ou d'une autre »[33]. Le bonheur que procure le couple n'est éprouvé que par un médium allusif et ineffable, une nouvelle expression langagière captée et décodée uniquement par les amoureux : « ... −elle l'avait désiré, lui, l'homme français, mais dans un parler ensauvagé de l'autre bout de la terre ! »[34]. Pour passer au travers de cette embûche de la langue, Thelja projette de proscrire la langue et préfère l'acte à

---

30. Ibid., p. 55.
31. Ibid., p. 107.
32. Imalhayène, Fatma-Zohra, op.cit., p. 25. (Assia DJEBAR), *Le roman Maghrébin Francophone. Entre les langues, entre les cultures : quarante ans d'un parcours : Assia DJEBAR. 1957-1997*, thèse de doctorat, université Paul- Valery, Montpellier III, 1999.
33. Assia Djebar, « Interview avec Assia Djebar à Cologne », *Cahier d'Etudes maghrébines*, 2, 82, 1990, p. 81.
34. Assia Djebar, *Les Nuits de Strasbourg*, p. 227.

la parole dans sa relation érotique : « Où se tapit la langue, dans tout cela ? se redit-elle, entêtée." Eh bien, elle se ferme, la langue ! »[35]. Elle serait à l'aise avec François faisant abstraction de la langue, et préfèrerait le mutisme comme sauvegarde de son identité et forme de reconnaissance de l'Autre : « Ainsi, au cœur du désert des mots, nous pourrions nous entrecroiser, nous pénétrer, nous déchirer même, surtout nous connaître !... »[36]. Palliatif de la défaillance linguistique, le regard de l'autre qui la touche enfin, convie Thelja à commencer une nouvelle expérience non pas avec l'ennemi/*eedou* ou du Français mais avec un étranger (*barrani* dans l'arabe usuel), un homme parmi d'autres : « [...] surtout comme j'aime le jus de la langue de cet homme – le français, donc ? – et sa saveur, sa limpide fluidité, sa ruche secrète, son hydromel (mon hydromel arabe aussi que je ne peux lui livrer), ainsi ces nourritures sonores, je les tirerai à moi... »[37]. Enfin, c'est à travers les symptômes psychosomatiques, tels que la perte de la voix et l'aphasie amoureuse, que le corps féminin s'octroie la possibilité de communiquer et de parler sa propre langue[38].

La langue négocie les espaces de vie des amoureux dans la richesse de sa spécificité en vue de la nécessaire sauvegarde de l'identité de chacun. Elle représente une chance et une adversité lorsqu'elle est utilisée comme une amorce ou une entrave au dialogue, à l'échange entre Thelja et François. Mais l'expérience sexuelle démontre que la femme algérienne est victime du joug du colonialisme présent encore dans la langue française. En se repliant sur elle-même, elle est condamnée ainsi à l'altérité qui, selon Yigbé Dosté, « sert à différencier le moi de l'autre, à séparer ce qui nous est familier de ce qui nous est étranger »[39]. Ainsi, la guerre d'hier désassemble toujours, en dépit de la suspension des combats, même si la communion des corps des amants est con-sommée. L'amour physique ne peut que parodier une entente des cœurs, mais en aucun cas, la langue ne peut abolir la distance que crée sa charge

---

35. Ibid., p. 227.
36. Ibid., p. 226.
37. Ibid., p. 228.
38. Dans *L'amour, la fantasia*, la langue du corps est la quatrième de la femme après celle du français, de l'arabe, et du libyco-berbère : « La quatrième langue, pour toutes, jeunes ou vieilles, cloîtrées ou à demi émancipées, demeure celle du corps que le regard des voisins, des cousins, prétend rendre sourd et aveugle, puisqu'ils ne peuvent plus tout à fait l'incarcérer. » (p. 203).
39. Yigbé Dosté, « Littérature, philosophie et art : Altérité et diversité culturelle », *Ethiopiques*, No 74, 1ère semestre 2005. URL : http://ethiopiques.refer.sn/spip.php?article265. Consulté le 30 mars 2018.

historique.

III. L'amour de l'identité et l'identité de l'amour : le je(u) entre soi et l'autre

Les Nuits de Strasbourg est un roman de plusieurs amours "hétéroclites", constitués de couples binationaux et bilingues, voire plurilingues. C'est autour de différents couples, tous liés par l'amour ou par des relations amoureuses que l'œuvre s'organise. Le couple principal que nous allons analyser au cours de ce dernier axe est : le couple de Thelja –François. La rencontre dans l'amour se base sur le principe du "Je" et de l'Autre. L'entrevue abec l'*Autre* conduit Thelja vers un questionnement sur sa propre identité. C'est la quête des origines que l'exil veille à son déracinement, la volonté de se ré-incruster dans un nouvel espace-temps et l'expérience pour concilier l'orient et l'occident, sans débucher de son identité et déboucher sur l'altérité[40].

Neuf nuits « d'amour » forment l'intrigue romanesque des *Nuits de Strasbourg*. En s'attachant à ce couple disparate, Assia Djebar met au premier plan, d'abord, les tabous religieux, sociaux et traditionnels que de telles unions revigorent, ensuite, la pérennité d'un racisme issu du colonialisme. Thelja est une femme algérienne qui a quitté mari et enfant pour venir étudier à Paris où elle écrit une thèse de doctorat sur *Hortus Deliciarum* (*Jardin de Délices*). Elle s'y sent « suspendue »[41], étant seule. Là, elle fait la connaissance de François, un alsacien veuf d'une cinquantaine d'années. Certes vécues dans la complétude de la délectation charnelle car loin de l'Algérie, les neuf nuits d'amour sont ressenties comme une transgression non pas tant en raison de leur côté extra marital, mais en raison de la nationalité et de l'âge de François. L'amour adultère lui ouvre une nouvelle vie avec un autre statut : elle n'est plus un objet de plaisir prédestiné à l'homme, sous le joug des traditions orientales ; elle devient une femme possédant son corps grâce

---

40. Dans le volume *Les Impatients*, Jean Dejeux remarque que « ... l'auteur se situe dans la découverte du corps, de l'amour et de la sensualité, du conflit des amoureux et du couple » et « parmi ses apports à la littérature algérienne et même maghrébine, deux affirmations majeures : la découverte du corps et la découverte du couple » (*La Littérature féminine de langue française au Maghreb*, Paris, Ed. Karthala, 1994, p. 23 et p. 81)
41. Assia Djebar, *Les Nuits de Strasboug*, p. 40
42. John Mcleod, *Beginning Postcolonialism*, Manchester, Manchester University Press, 2000, p. 175.

auquel elle cherche à vivre et à s'émanciper. Thelja représente la « double colonisation des femmes »[42] que sont le colonialisme et le patriarcat. Le corps, une fois associé à l'euphorie procurée par l'expérience sexuelle, exprime l'être dans son immanence (le "je" identitaire), c'est-à-dire dans son élan vers l'amour de l'Autre qu'il ravit. Il n'est pas traité comme une abstraction, pas plus qu'il n'est associé à une quelconque libération sexuelle typique des luttes féministes françaises des années soixante-dix. Le corps n'est pas considéré comme l'instrument de revendication d'une sexualité libérée. Il est plutôt la force intime, culturellement et historiquement enracinée, à travers laquelle Thelja fait l'expérience de son être-femme. Si l'héroïne transgresse le tabou, c'est pour se libérer du fardeau de la tradition. Coucher avec "l'ennemi" d'hier est une forme de transcendance et de métamorphose dont le résultat est une autonomie à l'instar de l'écrivaine : « une figure de la femme à la fois étrange et étrangère car autonome »[43]. Loin de se préoccuper de son amour et de tout questionnement sur son identité altérée, elle se fait la bile avec des travaux académiques. Dans l'intimité des corps, elle est aphasique, sourde et dissimule ses sentiments. Son partenaire sexuel n'est qu'un subterfuge à son propre plaisir : « À Paris, je préférais donc me taire. […] Je retenais quelques brides […] Je n'écoutais plus. Mon embarras. "Je ne veux pas, me disais-je, qu'il me raconte sa vie privée. Non, je ne veux pas de cette effraction !" Comme si votre charme, je le cherchais dans un excès d'impersonnalité »[44]. Les conversations se passent toujours dans la langue de l'autre qui symbolise leur dissemblance et l'impossibilité de créer une relation sérieuse. À ce sujet, l'auteure fait le constat suivant : « La guerre qui finit entre les peuples renaît entre les couples »[45]. Durant la deuxième nuit, elle pense à un amant muet dont le rôle ne serait que de satisfaire ses sens : « […] je préférerais par moments qu'il soit totalement étranger : on ne pourrait échanger des mots, seulement des caresses !... »[46].

L'expérience avec François, même si elle est exceptionnellement sexuelle, permet à Thelja, cette jeune « adolescente puritaine »[47], de faire la découverte

---
43. Mireille Calle-Gruber, *Assia Djebar*, Paris, adpf, 2006, p. 61.
44. Assia Djebar, *Les Nuits de Strasbourg*, p. 353
45. Assia Djebar, *Les alouettes naïves*, Arles, Actes Sud, 1967, p. 423.
46. Assia Djebar, *Les Nuits de Strasbourg*, p. 80.
47. Ibid., p. 48.
48. Martine Abdallah Pretceille affirme que mieux nous connaissons l'autre, plus le bénéfice que nous en tirons est grand : « Connaître l'autre est à même de nous placer dans une situation où, l'ignorance diminuant au profit de la connaissance, permettrait par là même à la raison de

de soi et de l'Autre. Sa relation avec l'étranger lui donne l'opportunité de mieux se connaître[48] : « Un étranger ? C'est-à-dire quelqu'un que je ne pourrai aimer ainsi, au creux de cette beauté de ma langue d'enfance !... Me retrouver au plus profond de moi-même, en me donnant, en m'anéantissant !... »[49]. Quoique son aventure soit déterritorialisée, Thelja ne peut se déculpabiliser. Tellement sa culpabilité est irréfragable qu'elle a la conviction de trahir sa langue, sa culture et surtout trahir la mémoire de ses parents. Le bafouement de son identité est le résultat d'un dilemme qui l'écartèle : le respect des valeurs et de la mémoire de sa patrie et l'émancipation de sa personne qu'elle dévoue à Strasbourg. Le lecteur comprend, dès lors, pourquoi elle garde la discrétion sur sa vie privée auprès de ses amis, même avec sa confidente Touma. Elle ne risque pas de lui révéler sa liaison avec François de crainte qu'elle ne soit qualifiée d'infidèle : « Si je lui disais là, d'emblée, que moi, la fille d'un homme tué par l'armée française, je partage mes nuits avec un français de la ville ?... Peut-être le sait-elle »[50]. La fin ouverte du roman qui reste inachevée est telle leur rencontre-analyse : incomplète mais conséquente, bénéfique mais brève. L'escapade de Thelja est une réconciliation du moi étranger et de son moi. Vivre hors d'atteinte de l'Autre est un mode de vie et de pensée chez les adeptes de la diaspora. Pour Achille Mbembe, l'identité, comme la culture, n'est pas immuable : « Pour l'ensemble du nouveau roman africain de langue française, […] les identités ne peuvent être que des identités de relation et non de racines »[51].

Conclusion

Loin d'offrir une réponse tranchante à la question de l'identité et de l'altérité présente dans l'intitulé de ce travail, les commentaires, constatations et raisonnements qui émergent de cet exercice de recherche, offrent pour le

---

prendre le pas sur l'affectivité ; ce qui nous mènerait à aborder l'autre sans préjugés ni stéréotypes : comme différent certes mais comme ayant le même droit à la différence que le nôtre sans jugement de valeur ni classifications dans une quelconque échelle de normes préétablies par nous-mêmes et pour nous-mêmes. » (*Vers une pédagogie interculturelle*, Paris, Anthropos, 1996, p. 109)
49. Assia Djebar, *Les Nuits de Strasbourg*, p. 107.
50. Ibid., p. 244
51. Achille Mbembe, « France-Afrique : ces sottises qui divisent », *Section de Toulouse de la Ligue des Droits de l'Homme*, 10 août 2007.
URL : http://www.ldh-toulon.net/spip.php?article2200. Consulté le 02 avril 2018.

moins, un champ de réflexions et de déploiements riches sur la nature créative et culturelle de l'œuvre, encore peu explorée et qui engage dans cet espace de lecture revisité de la littérature postcoloniale algérienne. Nous estimons avoir réussi à circonscrire les différents aspects de l'identité et de l'altérité dans *Les Nuits de Strasbourg* et à comprendre pourquoi les figures djerbiennes sont hantées par les fantômes de l'histoire coloniale. L'héritage de cette même histoire est toujours présent, désobligeant parfois avec ses stéréotypes, ayant pour effet un manque d'empathie. La langue de l'Autre, en l'occurrence le français, rappelle à Assia Djebar la guerre, la colonisation, la violence sanglante..., en un mot : le passé. C'est pourquoi nous pouvons en conclure que la langue porte en elle le passé, ou autrement dit qu'elle est porteuse de mémoire. La rencontre avec l'Autre, dans laquelle la langue joue un rôle essentiel, signifie donc aussi rencontre avec la mémoire, inhérente à l'Autre. Pour communiquer dans l'amour, le langage joue un rôle important puisque pour se découvrir soi-même et découvrir l'Autre, le couple devra communiquer. Communiquer ne signifie pas seulement parler dans et d'amour mais c'est surtout pour s'affranchir de son passé, de sa langue, de l'Histoire, de ses déchirures, de son origine (de son identité) et s'accepter dans le jeu d'altérité.

Cette représentation de l'identité et de l'altérité à travers les personnages-clés dans *Les Nuits de Strasbourg* constitue une fresque s'adaptant, dans une vue d'ensemble, à presque tous les romans d'Assia Djebar et présente par là même le point commun qui permet une disposition et un rapprochement entre les différents personnages djebariens. Il a été question, dans cet article, d'entrecroiser les différents avatars de l'écriture postcoloniale ou plutôt de démonter l'emprise d'une intervention personnelle et sa charge sociohistorique dans l'énonciation des situations fictionnelles et historiques présentes dans les œuvres. Le roman analysé ici dévoile l'intention de son auteur. La rencontre de Thelja avec l'Autre transparaît dans une détermination riche de l'interculturel : ouverture, tolérance, cohabitation... et sa mise en œuvre au sein du couple comporte des manifestations attribuées à l'humanisme et à l'universalisme. Pour Assia Djebar, l'espace de l'expression corporelle et verbale de l'amour altère l'identité algérienne encombrée de mémoire aussi personnelle que collective et de langues maternelle et français. Ce roman laisse entendre que l'auteur inflige à son héroïne, l'évidence d'une identité revisitée qui l'engage dans une connexion avec une acculturation, stylisée et idéalisée, sans en imposer les rudiments altérant du colonialisme d'antan.

Bibliographie

Corpus d'étude :
DJEBAR, Assia, *Les Nuits de Strasbourg*, Arles, Actes du sud, 1997

Corpus cités :

DJEBAR, Assia, *Les alouettes naïves*, Arles, Actes Sud, 1967.

DJEBAR, Assia, *Le Blanc de l'Algérie*, Paris, Albin Michel, 1995.

DJEBAR, Assia, *Ces voix qui m'assiègent ... En marge de ma francophonie*, Paris, Albin Michel, 1999.

DJEBAR, Assia, *L'amour, la fantasia*, Paris, Le Livre de poche, 2001.

Référence :

BRAHIMI, Denise, *Appareillages. Dix études comparatistes sur la littérature des hommes et des femmes dans le monde arabe et aux Antilles*. Paris, Deuxtemps Tierce, 1991.

CALLE-GRUBER, Mireille, *Assia Djebar ou la résistance de l'écriture, Regard d'un écrivain d'Algérie*, Paris, Maisonneuve et Larose, 2001.

CALLE-GRUBER, Mireille, *Assia Djebar, association pour la diffusion de la pensée française*, Paris, Ministère des affaires étrangères, 2006.

CHALTET-ACHOUR, Christiane, « Autobiographies d'Algériennes sur l'autre rive. Se définir entre mémoire et rupture », MATHIEU, Martine (ed.), *Littératures autobiographiques de la francophonie*. Actes du colloque de Bordeaux, 21, 22, 23 mai 1994. Paris, l'Harmattan, 1996, pp. 291-308.

DEJEUX, Jean, *La Littérature féminine de langue française au Maghreb*, Paris, Karthala, 1994.

DESIREE, Schyns « Une guerre peut en cacher une autre : la mémoire multidirectionnelle chez Assia Djebar et Maïssa Bey », BURN, Catherine (éd.), *Algérie. D'une guerre à l'autre*, Paris, Presses Sorbonne Nouvelle, 2014, pp. 53-65.

DJEBAR, Assia, Interview avec Assia Djebar à Cologne, *Cahier d'Etudes maghrébines*, 2, 82, 1990, pp. 80-83.

DOSTE, Yigbé, « Littérature, philosophie et art : Altérité et diversité culturelle », *Ethiopiques*, n° 74, 1ère semestre 2005.
URL : http://ethiopiques.refer.sn/spip.php?article_265, Consulté le 30mars 2018.

GAUVIN, Lise, « D'une langue à l'autre, la surconscience linguistique de l'écrivain francophone », *L'écrivain francophone à la croisée des langues: entretiens*. Paris, Karthala, 1999, pp. 5-15.

---, « Assia au pays du langage », CALLE-GRUBER, Mireille, *Assia Djebar, Nomade entre les murs. Pour une poétique transfrontalière*, Paris, Maisonneuve & Larose, 2005, pp. 219-229.

GONTARD, Marc, « ''*Les Nuits de Strasbourg*'', ou l'érotique des langues », BONN, Charles ; REDOUANE, Najib ; BENYOUN-SZMIDT, Yvette (dirs.), *Algérie : nouvelles écritures*, Paris, L'Harmattan, 2002, pp. 231-240.

IMALAYENE, Fatma, Zohra. (Assia DJEBAR), *Le roman Maghrébin Francophone. Entre les langues, entre les cultures : quarante ans d'un parcours : Assia DJEBAR. 1957-1997*, thèse de doctorat, université Paul-Valery, Montpellier III, 1999.

MBEMBE, Achille, « France-Afrique : ces sottises qui divisent », *Section de Toulouse de la Ligue des Droits de l'Homme*, 10 août 2007.

MCLEOD, John, *Beginning Postcolonialism*, Manchester, Manchester University Press, 2000.

MILO, Guiliva, *Lecture et pratique de l'Histoire dans l'œuvre d'Assia Djebar*, Bruxelles, P.I.E. Peter Lang, 2007.

PRETCEILLE, Abdallah Pretceille, *Vers une pédagogie interculturelle*, Paris, Anthropos, 1996.

RICE, Alison, « "Alsagérie" : Croisements de langues et d'histoires de l'Algérie à Strasbourg dans Les Nuits de Strasbourg d'Assia Djebar », BONN, Charles (éd.), *Paroles Déplacées, Migrations identitaires et génériques entre l'Algérie et la France, dans la littérature des deux rives*, Tome 2, 2004, pp. 247-260.

SMATI, Thoria, « un entretien avec Assia Djebar », *Algérie-actualité*, 29 mars-4 avril 1990, pp. 37-38.

Pour citer cet article :

Loudiyi MOURAD, « Assise historique et représentation identitaire au service de l'histoire fictionnel dans *Les Nuits de Strasbourg* d'Assia Djebar », *Revue Legs et Littérature*, 2018 | no. 11, pp. 121-140.

De la colonisation aux Organisations non-gouvernementales, persistance et évolution du regard de l'Autre et sur l'Autre dans le roman haïtien

Ulysse MENTOR est doctorant en Littératures française et francophones à l'Université Paris 8, rattaché à l'Équipe de recherches Littérature, Histoires, Esthétique (EA 7322). Membre adhérent au Centre de Recherche Interunivessitaire en Sociocritique des Textes (CRIST) basé à l'Université Montréal, il rédige sa thèse sur l' « Écriture de la violence politique dans le roman haïtien de 1915 à 2015 ». Il a publié « Claire entre conformisme et révolte : une lecture d'Amour de Marie Vieux-Chauvet » paru dans Marie Vieux-Chauvet, Legs et Littérature No 8 (2016) à Port-au-Prince.

Résumé

La colonisation a occasionné la rencontre d'univers différents entraînant des formes de domination violente ayant irrémédiablement changé la face du monde. Pour maintenir cette domination, le colonisateur a mis en place tout un dispositif constitué d'institutions et de discours véhiculant l'idée que le Noir colonisé est une sous-espèce d'humanité qu'il faut faire entrer dans la civilisation. Cette perception est intériorisée et vécue par ce dernier. Haïti s'est libéré de la tutelle coloniale en 1804, mais la lecture de certaines fictions romanesques révèle que, par la manière dont les personnages haïtiens et étrangers y sont caractérisés et se perçoivent, certains écrivains ne sont pas parvenus à se défaire du dispositif colonial. À la faveur des mouvements identitaires et nationalistes du début du XXème siècle, une nouvelle orientation est donnée à la fiction romanes-que faisant la part belle à la culture populaire : l'Haïtien est invité à se défaire de tout bovarysme afin de se concevoir tel qu'il est. Il résulte de cette nouvelle conception du soi haïtien une évolution dans la manière dont le personnage haïtien perçoit l'étranger blanc dans certaines œuvres romanesques. La perception que celui-ci élabore de l'Haïtien a-t-elle évolué ?

Mots clés

Perception, Haïtien, colonialité, Indigénisme, culture populaire, identité

DE LA COLONISATION AUX ONG, PERSISTANCE ET ÉVOLUTION DU REGARD DE L'AUTRE ET SUR L'AUTRE DANS LE ROMAN HAÏTIEN

La question de l'Autre[1] est l'un des thèmes majeurs du roman haïtien. Production littéraire d'un pays anciennement colonisé, la domination parfois violente qui a marqué le rapport entre les peuples ayant habité ce coin de terre s'impose comme thème à un certain nombre d'œuvres romanesques, notamment ceux-là qui reprennent pour cadre référentiel des moments forts de l'histoire d'Haïti[2] avant ou après l'indépendance. Certaines œuvres romanesques donent à voir la perception que les Haïtiens se font de l'étranger et aussi la manière dont l'Étranger perçoit l'Haïtien. Ces perceptions ne sont toutefois pas figées. Ainsi, sont publiées, au cours du XXème siècle et au début du XXIème siècle, des œuvres qui laissent apparaître une perception plus critique de l'étranger contrairement à l'image quasi mythifiée que l'on trouve par exemple dans *Stella* d'Emeric Bergeaud au cours du XIXème siècle. En raison des formes de domination[3] qui sont évoquées dans les romans que nous nous proposons d'analyser dans cet article, nous inscrirons notre démarche dans le champ de la « postcolonialité », celle que Bill Ashcroft définit comme

---

[1]. Yves Chemla en a fait l'objet d'une thèse de doctorat puis d'une publication. Yves Chemla, *La question de l'autre dans le roman haïtien*, Paris, Éditions Ibis Rouge, 2003

[2]. Ces moments historiques ont la particularité d'être des périodes où Haïti était sous la tutelle directe d'une puissance étrangère. C'est le cas de la période coloniale puis de l'Occupation américaine d'Haïti.

[3]. Des rapports de domination d'un état à un autre. Ici, la colonisation.

étant « toute culture affectée par le processus impérial depuis le moment de la colonisation jusqu'à nos jours »[4]. Aussi interrogerons-nous des œuvres qui, non seulement reprennent pour cadre la période coloniale ou qui y renvoient, mais également celles qui, depuis leur présent post-colonial[5] à elles, questionnent la perpétuation des discours et dispositifs coloniaux en Haïti ou qui critiquent les préjugés pouvant entacher la vision de citoyens de l'ancienne puissance coloniale sur les Haïtiens. La lecture de ces œuvres nous amène à l'évidence que la colonialité a survécu au colonialisme et elle est, ainsi que sa remise en question, à l'œuvre dans certains romans haïtiens. Partant de ce constat, nous nous intéresserons d'une part, à la manière dont s'élabore la perception de l'Haïtien de l'étranger et vice versa, d'autre part, nous interrogerons la posture de certains écrivains vis-à-vis du paradigme colonial.

I. L'écriture piégée par le dispositif colonial

Dans la première partie de cet article, nous mettons en discussion deux romans : *Stella* d'Émeric Bergeaud et *Le choc* de Léon Laleau. *Stella* est un roman qui a pour cadre référentiel la guerre de l'indépendance d'Haïti tandis que *Le choc* prend pour cadre référentiel l'Occupation américaine d'Haïti. Le roman de Bergeaud s'organise autour de deux héros, les deux frères Romulus et Rémus qui vont lutter pour l'indépendance d'Haïti. Dans cette entreprise, ils sont aidés d'une jeune fille nommée Stella, de nationalité française.

L'un des points qui retient notre attention à la lecture de ce récit[6], c'est la manière dont l'auteur nous apparait comme piégé par les discours et dispositifs coloniaux qu'il reproduit dans son œuvre. Cette reproduction, montre, à notre avis, comment l'auteur, au moment même où il met en fiction la lutte héroïque conduisant à l'indépendance, perçoit le monde selon le paradigme de l'ancienne puissance coloniale. Cela s'opère à plusieurs niveaux dans le roman. D'une part, cela se manifeste dans le recours à la mythologie gréco-romaine. Le récit, comme indiqué précédemment, se construit autour de deux

---

4. Bill Ashcroft, Gareth Griffith et Helen Tiffin, *L'Empire vous répond : Théorie et pratique des littératures post-coloniales*, Trad. Jean-Yves Serra, Martine Mathieu-Job, Pessac, Presses Universitaires de Bordeaux, 2012, p. 14.
5. C'est-à-dire après la colonisation.
6. Nous utilisons le terme récit parce qu'Émeric Bergeaud récuse lui-même le nom générique de roman pour son texte.

frères jumeaux Romulus et Rémus, fondateurs de Rome, fils de Mars et de Rhéa Silva, deux figures de la mythologie romaine. Bergeaud s'approprie ce mythe pour en faire le récit d'une autre fondation, celle de la nation haïtienne. Comme le souligne Christiane Ndiaye, « le choix de Romulus et Rémus comme personnages principaux ne laisse aucun doute sur le désir de Bergeaud de nous faire le récit de la fondation d'une nation »[7]. Les références mythologiques ne se limitent pas à la seule appropriation de ces deux personnages mythologiques dans le roman. On y retrouve aussi une référence au mythe de Prométhée, ou encore à l'hydre qui désigne l'un des douze travaux d'Hercule. Cela fait certes partie de « l'esthétique épique » qu'adopte Bergeaud comme le souligne fort bien Christiane Ndiaye, mais le recours à la tradition populaire et aux légendes haïtiennes pourrait tout aussi bien lui fournir des référents pour mettre en place cette esthétique. Or, il n'y a de tel dans son roman.

Le problème du piège de Bergeaud s'éclaire mieux si l'on considère que, deux décennies avant la parution de Stella, les écrivains de l'École de 1836 avait déjà formulé un projet esthétique qui rejette l'imitation servile des canons européens et qui prône l'authenticité et un certain nationalisme de l'écriture en s'appropriant les éléments de la culture populaire haïtienne pour en constituer la matière de leurs œuvres. C'est ce qu'a mis en œuvre Ignace Nau dans ses contes. Cela se manifeste, d'autre part, par le recours aux références bibliques. Le personnage Stella est considéré comme une « alliée divine »[8]. L'adjectif "divine" pourrait être neutre en soi s'il n'était pas précédé d'un ensemble de termes renvoyant à la religion catholique, l'un des instruments de premier plan de la domination coloniale : « Ils lui bâtirent dans l'enceinte du camp un toit de branchage, orné de plantes grimpantes, de lianes fleuries. Cette construction rustique se transforma bientôt en un temple, et la vierge qu'elle abritait, en une sainte idole »[9]. Les références bibliques se prolongent dans tout le récit. Par exemple, l'inexpérience des frères par rapport à l'imposante armée coloniale qu'ils devaient combattre est comparée au récit biblique de David et Goliath[10]. À l'inverse on ne retrouve dans le roman aucune référence aux rites ancestraux et aux traditions haïtiennes, notamment du vodou.

---

7. Christiane Ndiaye, « *Stella* d'Émeric Bergeaud : une écriture épique de l'histoire », *Revue Itinéraires, Caraïbes et Océan Indien*, 2009-2, p. 4.
8. Émeric Bergeaud, *Stella*, Port-au-Prince, Fardin, 2012, p. 56.
9. Ibid., p. 43.
10. Ibid., p. 60.

L'une des plus évidentes manifestations de la persistance du paradigme colonial dans le roman consiste en la manière dont le personnage blanc français (symbole de l'ancienne puissance coloniale) y est caractérisé. *Stella* partage ce trait avec d'autres romans de la littérature haïtienne notamment *Le choc* de Léon Laleau.

Stella est désignée dans le roman sous un mode quasi laudatif comme en témoigne la première phrase de son portrait : « Vous avez déjà vu en songe un messager de Dieu, ange aux blanches ailes, au chaste regard, corps immaculé, […] »[11]. On ne relève pas moins de trois adjectifs mélioratifs dans la seule première phrase du portrait. Dans sa première apparition dans *Le choc*, le père Le Ganet, missionnaire français, est présenté dans un vocabulaire presqu'aussi mélioratif que celui qui décrit Stella. Les termes qui le désignent sont : « un savant », « élégant », « joli garçon ».

Ce portrait du prêtre contraste avec celui des fidèles qui sont désignés à la première page du roman par les termes de «foule bariolée, bourdonnante, congestionnée »[12]. Ce portrait valorisant de certains personnages de ces romans s'accompagne d'une posture particulière de ceux-ci. Ils y jouent le rôle d'adjuvants de premier plan. Le père Le Ganet est le conseiller du jeune Maurice Desroches, héros de *Le choc*. Dans *Stella*, le personnage éponyme est caractérisé comme une adjuvante toute puissante. Il est désigné comme « soutien et guide »[13]. Le vocabulaire qui sert à désigner la posture des deux frères à son égard évoque moins le respect que le rabais-sement : Stella est « consultée »[14] par les deux frères qui « l'abordèrent avec un religieux respect et lui soumirent leur projet qu'elle approuva »[15]. De par son caractère, elle est considérée comme « l'austère vierge »[16] qui raisonne les frères alors que ceux-ci sont désignés comme étant ses « protégés »[17]. L'opinion de Stella fait loi. Ainsi, du fait de cette supériorité qui lui est conférée, elle considère les frères

---

11. Ibid., p. 40.
12. Léon Laleau, *Le choc*, Port-au-Prince, Fardin, 2012, p.11.
13. Émeric Bergeaud, Op. Cit., p.61.
14. Ibid., p. 61.
15. Ibid., p. 61.
16. Ibid., p. 63.
17. Ibid., p. 63.

comme des incivils à qui elle montre la voie menant à la civilisation :

> *Dans la nature, tout ce qui est fécond est double. La combinaison des deux éléments de couleurs différentes dont se compose la société haïtienne ne peut qu'être favorable à sa prospérité. Elle a déjà produit la liberté, l'indépendance ; elle produira encore la civilisation en s'incorporant la semence de vie contenue dans cette exhortation divine Aimez-vous les uns, les autres*[18].

Cela laisserait entendre que les deux frères ne sont pas encore parvenus au stade de la civilisation au sens que l'entend l'Occident, c'est-à-dire d'occidentalisation. Ils n'y parviendront que s'ils obéissent aux injonctions de Stella. Cette citation fait penser à un passage du début du Discours sur le colonialisme d'Aimé Césaire où il reprend sous la forme de l'équation suivante la perception qu'a le colonisateur du colonisé : « christianisme = civilisation ; paganisme = sauvagerie »[19].

D'où Stella tire-t-elle cette supériorité intellectuelle et morale sur les deux frères ? Dans le portrait que le narrateur a dressé d'elle, on découvre une femme qui a vécu dans des conditions très modestes à Paris avant de se retrouver par pur hasard à Saint-Domingue. Elle se présente comme une « misérable, déguenillée, étrangère à tout le monde » qui vivait « de la charité publique »[20]. S'agissant des deux frères, l'ainé a vu le jour sur le bateau qui transportait leur mère de l'Afrique vers l'Amérique. Celle-ci était vendue comme esclave à la suite de guerres tribales en Afrique. Le second est né dans la colonie d'une relation forcée de Marie l'Africaine avec le premier colon qu'elle eut pour maître, d'où la différence épidermique entre les deux frères. Durant leur enfance, ils étaient éleveurs d'animaux puis se sont occupés de la culture des champs. Qu'il s'agisse de Stella ou des deux frères, leurs qualités intellectuelles ne sont que celles dont la nature les a pourvus et celles qu'ils acquièrent de leurs expériences respectives. Pourquoi le texte n'attribue-t-il pas

---

18. Ibid., pp. 79-80.
19. Aimé Césaire, *Discours sur le colonialisme*, Paris, Présence africaine, 1955, p. 7.
20. Émeric Bergeaud, *Stella*, Port-au-Prince, Fardin, 2012, p. 45.

aux deux frères la même capacité qu'il attribue à Stella de pouvoir s'élever de par eux-mêmes et pour eux-mêmes à la pensée ? Cette adjudante « toute puissante »[21], « sublime incarnation de la pensée divine »[22], qui « symbolisait la sagesse »[23] nous semble justifier le fait que l'auteur, nous semble illustrer le fait que l'auteur, pris au piège du discours colonial, ne parvient pas à émanciper ses personnages haïtiens. Au fil du récit, Stella devient un personnage quasi allégorique doté des attributs de l'univers chrétien pour finir par symboliser la liberté. Cette symbolique de la liberté attribuée à Stella, personnage étranger, se comprend davantage lorsque l'on observe que le jour de l'indépendance, l'hymne mentionné dans le récit est la Marseillaise, l'hymne national français, et non une chanson populaire ou de résistance haïtienne. L'hymne national d'Haïti ne fut composé qu'au début du XXème siècle. Cette logique du noir subalterne traverse le texte de part en part et fait de Romulus, au trait phénotypique noir, un être moins intelligent que son frère Rémus qui a le teint plus clair. Le colon est parvenu facilement à manipuler Romulus en le retournant contre son frère alors Rémus ne s'est pas laissé duper.

L'adhésion à la colonisation[24] ou au paradigme colonial nous semble se prolonger au-delà de l'époque coloniale. Cette image de l'esclave qui lui est "proposé, imposé" par le colonisateur « dans les institutions comme dans les contacts humains que l'esclave avait fini par reconnaître »[25], cette image-là, certains auteurs postérieurs au colonialisme ont du mal à s'en défaire. Ainsi, il en résulte que certaines œuvres littéraires, reprenant des étapes charnières de l'histoire d'Haïti, reproduisent le discours colonial qu'elles tentent dans certains cas de condamner. En cela, certains romanciers, au lieu d'être les créateurs de leurs œuvres, « sont agis », dans ces cas-là, par un discours auquel il donne cours involontairement. D'où l'idée du piège. Ce que relate le narrateur de *Guillaume et Nathalie*, roman de Yanick Lahens publié en 2013, résume la situation de bien d'écrivains et par extension, d'intellectuels haïtiens. Guillaume, un des personnages principaux du roman, se retrouve face

---

21. Ibid., p. 96.
22. Ibid., p. 107.
23. Ibid., p. 96.
24. Cette idée nous est suggérée par un passage de l'ouvrage d'Albert Memmi, *Portrait du colonisé, Portrait du colonisateur*, Paris, Gallimard, 1957, pp. 106-107.
25. Albert Memmi, *Portrait du colonisé, Portrait du colonisateur*, Paris, Gallimard, 1957,

à un dilemme : refusant de travailler dans la fonction publique et le secteur privé haïtiens, il opte pour une ONG (nouvelle forme de l'Impérialisme occidental se présentant parfois sous le couvert de l'humanitaire). Le contact des étrangers le ramène à sa réalité et lui fait voir qu'il doit ravaler ses convictions. Alors, le texte révèle : « Il s'en voulait d'être à ce point piégé. Piégé par l'histoire. Piégé par lui-même »[26].

II. Le regard critique

Le Nègre masqué de Stephen Alexis, roman publié pour la première fois en 1933, diffère de *Stella* et *Le Choc* dans la manière dont il met en scène les représentants de l'ancienne puissance coloniale. La différence tient d'abord à l'organisation du récit et à la caractérisation des personnages. Dans *Le Nègre masqué*, le narrateur laisse les personnages étrangers exprimer leur perception des Haïtiens sans y interférer.

> *— On rencontre ici des gens d'une culture étonnante, dit M. de Senneville. Cet après-midi, à la réunion de l'Alliance française, on m'a présenté un jeune noir qui m'a conquis. Jamais, je n'aurais cru, avant de venir dans cette île, que les Haïtiens fussent restés si français, de manière et d'éducation.*
> *— Tu veux railler papa ? Un noir qui t'étonne par sa culture ? répondit Gaude, narquoise.*
> *— Ton doute ne me surprend pas, ma chérie. Nous sommes trop habitués à les juger sous l'angle de nos préventions et des opinions toutes faites.*
> *— Il a peut-être déjà voyagé et s'est affiné à notre contact.*
> *— Justement, l'étonnement, c'est qu'il n'est jamais sorti de son île.*
> *— Et comment s'appelle ce merle blanc ? demanda-t-elle toujours moqueuse.*
> *— Roger Sainclair si j'ai bonne mémoire.*
> *— Ça sonne pas mal. Et moi qui croyais qu'ils s'appelaient tous Romulus, Coucou, Agamemnon, Scipion, Philibert et*

---

26. Yanick Lahens, *Guillaume et Nathalie*, Paris, Sabine Wespieser, 2013, p. 31.

> *Sosthène.*
> *— C'est vrai qu'ils sont affublés parfois de noms drôles [...] mais en revanche, on rencontre quantité de gens qui portent de beaux noms de chez nous*[27].

Celui qui critique les « préventions » et les « opinions toutes faites » dans ce passage et qui se rend à l'évidence du savoir de l'Autre, ce n'est pas le narrateur, mais plutôt le personnage étranger lui-même qui reprend son congénère et l'invite à se défaire de ses préjugés[28]. Si le personnage M. de Senneville se laisse défaire de son opinion toute faite « avant de venir sur cette île », les répliques de Gaude laissent sous-entendre qu'elle persiste à croire qu'il y a, selon elle, une incompatibilité entre le Noir et le savoir. De plus, au cas où elle admettrait une quelconque possibilité pour le Noir d'accéder au savoir, ce ne serait qu'au prix de l'assimilation. C'est pour cela qu'elle essaie de blanchir le personnage noir avant de lui reconnaître une quelconque intelligence, ce que traduit bien la périphrase « merle blanc ». Le merle est un oiseau. Dans le langage de la zoologie, le merle blanc est un merle noir atteint de leucitisme ou d'albinisme[29], des anomalies peu courantes au sein de cette espèce. C'est pour cela que dans le langage courant, merle blanc vient à désigner la rareté. Nous pouvons donc faire une double interprétation de cette expression telle qu'utilisée par Gaude à la fois comme anomalie (le Noir ne peut pas être intelligent, puisque le merle blanc constitue une anomalie par rapport au merle noire) et aussi comme un Nègre rare qui a été au contact du blanc. Nous référant à la posture des personnages, M. de Senneville est certes caractérisé comme socialement supérieur à Roger Sainclair : « on m'a pré-senté un jeune noir »[30]; de plus, la modalisation qu'apporte la narratrice à la première réplique de Gaude révèle une moquerie de ce Noir intelligent mais, à la différence de *Stella* et de *Le choc*, cette supériorité n'est pas conférée au Blanc par le narrateur ou les personnages

---
27. Stephen Alexis, *Le Nègre masqué*, Miami, Butterfly Publications, 2013, p. 17.
28. Il est important de souligner que les préjugés qui sont remis en question dans ce roman sont de trois ordres : celui qui est émis par les Mulâtres à l'encontre des Noirs, celui qui est émis par l'étranger français à l'égard des Haïtiens et celui de l'occupant américain à l'égard des Haïtiens. Le roman fait apparaitre aussi les sentiments du Noir face à ces rapports de domination. C'est là tout l'intérêt de ce roman de poser le problème des préjugés de couleur dans toute sa complexité.
29. « Merle blanc » *Wikipédia*, (page consultée le 1er avril 2018) [En ligne].
30. Émeric Bergeaud, *Stella*, Port-au-Prince, Fardin, 2012, p. 17.

caractérisés comme Haïtiens, c'est le personnage étranger lui-même qui se l'est attribuée.

La critique des préjugés qui est à l'œuvre dans ce roman ne se limite pas seulement à ceux des étrangers (français ou américains) vis-à-vis des Haïtiens, elle s'étend aussi aux préjugés que les Haïtiens manifestent aussi bien envers eux-mêmes (selon qu'ils soient noirs ou mulâtres) qu'envers les étrangers. Cela paraît témoigner d'une démarche consciente de l'auteur visant à aborder ce phénomène dans toute sa complexité dans le contexte de l'Occupation américaine d'Haïti.

Si dans *Stella* et dans *Le choc* les héros étaient dépendants de leurs adjuvants blancs qui leur étaient de véritables tuteurs, dans *Le Nègre masqué*, le personnage noire se pose, par ses propres efforts (le travail et les études), en l'égal en humanité du personnage étranger. La méthode d'égalité que propose *Le Nègre masqué* rejette l'imitation de l'étranger. Cette critique de l'assimilation se trouve tapie dans la conception de Roger Sainclair de la littérature :

> *Lutinant à la Muse à ses heures perdues, Roger Sainclair avait publié un petit volume de vers : « Rythmes Aradas », qui avait fait la dilection des lettrés. Ces poèmes tranchaient avec les œuvres de la majorité des poètes haïtiens, trop attachés à rebattre des thèmes presque épuisés par le génie français. Tout son orgueil intellectuel était d'être lui-même, de se tendre pour apporter une note personnelle et neuve, en fonction des hérédités et climat, dans le concert spirituel du monde. Les œuvres de Sainclair énonçaient des états d'âmes et des paysages tellement authentiques que, chacune presque de ces productions était un joyau étrange, qui reflétait l'universel […]*[31].

Cette mise en abime peut être lue comme étant l'expression des points de vue de l'auteur sur la création littéraire. Ses points de vue sont prêtés au personnage Roger Sainclair. Ceux-ci consistent en une double invitation, à la fois à l'authenticité et au retour aux sources. Le titre même du recueil du personnage Roger Sainclair « rythmes aradas » témoigne de cette authenticité.

---

31. Stephen Alexis, *Le nègre masqué*, Miami, Butterfly Publications, 2014, p. 31.

S'agissant du retour aux sources, c'est-à-dire l'appropriation des éléments de la culture populaire, *Le Nègre masqué* se situe dans le sillage des tout premiers romans haïtiens à évoquer le syncrétisme religieux et à représenter une cérémonie vodouesque. Les premières tentatives remontent à l'École de 1836, au XIXème siècle. À l'inverse de *Stella* ou de *Le choc*, s'il y a des références à l'église catholique dans *Le Nègre masqué* c'est pour évoquer la manière dont elle véhicule des préjugés. En témoigne ce passage où Roger Sainclair demande au religieux les raisons pour lesquelles il lui a été refusé de jouer les anges à la procession de la fête Dieu : « Il en avait demandé la raison au religieux qui lui répondit avec onction que les Anges, selon l'Église, n'étaient pas noirs »[32]. *Le Nègre masqué* se démarque aussi de ces deux romans par la place qu'il accorde à la tradition populaire haïtienne énonçant sans ambiguïté l'égalité entre tous les cultes :

> *[…] tous les cultes se valent. Ce sont les superstitions qui entretiennent l'espérance au cœur des foules, qui ont besoin de magie, comme l'âne de fourrage. Les religions sont nées, de la peur des hommes en présence du mystère de la vie, qui commence et finit dans l'obscur. Entre ces deux pôles, il n'y a que de vagues lueurs : l'amitié, l'amour, la bonté. Notre peuple cherche l'âme, le divin, dans ses pierres et ses simagrées. Personne n'est certain de rien, puisque toutes les religions, je dis bien toutes, ne s'étayent sur aucune évidence. Les adorations de Florecita ne sont pas plus ridicules que les autres. L'homme, quelle que soit sa race, est tourmenté de confuses craintes, veut se dépasser. Il étouffe dans le cercle où l'enferme la dure réalité. Il a soif de mystère et de fétiches. Florecita est pure dans ses idolâtries qui lui procurent de beaux frissons. Elle est plus heureuse que nous qui ne croyons ni en Dieu, ni en Diable, nous qui nous moquons de tout, sans vouloir être consolés*[33].

Si les romans *Stella* et *Le choc* sont emblématiques de ce que Étienne Balibar appelle dans *Race, Nation, Classe*, le « continuum colonial-postcolonial »[34], *Le Nègre masqué* s'en démarque en ce que l'auteur ne se laisse pas piéger par

---

32. Ibid., p. 24.
33. Ibid., p. 84.
34. Étienne Balibar, I. Wallerstein, *Race, Nation, Classe*, Paris, La Découverte, 1997, pp. 76-77.

les discours et dispositifs coloniaux. Le geste de Stephen Alexis consiste en l'appropriation des traditions populaires haïtiennes et la valorisation de tous les cultes. Dans *Le Nègre masqué*, la valorisation de tous les cultes et l'appropriation de la culture populaire ne se résument pas à cet énoncé du personnage Pascal Darty au début du l'extrait précédent. Elle est mise en œuvre dans le texte par un ensemble d'autres procédés dont nous retiendrons deux qui nous parlent particulièrement.

Le premier correspond à l'entrée du personnage Florecita Miguel dans le récit. Son arrivée pourrait être inter-prétée comme l'irruption d'une partie de l'univers populaire dans l'univers bourgeois de la capitale. Elle, qui vient du fin fond du pays, à la frontière haitianno-dominicaine, fuyant les violences des Marines, elle s'est vu refuser l'accès à ce bar dansant en raison de sa tenue négligée. Ce personnage n'est pas seulement un témoin et une victime des violences qu'il raconte. Dans sa prise de parole, il fait une démarcation entre son aspect physique et sa valeur : « Pourquoi m'interdire le bal ? dit-elle, au portier. Je ne suis pas en robe de soie, mais je vaux autant que n'importe quelle femme du dancing »[35]. La répétition du mot valeur, à la fois par le personnage Pascal Darty (« toutes les cultures se valent ») puis par Florecita montre bien comment est mise en œuvre toute une stratégie d'écriture visant à accorder de la visibilité à la culture populaire. Florecita apparaît ainsi dans le roman non comme un simple personnage, mais comme une figure symbolique. Elle nous semble symboliser cette culture populaire pratiquée dans les milieux ruraux en Haïti, mais qui est niée par une frange de la population.

Le deuxième procédé se fait en sens inverse du premier car ce n'est plus l'élément populaire qui vient s'imposer au monde bourgeois pour s'y retrouver comme un élément de désordre mais plutôt les personnages étrangers qui souhaitent découvrir la campagne haïtienne. Cette découverte de la campagne dont le point central nous paraît être cette cérémonie vodou qui occupe plusieurs pages dans la deuxième partie du roman participe également de la mise en valeur des particularités locales. Ce faisant, Stephen Alexis s'inscrit dans la lignée des tout premier écrivains haïtiens à avoir accordé une réelle place aux éléments de la culture populaire dans leurs œuvres. En cela, *Le*

---

35. Ibid., p. 46.
36. Il importe d'ajouter l'adjectif « littéraire » au mot « Indigénisme » en raison la perspective qui est la nôtre dans cet article et aussi afin d'éviter de relayer les affirmations dogmatiques et

Nègre masqué est un roman qui illustre bien certaines grandes caractéristiques de l'Indigénisme littéraire[36].

III. Le moment Jean Price-Mars

Le moment Jean Price Mars ne désigne pas une ère ouverte par ce dernier dans le rapport qu'entretient la production littéraire au folklore en Haïti[37]. Cette expression renvoie à la conceptualisation que Jean-Price Mars a faite d'un ensemble de pratiques d'écriture qui étaient déjà mises en œuvre dans le roman haïtien au tout début du XXème siècle. Plusieurs écrivains dont ceux de l'École de 1836 puis, un peu plus tard, des romanciers comme Frédéric Marcelin, Justin Lhérisson, Fernand Hibbert, Antoine Innocent, avaient déjà été animés par cette volonté de s'approprier les éléments de la culture populaire haïtienne pour en faire de la matière d'œuvres littéraires. Ils ont donné lieu à une production romanesque qui, tant du point de vue de la forme que du fond, accorde une large place à la fois aux formes de narrer local – ce qui conduira à la forme écrite de la Lodyans chez Lhérisson – et à la prise en compte de la réalité haïtienne. Françoise Simasotchi-Bronès le souligne à propos, « il existait déjà [avant la parution d'*Ainsi parla l'oncle*[38]] une tradition de récits mettant en scène le peuple, les problèmes sociopolitiques, les us et coutumes d'Haïti, abordant la question du vaudou, et/ou intégrant les genres propres à la tradition orale, les lodyans [...] »[39].

Pourquoi donc parler du moment Jean Price-Mars ? Le tour de force de Jean

---

totalisantes émises par certains critiques littéraires sur ce mouvement. Contrairement à ce qui apparait dans l'opinion courante, l'Indigénisme n'a jamais été un mouvement unitaire. Il a plutôt été la superposition d'un ensemble de projets : *littéraire, d'éthique civique et sociopolitique* qui se rejoignent en ce qu'ils prônent, par des voies différentes, le nationalisme culturel, lequel nationalisme n'a jamais été défini une fois pour toutes. Voir à ce sujet l'intéressant article de Michel-Rolph Trouillot, « Jeux de mots, jeux de classe : les mouvances de l'Indigénisme », *Conjonction*, No 197, janvier – février – mars 1993, pp. 29-42.

37. Nous nous intéressons dans cette partie à la part du message de Jean-Price Mars (dans *Ainsi parla l'Oncle*) adressé aux littérateurs.

38. C'est nous qui l'ajoutons.

39. Françoise Simasotchi-Bronès, « Jean Price-Mars et les écrivains. L'ethnologue et la littérature haïtienne caribéenne », dans John Picard Byron, dir., *Production du savoir et construction sociale. L'ethnologie en Haïti*, Laval, Presses de l'Université de Laval, 2014, p.

Price-Mars a été de conceptualiser ces différentes tentatives isolées et de les intégrer à la dimension scientifique de l'Ethnologie. Le propos d'*Ainsi parla l'oncle* peut être compris comme un réquisitoire visant à amener le créateur artistique à s'approprier « la pensée populaire haïtienne »[40]. Cette œuvre fut publiée à un moment crucial de l'histoire d'Haïti du XXème siècle où se jouent, comme l'indique Françoise Somasotchi-Bronès[41], les enjeux à la fois identitaires et nationalistes. En effet, avec la publication d'*Ainsi parla l'oncle*, Jean Price-Mars entend procéder à la « réinstallation des peuples dans la culture créole »[42]. Dès la préface, il critique ce qu'il appelle « gêne à peine dissimulée, voire quelque honte à entendre parler de son passé lointain »[43]. Plus de deux décennies après la parution d'Ainsi Parla l'oncle, Jean Price-Mars, dans son ouvrage *De Saint Domingue à Haïti. Culture, art et littérature*, évoque la responsabilité qui incombait aux intellectuels haïtiens durant la période de l'Occupation américaine d'Haïti de promouvoir le nationalisme haïtien :

> [...] *la défense militaire étant impossible, contre le colosse du Nord, nous nous accrochâmes à la résistance culturelle. Sur ce terrain nous réalisâmes l'union nationale. Là, nous groupâmes l'unanimité des efforts et des ressentiments. Entre 1915 et 1930, il se fonda des associations scientifiques et politiques dont le but est de promouvoir le nationalisme haïtien, Ainsi furent constituées entre autres, « La Ligue de la Jeunesse Haïtienne », « La Société d'Histoire et de Géographie d'Haïti », « L'Union Patriotique » qui furent les pivots du patriotisme et une renaissance de la littérature haïtienne »*[44].

---

40. S'il faut saluer la nouveauté du propos de Jean Price-Mars pour son époque en Haïti et indiquer l'influence qu'il va exercer sur la littérature haïtienne puis caribéenne et plus largement francophone, il faut aussi signaler que l'auteur d'*Ainsi parla l'oncle* s'inscrit dans une tradition qui remonte pour le moins à *La Nouvelle Philosophie de l'Histoire* de Herder. Voir, à ce sujet, l'article de Françoise Simasotchi-Bronès, « Jean Price-Mars et les écrivains. L'ethnologue et la littérature francophone caribéenne. », 153–177.
41. Op. Cit., p. 158.
42. Jean Bernabé, Patrick Chamoiseau, Raphael Confiant, *Éloge de la créolité*, Paris, Gallimard, 1990, p. 58.
43. Jean Price-Mars, *Ainsi parla l'Oncle*, Montréal, Mémoire d'Encrier, 2009, p. 7.
44. Jean Price-Mars, *De Saint Domingue à Haïti. Essai sur la Culture, les Arts et la Littérature*, Paris, Présence Africaine, 1959, p. 90.

L'essai d'ethnologie de Jean Price-Mars a donc ouvert un nouvel horizon à la production littéraire haïtienne autour des années 1920. Les idées défendues par l'Oncle « orientent [...] les créateurs vers les thèmes présents déjà dans la culture populaire. Vers les réalités qui les entourent et les ont façonnés. Vers la composante nègre de leur communauté, de leur psychisme, de leur pensée »[45]. Conscient de l'influence[46] qu'il a exercée sur ces contemporains, il affirme :

> *Il résultat une véritable révolution spirituelle. Poètes, romanciers, historiens, peintres [...] tous se tournèrent vers des sources indigènes pour y trouver des motifs d'études [...] des nouveautés dignes d'être révélées, tous s'inspireront du passé préhistorique pour y révéler des trésors d'art ou de littérature. [...] Ainsi parla l'oncle imprima à cette renaissance littéraire, la plus vigoureuse impulsion [...]*[47].

Cette conceptualisation opérée par Jean Price-Mars va constituer l'une des influences majeures de ce qui allait devenir le mouvement indigéniste. Roger Gaillard, dans le premier des deux numéros de la revue *Conjonction* consacré

---

45. Roger Gaillard, « L'indigénisme haïtien et ses avatars. L'École indigéniste : place dans l'histoire et la littérature haïtienne », *Conjonction*, No 197, Port-au-Prince, 1993, p. 15.
46. Certes, l'influence de Jean Price-Mars est indéniable sur ses contemporains et au-delà, mais le terme « révolution » qu'il utilise dans ce passage nous semble être une exagération. Il faut signaler que les cinq numéros de la *Revue indigène* parurent en 1927. L'Indigénisme était donc déjà lancé avant la parution d'*Ainsi parla l'Oncle* en 1928. Les collaborateurs à cette revue étaient certainement informés des idées pricemarciennes puisque les chapitres qui composent l'ouvrage ont été l'objet de conférences que Jean Price-Mars avait commencé à prononcer dès 1919, mais il faut ne faut pas négliger l'existence, en Haïti, au cours des années 20, d'une vraie mouvance de cette jeunesse qui avait séjourné dans des capitales européennes et qui était déjà informée de la remise en question de valeurs occidentales. C'est d'ailleurs dans la foulée qu'a été fondée, en 1924, la Société Haïtienne d'Histoire et de Géographie. (Voir à ce sujet, Michel-Rolph Trouillot, « Jeux de mots, jeux de classe : les mouvances de l'Indigénisme », *Conjonction*, No 197, Port-au-Prince, Port-au-Prince, 1993, pp. 32-33).
47. Jean Price-Mars, *De Saint Domingue à Haïti. Essai sur la Culture, les Arts et la Littérature*, Paris, Présence Africaine, 1959, p. 44.
48. Roger Gaillard, « L'indigénisme haïtien et ses avatars. L'École indigéniste : place dans l'histoire et la littérature haïtienne », *Conjonction*, No 197, Port-au-Prince, 1993, p. 9.

à l'Indigénisme, résume le projet de ce mouvement comme étant « la volonté chez les créateurs artistiques de s'inspirer (quant aux thèmes et à la forme de leurs productions) des coutumes, des valeurs (musicales, religieuses, dansées) appartenant à la vie, à la culture nationale »[48].

Ce travail d'épiphanie du folklore haïtien tel que conceptualisé par Jean Price-Mars et sa réception par les écrivains indigénistes ont eu pour effet de contribuer à infléchir la production littéraire haïtienne vers des problématiques nationalistes et identitaires. Ce qui est en jeu, au moment où advient cette prise en compte de la culture populaire dans la production d'œuvres littéraires, c'est une nouvelle conception du soi haïtien et en conséquence une nouvelle manière de voir l'Autre. Sur un plan particulier, cette nouvelle conception de soi se présente dans le roman de Stephen Alexis sous la forme d'une invitation à se défaire du masque pour se voir tel que l'on est. Ainsi, la question de la perception de soi et de l'Autre implique d'emblée la question de l'identité.

Sans tomber dans une surestimation de soi et une dévalorisation de l'Autre, il apparaît –dans certains romans haïtiens publiés au cours du XXème siècle et au début du XXIème siècle– que le regard porté sur l'Autre (l'étranger blanc) ainsi que la mise en fiction de la perception que celui-ci élabore des Haïtiens devient de plus en plus critique. L'Autre, c'est Catherine, « l'Étrangère » à « la tête bourrée de clichés »[49]; ce sont les coopérants étrangers des ONG dans *Guillaume et Nathalie* de Yanick Lahens ; c'est possiblement Tutsami dans *Aux frontières de la soif* de Kettly Mars.

Conclusion

Les théories postcoloniales cherchent à objectiver les rapports qu'entretiennent les pays anciennement colonisés avec leurs anciennes puissances colonisatrices et les formes de domination qui survivent au colonialisme. Elles rendent problématique un ensemble de schémas, de discours et de pratiques qui touchent à un certain nombre d'aspects de la vie en commun dans les anciennes colonies. S'agissant du savoir, on se rend bien à l'évidence qu'il est

---

49. Lyonel Trouillot, *Bicentenaire*, Paris, Actes Sud, 2004, p. 72.

déterminé en grande partie (pour des raisons linguistiques, culturelles, etc.) par l'ancienne métropole dont les anciennes colonies utilisent les outils, les théories et idéologies. À la lecture des romans haïtiens, nous nous rendons bien compte à la fois de la survivance des dispositifs coloniaux dans la caractérisation de certains personnages et de la persistance des perceptions de/et sur l'autre de Stella à Guillaume et Nathalie. Toutefois, celles-ci ont connu une transformation à la suite des revendications nationalistes et identitaires du début du XXème siècle pour devenir de plus en plus un regard critique porté sur l'Autre.

Ulysse MENTOR, Ph.D.C.

Bibliographie

ALEXIS, Stephen, *Le nègre masqué* [1933], Miami, Butterfly Publications, 2014.

---, *L'espace d'un cillement*, Paris, Gallimard, 1959.

ASCROTF, Bill, *Post-Colonial Studies: The Key Concept* [1998], London, Routledge, 2007.

BALIBAR Etienne, WALLERSTEIN, Immanuel, *Race, Nation, Classe*, Paris, La Découverte, 1997.

BARDOPH, Jacqueline, *Études postcoloniales et littérature*, Paris, H. Champion, 2000.

BERGEAUD, Emeric, *Stella*, Port-au-Prince [1859], Fardin, 2012.

BERNABÉ, Jean, CHAMOISEAU, Patrick, CONFIANT, Raphael, *Éloge de la créolité*, Paris, Gallimard, 1990.

CÉSAIRE, Aimé, *Discours sur le colonialisme*, Paris, Présence Africaine, 2000.

CHEMLA, Yves, *La question de l'autre dans le roman haïtien*, Paris, Ibis Rouge, 2003.

FANON, Frantz, *Peau noire, masques blancs*, Paris, Seuil, 1952.

GAILLARD, Roger, « L'indigénisme haïtien et ses avatars. L'École indigéniste : place dans l'histoire et la littérature haïtienne », *Conjonction*, No 197, Port-au-Prince, 1993, pp. 9-26.

LAHENS, Yanick, *Guillaume et Nathalie*, Paris, Sabine Wespieser Éditeur, 2013.

LALEAU, Léon, *Le choc* [1932], Port-au-Prince, Fardin, 2012.

MARS, Kettly, *Aux frontières de la soif* [2011], Paris, Mercure de France, 2013.

MEMMI, Albert, *Portrait du colonisé, Portrait du colonisateur*, Paris, Gallimard, 1957.

MOURRA, Jean-Marc, *Littératures francophones et théorie postcoloniale*, Paris, PUF, 2013.

NDIAYE, Christiane, « Stella d'Émeric Bergeaud: une écriture épique de l'histoire », *Itinéraires* [En ligne], 2009-2 | 2009, mis en ligne le 14 janvier 2015, consulté le 27 avril 2018.
URL : http://journals.openedition.org/itineraires/234 ;

PRICE-MARS, Jean, *Ainsi parla l'oncle*, suivi de l'*Oncle revisité*, Montréal, Mémoire d'encrier, 2009.

---, *De Saint-Domingue à Haïti. Essai sur la Culture, les Arts et la littérature*, Paris, Présence Africaine, 1959.

SAÏD, Edward, *L'orientalisme. L'orient créé par l'occident*, Paris, Seuil, 2015.

SIMASOTCHI-BRONES, Françoise, « Jean Price-Mars et les écrivains. L'ethnologue et la littérature haïtienne caribéenne », John Picard Byron (dir.), *Production du savoir et construction sociale. L'ethnologie en Haïti*, Laval, Presses de l'Université de Laval, 2014, pp. 153-177.

SPIVAK, Gayatri Chakravorty, *Les subalternes peuvent-elles parler ?*, Paris, Amsterdam, 2006.

TROUILLOT, Lyonel, *Bicentenaire*, Paris, Actes Sud, 2004.

---, « La construction des dogmes : le typique et le général », *Conjonction*, No. 209, Port-au-Prince, 2003, pp. 8-15.

TROUILLOT, Michel-Rolph, « Jeux de mots, jeux de classe : les mouvances de l'Indigénisme », *Conjonction*, No. 197, Port-au-Prince, 1993, pp. 29-42.

VIEUX-CHAUVET, Marie, *La danse sur le volcan* [1957], Paris, Zellige, 2004.

Pour citer cet article :

Ulysse MENTOR, « De la colonisation aux ONG, persistance et évolution du regard de l'autre et sur l'autre dans le roman haïtien », *Revue Legs et Littérature*, 2018 | no. 11, pp. 141-161.

Le corps féminin comme posture de la résistance politique dans *Les Coupeurs de têtes* d'Amadou Koné et *La Vie et demie* de Sony Labou Tansi

David Sézito MAHO est docteur ès Lettres Modernes, option Roman Africain, avec une thèse, soutenue en 2014, portant sur le sujet suivant : « Le métissage culturel dans le roman négro-africain d'expression française, une utopie sociale ? ». Assistant à l'Université Alassane Ouattara, Bouaké, en Côte d'Ivoire, il est l'auteur d'une communication intitulée « La question de l'émergence de l'Afrique dans le roman africain : de l'effet de mode à l'utopie de la reconnaissance identitaire », publiée dans le premier volume de Perspectives Philosophiques, *Actes du colloque international, sur « Émergence et Reconnaissance ».*

Résumé

Parler du corps féminin est devenu aujourd'hui un acte éminemment littéraire et politique. Sony Labou Tansi et Amadou Koné en déclinent la teneur par leur engagement à en faire un traitement littéraire au service de la vie politique en Afrique. En effet, si le corps féminin a, pendant longtemps, subi les dominations de toutes formes, force est de constater que l'écriture de ce corps avec les romanciers postcoloniaux reste un enjeu majeur de société. Les personnages féminins utilisent désormais leur corps pour résister à la misogynie, mais aussi pour en faire une posture de résistance face aux tares sociopolitiques. D'où l'intérêt de réfléchir sur le sujet du corps féminin comme posture de la résistance politique dans le roman négro-africain postcolonial, particulièrement dans Les Coupeurs de têtes *(1997) d'Amadou Koné et* La Vie et demie *(1979) de Sony Labou Tansi. Ces deux auteurs, en procédant à l'écriture du corps féminin, mettent en relief les forces symboliques de celui-ci dans leur quête de l'éthique sociale et politique.*

Mots clés

Corps féminin, éthique sociale et politique, misogynie, résistance, roman négro-africain postcolonial

LE CORPS FÉMININ COMME POSTURE DE LA RÉSISTANCE POLITIQUE DANS *LES COUPEURS DE TÊTES* D'AMADOU KONÉ ET *LA VIE ET DEMIE* DE SONY LABOU TANSI

Assigné à un rôle de procréation, le corps féminin, dans la société traditionnelle africaine, est toujours creuset des normes sociales. Béatrice Rangira Gallimore n'a pas tort en écrivant que « C'est à travers le corps de la femme que la société se perpétue »[1]. La question de la représentation du corps féminin, très généralement inscrite dans une approche dichotomique des genres féminin et masculin qui continue de se radicaliser dans la société africaine, occupe de plus en plus une place de choix dans la littérature africaine sous plusieurs figures.

La présente analyse mettra l'accent sur le corps féminin dans sa posture de résistance aux tares sociopolitiques à travers le sujet suivant : Le corps féminin comme posture de la résistance politique dans *Les Coupeurs de têtes* d'Amadou Koné et *La Vie et demie* de Sony Labou Tansi.

En effet, le corps féminin, exprimant sa souffrance dans son rapport au monde et aux autres, s'inscrit dans une thématique globale qui domine le roman

---

[1]. Béatrice Rangira Gallimore « De l'aliénation à la réappropriation du corps chez les romancières de l'Afrique noire francophone », « Nouvelles écritures féminines 1. La parole aux femmes », *Notre Librairie*, No117, avril-juin 1994, p. 55.

négro-africain postcolonial et suscite bien des interrogations : Comment les écritures des deux auteurs choisis contribuent-elles à tracer un parcours du corps féminin ? Quelle place occupe la femme au milieu de ces secousses révolutionnaires qui bouleversent l'univers négro-africain ? Quels enjeux accompagnent le déploiement de la sexualité et du corps féminin dans le discours littéraire ? Quelles procédures le corps féminin utilise-t-il pour promouvoir l'émergence d'un contre-discours lui permettant de gagner sa place au sein des sociétés en pleines mutations ?

Voici autant de questions auxquelles ce travail voudrait répondre, à travers l'étude des deux romans précités qui offrent une grille de lecture du pouvoir d'État face au contre-pouvoir du corps féminin par son sexe. Notre réflexion sur cette question de la résistance féminine va s'appuyer sur des outils sociocritiques et psychocritiques pour mettre en évidence, d'une part, le processus de la textualisation du corps à la sexualisation du texte et, d'autre part, la posture de la résistance féminine comme une quête d'éthique sociale et politique.

1. De la textualisation du corps à la sexualisation du texte

À propos de l'objectif qui sous-tend l'évocation de la sexualité, A. Jean Zaganiaris, écrit ceci :

> *Les discours des écrivaines et des écrivains marocains permettent de comprendre de quelle façon les masculinités sont également construites à partir de l'évocation des pratiques sexuelles ainsi que des rapports que les hommes ont à l'égard des corps féminins ou masculins.(...)Si certains écrivains évoquent la sexualité comme une charge contre le puritanisme religieux ou bien contre une tradition jugée rétrograde, d'autres auteurs s'en servent pour souligner les faiblesses, la lâcheté, les impostures, voire les perversions sexuelles des hommes*[2].

---

2. Jean Zaganiaris, « Entre libéralisation de la sexualité et exercice de la violence symbolique », *Cahiers d'études africaines* [En ligne], 209-210 | 2013, mis en ligne le 06 juin 2015, URL : http://etudesafricaines.revues.org/17361. Consulté le 26 janvier 2017.

Ainsi, en abordant le mal-vivre des femmes, Amadou Koné et Sony Labou Tansi (re)présentent parallèlement le corps masculin plongé dans l'immoralité. Ils mettent l'accent sur la parodie de la démocratie devenue un prétexte de démocratisation de la jouissance sexuelle.

1.1. Caractérisation du corps féminin: une érotisation des corps et du texte

Dans nombre d'œuvres romanesques négro-africaines, le personnage féminin constitue un maillon essentiel avec des images aussi diverses que variées. La présente analyse se limitera à la caractérisation du corps féminin comme vecteur d'érotisation des corps et du tissu narratif.

En effet, dans leur projet d'érotisation de l'écriture, Sony Labou Tansi et Amadou Koné font l'éloge de la beauté féminine. Dans *Les Coupeurs de têtes*, la beauté de Gloria et de Kamissa retiendra notre attention. Gloria est présentée à travers son propre regard: « Je n'ai que quinze ans, je suis belle. À ce qu'on dit, j'ai le beau visage, les fesses rondes, les seins doux [...] »[3].

Toujours « toute peinte et pommadée, portant une jupe courte et exhibant une poitrine généreuse et presque nue »[4], Gloria est un nom dont elle a été symboliquement et opportunément baptisée par Jean Paul, un de ses amants, qui la trouvait « glorieuse en faisant l'amour »[5]. Gloria confirme cette appréciation avec fierté : « [...] ma gloire, c'est de faire l'amour »[6]. Pour elle, il est inutile de chercher à obtenir des diplômes qui « ne pourraient jamais lui donner le luxe dans lequel elle vivait déjà »[7] dans le pays sien où, paradoxalement, les filles et femmes maîtresses sont aussi riches et respectées que les personnalités politiques. Face à l'insouciance de ces autorités politiques à la question préoccupante de l'éthique, elle a choisi de racoler dans l'espoir « d'attraper un gros bouc plein aux as [...] dépensant sans compter »[8]. Gloria dévoile clairement qu'elle est une prostituée qui invite, sans scrupules, à l'acte

---

3. Amadou Koné, *Les Coupeurs de têtes*, Paris, CEDA Sepia, 1977, p. 77.
4. Ibid., p. 14.
5. Ibid., p. 71.
6. Ibid., p. 77.
7. Ibid., p. 74.
8. Ibid., p. 77.

sexuel : « On monte ? [...] Tu viens baiser ? »[9], dit-elle à Kassi qu'elle encourage en indiquant que la relation est à vil prix: « c'est pas cher. Mille cinq cents francs. Mille francs la chambre pour une demi-heure »[10]. Dans ce pays de type libéral, la prostitution est aussi libéralisée. Gloria avoue être prête à exploiter sa virginité : « [...] Je l'avoue, moi, je ne supporte pas la pauvreté [...]. J'étais prête pour cela à donner mon corps, à le livrer à qui m'offrirait une autre chance »[11].

À côté d'elle, Kamissa Agathe illustre également l'érotisation du corps féminin. Bien que « Docteur en pharmacie »[12], et fiancée à Pita Mito, Kamissa a une conception avilissante de la sexualité: « [...] Tous les hommes avec qui je me suis trouvée seule ont tout de suite tenté leur chance. Dans le regard déjà je sens l'attrait que j'exerce sur eux. Je vois leur regard fouiller mon corps. J'avoue que je ressens un grand plaisir dans ces genres de situation »[13].

Dans *La Vie et demie*, Labou Tansi Sony développe l'érotisation du corps féminin à travers Chaïdana et sa fille Chaïdana-aux-gros-cheveux. Selon quelques indications textuelles, le portrait de Chaïdana révèle qu'elle a « un corps parfaitement céleste, avec des allures et des formes systématiques et carnassières, des rondeurs folles [...], elle avait le sourire clef des filles de la région côtière, les hanches fournies et puissantes, délivrantes, le cul essentiel et envoûtant [...] »[14]. Sa beauté « insinuante et délicieuse »[15] faisant couler beaucoup d'encre, Drocella Rwanika écrit que « le corps de Chaïdana est un corps d'une extrême beauté qui s'impose en maître et qui fait perdre le contrôle à quiconque l'observe. Il met tous les sens en branle. Son corps évoque, en réalité, une surenchère [...] dispensé de tout défaut »[16]. Quant à sa fille, Chaïdana-aux-gros-cheveux, le narrateur dit qu'elle « est la plus belle du monde »[17]. Consciente aussi de son pouvoir de séduction, Chaïdana-aux-gros-cheveux va s'en servir pour partager le pouvoir d'État avec les autorités de la

---

9. Ibid., p. 4.
10. Ibid., p. 14.
11. Ibid., p. 70.
12. Ibid., p. 122.
13. Ibid., p. 122.
14. Sony Labou Tansi, *La Vie et demie*, Paris, Seuil, 1979, p. 42.
15. Ibid., p. 55.
16. Drocella Rwanika, *L'inscription féminine. Le roman de Sony Labou Tansi*, Kinshasa, Ed. Anthologie, 1997, p. 97.
17. Sony Labou Tansi, *La Vie et demie*, Paris, Seuil, 1979, p. 114.

République Katamalanasienne.

En somme, le corps féminin est fortement omniprésent dans les œuvres du corpus. À tous les niveaux d'énonciation, le champ lexical de l'intimité féminine est suffisamment évocateur de la surdétermination de la représentation physique du corps féminin dans ses aspects charnels, sensuels et sexuels. Cela fait dire à Serge Moukagni Moussodji que « le beau corps [féminin] [...] n'est jamais innocent. Le pouvoir qu'il exerce sur les hommes le rend dangereux. C'est pourquoi lorsque le corps de la femme est ainsi décrit, il renvoie toujours à une identité érotique [...] »[18]. De toute évidence, l'omniprésence d'une telle identité érotique participe de l'érotisation des tissus narratifs eux-mêmes. Cette double érotisation traduit l'immoralité et la démystification du corps masculin dans les sociétés africaines contemporaines.

1.2. Le corps masculin : entre hideur morale, démystification et démythification

Dans l'élaboration des discours narratifs, la sublimation du corps féminin coïncide avec l'évocation des pratiques sexuelles immodérées des hommes. Dans les deux romans, plus sublime est la beauté, plus profonde est la souillure, car le corps masculin ne résiste pas à la tentation de jouissance sexuelle qui compromet son autorité. L'érotisation de la beauté féminine remplit alors la fonction de démystification et de démythification du corps masculin.

Dans les deux romans, la production symbolique des identités masculines s'opère à partir des pratiques sexuelles dégradantes des hommes politiques. Ces pratiques, altérant naturellement leur image d'autorités, affectent celle de toute la société dont ils sont garants. Le narrateur de *La Vie et demie* précise que même les enquêteurs sur l'assassinat de Martial ainsi que les gardes du Guide Providentiel sont tous trempés dans la concupiscence. Les derniers cités ont violé le corps sans vie de Chaïdana, « [...] pourvu que leur eau

---

18. Serge Moukagni Moussodji, *La figure du bâtard dans la littérature africaine des indépendances: enjeux et significations autour des textes d'Ahmadou Kourouma et de Sony Labou Tansi*. Thèse de doctorat Langue et Littérature française, Université Paris-Est, 2011, p. 69.

sorte»[19]. Sony a ainsi choisi de réduire les corps masculins des dirigeants politiques aux fonctions purement jouissives et vulgaires pour montrer qu'en réalité, le phallus, autrefois symbole de la domination mâle, est devenu un facteur de déchéance morale de ces hommes politiques pour qui les jouissances sexuelles sont au-dessus de l'intérêt général de l'État. Pour preuve, à l'occasion de son mariage avec Chaïdana, le Guide Providentiel « déclara que les huit jours de noces qui allaient se lever seraient chômés et payés sur toute l'étendue de son pays »[20]. Pendant ce temps, son plaisir sexuel prime sur la vie du pays: « même si le monde est mort au-dehors, ne me dérangez pas »[21], dit-il.

Par ailleurs, le narrateur indique que le Guide, irrésistiblement attiré par « la beauté infernale de Chaïdana »[22], n'a pu respecter les consignes de son cartomancien : celles de ne pas « faire la chose-là »[23] avec Chaïdana, alors que c'était la condition pour que le fantôme de Martial cessât de le hanter. La violation de cette prescription rappelle les propos du héros du roman *Place des fêtes* de Sami Tchak : « Le sexe, c'est un bonheur, mais c'est aussi un piège sans fin comme on le disait au Dahomey sous le soleil des indépendances »[24]. Le piège est que le pouvoir des instincts est dangereusement en conflit avec le pouvoir d'État; Sony livre quelques scènes érotiques édifiantes du Guide Obramoussando Mbi qui, victime des pannes de ses « tropicalités, [...] pratiquait l'amour avec l'index et le majeur »[25]. À défaut de l'acte sexuel, il se contentait des odeurs vaginales de Chaïdana qu'il trouve vitales. Il l'avoue lui-même à Chaïdana : « Ton odeur ! Je n'arrive plus à me passer de ton odeur amère. Mes narines s'y sont accoutumées »[26]. Le Guide se livrait à loisir à ce spectacle des « vertigineuses élucubrations charnelles »[27]. Ses ministres, intéressés par cette jouissance outrancière, avaient érigé leur bureau en chambre d'hôtel.

---

19. Labou Tansi Sony, *La Vie et demie*, Paris, Seuil, 1979, p. 73.
20. Ibid., p. 54.
21. Ibid., p. 54.
22. Ibid., p. 22.
23. Ibid., p. 20.
24. Sami Tchack, *Place des fêtes*, Paris, Gallimard, 2001, p. 95.
25. Labou Tansi Sony, *La Vie et demie*, Paris, Seuil, 1979, p. 56.
26. Ibid., p. 57.
27. Ibid., p. 20.

La représentation du pouvoir du corps féminin est sensiblement la même dans *Les Coupeurs de têtes* d'Amadou Koné. En effet, après une quinzaine d'années à l'étranger, Kassi revient dans son pays natal où circulent des rumeurs persistantes sur la terreur d'énigmatiques « coupeurs de têtes ». Il convient de retenir que ces coupeurs de têtes mis en scène dans le roman ne sont pas seulement des gens qui égorgent à l'arme blanche. L'allusion est surtout faite aux femmes et leurs corps qui font perdre la tête aux hommes et singulièrement aux dirigeants politiques africains. Les propos de Kloh Issiaka édifient bien lorsqu'il avoue : « tout corps féminin qui nous échappe passe à l'ennemi »[28].

Le réceptionniste de l'hôtel « le coin chaud », où Kassi passe la première nuit à son retour au pays, offre une description alarmante du bordel qui s'y déploie: « Tous les connaisseurs viennent au coin chaud : ceux qui ont de l'argent et qui couchent avec les filles de luxe […]. Les ministres, les directeurs de société, les banquiers, les députés, les maires »[29], c'est-à-dire, « la plupart des grands qui font tourner le monde »[30]. Le narrateur précise qu'aucune couche socioprofessionnelle n'est épargnée: « fonctionnaires moyens et les petits cadres […], les ouvriers et employés subalternes »[31].

En clair, le rôle divinisé des dirigeants politiques, appelés « Guides Providentiels » ou « timoniers infatigables » se trouve réduit au seul pouvoir d'assouvissement des désirs sexuels. Les écrivains évoquent donc le corps masculin pour mettre en évidence les perversions sexuelles des hommes plongés dans la déraison et la hideur morale généralisée au nom de la parodie de la démocratie devenue un prétexte pour démocratiser la jouissance sur tous les plans.

1.3. La parodie de la démocratie, un prétexte de jouissance démocratisée

Si la jouissance sexuelle apparaît comme un jeu chez les acteurs de la nouvelle bureaucratie africaine, c'est parce qu'ils l'ont inscrite dans les

---

28. Amadou Koné, *Les Coupeurs de têtes*, Paris, CEDA Sepia, 1977, p. 36.
29. Ibid., p. 15.
30. Ibid., p. 17.
31. Ibid., p. 15.

principes de liberté que suggère la démocratie. Au nom de ces principes, la sexualité devient une pratique dépourvue de l'amour au vrai sens du terme.

Dans *Les Coupeurs de têtes*, particulièrement, les proportions prises par la prostitution sont tellement préoccupantes que Kassi ne cessait de s'interroger : « Que se passe-t-il dans ce pays ? »[32], « Qu'est-ce qui s'est passé, ici, en clair ? »[33]. C'est Ndimir Nestor, une personnalité au ministère de la construction et de l'urbanisme, qui donne une piste de réponse. Selon lui, c'est l'ère de la « [...] société libérale où l'initiative privée est encouragée »[34], y compris certainement la prostitution et le bordel masculin. D'ailleurs, le Parti Unique, autorisant les dirigeants politiques à disposer de tout dans le pays, favorisait leur dévergondage sexuel avec les prostituées. La démocratie est devenue un subterfuge pour accentuer la pauvreté et la prostitution.

En fait, cette parodie de démocratie à la mode offre aux dirigeants plus de droits et d'opportunités de jouissances sexuelles que d'obligations de résultats qui tiendraient compte de l'éthique de bonne gouvernance. Ndimir Nestor, par exemple, « volait dans les caisses de l'État » et « se faisait corrompre »[35] par les jeunes filles en quête d'emploi ; il leur faisait le chantage suivant : « tu me donnes tes fesses, je te donne la place »[36]. Quant au directeur de Mégafic, il commence son week-end à partir de mercredi après-midi. Dans chacune des villes où il passe, « New York, Tokyo, Paris ou Rome »[37], il a logé des jeunes filles dans des hôtels les plus luxueux, aux frais de l'État et des contribuables. Toutes ces obsessions sexuelles sont confirmées et résumées par Jean Paul qui, « [n'étant] jamais rassasié du sexe »[38], avoue que le sexe est « un plaisir dont on ne peut jamais être définitivement repu. [...]. C'est comme une nourriture. On a toujours envie de recommencer »[39]. Ce bordel est aussi constaté chez les médecins du pays, qui privilégient les plaisirs sexuels au détriment de l'état de santé du peuple pour lequel ils ont prêté serment. Un patient livre un

---

32. Ibid., p. 49.
33. Ibid., p. 56.
34. Ibid., p. 81.
35. Ibid., p. 71.
36. Ibid., p. 71.
37. Ibid., p. 79.
38. Ibid., p. 74.
39. Ibid., p. 74.

témoignage poignant: « oui, tu peux tomber, t'écrouler et crever ainsi, alors que le docteur est en train [...] de peloter une demoiselle dans sa salle de consultation »[40].

La dernière catégorie est celle des pédophiles. Le premier cas est celui d'un adulte âgé d'« une quarantaine d'années environ »[41], venu à l'hôtel de passe avec une « fillette svelte et malicieuse qui pendait à ses bras, [et qui] ne devait pas avoir plus de treize ans »[42]. Le second cas est celui d'un vieillard que la mort avait pris « dans les spasmes de l'étreinte d'une adolescente. La fillette était trop fougueuse, dit le narrateur, et le cœur du vieillard n'avait pas tenu»[43].

À l'évidence, les détenteurs du pouvoir d'État et du pouvoir social, plongés dans la débauche sexuelle généralisée, entravent le développement des États modernes africains. Leurs comportements sexuels dégradants conduisent à la désacralisation irréversible du sexe. Dans le souci de redonner à la sexualité sa dimension sacrée, Sony Labou Tansi et Amadou Koné optent pour l'écriture du corps féminin comme une quête d'éthique sociale et politique.

2. L'écriture de la sexualité féminine: une quête d'éthique sociale et politique

L'auto-sexualisation des corps des Chaïdana et Gloria comme point d'ancrage scriptural chez ces deux romanciers a pour but de révéler ces corps à la fois comme un prétexte de désacralisation du tabou sexuel, une possibilisation de révolution sociale par le sexe, mais aussi un impératif de quête d'éthique sociale et politique.

2.1. Écrire et décrire la sexualité : désacralisation et profanation du sexe

Écrire et décrire sont deux paradigmes de la narration et de la réflexion qui vont nous permettre d'aborder la question de la désacralisation et de la profanation du sexe. Définie par opposition à la notion de sacré, la notion de profanation renvoie à tout ce qui ne respecte pas les choses sacrées, appar-

---
40. Ibid., p. 117.
41. Ibid., p. 20
42. Ibid., p. 20.
43. Ibid., p. 73.

tenant à un domaine interdit ou inviolable.

De ce point de vue, le sacré se rapproche de ce qui est de l'ordre du secret et qui fait partie de l'intime et de l'intimité. De nos jours, la sexualité semble être banalisée, au point d'être réduite à une expérience banale, de plus en plus dissociée de cette aura sacrée, religieuse, voire mystique. La sexualité, autrefois sous-tendue par cette aura sacrée n'est plus encadrée par les normes. C'est pourquoi, bien des romanciers africains optent pour la sexualisation du tissu narratif en vue d'amorcer un processus de construction identitaire, consistant essentiellement à donner une coloration sexuelle à leurs textes. Sous leurs plumes corrosives, Amadou Koné et Sony Labou Tansi (re)présentent les hommes politiques comme des gens aux mœurs très légères. Avec ces derniers, le monde est à l'envers, les principes moraux, les tabous et les interdits sont mis entre parenthèses pour que tout leur soit permis. C'est donc à juste titre que les deux auteurs ponctuent leurs textes de grossièretés et d'obscénités pour s'inscrire dans la logique de « L'écriture du désordre sexuel ou de la profanation des vagins »[44].

Dans *La Vie et demie*, lorsque le narrateur parle des pannes d'érection du Guide providentiel ainsi que de ses folles envies des odeurs vaginales de Chaïdana, il expose les attitudes de désacralisation de la sexualité et de l'intimité féminine, puisque ces senteurs féminines dont il se délecte participent du mystère féminin. Inscrits particulièrement dans une logique d'instrumentalisation du corps féminin, les expériences sensuelles et sexuelles des dirigeants deviennent inévitablement le lieu de profanation et de démystification du sexe dans tous les sens, d'autant plus que chez les femmes, l'acte sexuel, dans ces conditions, est dépourvu d'affection et d'amour.

Ainsi, conscients de la fatalité du désordre sexuel qui ronge les sociétés africaines, les romanciers créent des images fortes pour dénoncer la déshumanisation et l'animalisation des hommes qui profanent l'amour et le sexe. La fierté de Gloria et de Chaïdana de faire perdre la tête aux grands hommes est assez évocatrice. L'écriture romanesque représente le sexe féminin à la fois comme un lieu de tension entre pouvoir masculin, interdits et tabous, mais

---

44. Pierre N'Da, « Le sexe romanesque ou la problématique de l'écriture de la sexualité chez quelques écrivains africains de la nouvelle génération », *Ethiopiques*, No 86, 2011.

aussi comme une lucarne d'interrogations sur l'effondrement des valeurs sociales.

Les écarts entre les normes qui caractérisent l'Afrique d'autrefois et le dévergondage généralisé dans l'Afrique moderne traduisent tout l'enjeu de la sexualisation des dispositifs narratifs. Les romanciers mettent ainsi la féminité dans une posture qui érige l'engagement des femmes dans l'acte sexuel en rôles sociaux. Pour cela, ils ont choisi les corps féminins pour les mettre au service de la possibilisation d'une sexualité révolutionnaire.

2.2. Les résistances féminines, écriture d'une possibilisation de sexualité révolutionnaire

Étant donné que le corps féminin est le lieu où se retrouvent tous les citoyens, sans distinction de classes sociales, les écrivains optent pour une forme de représentation de la révolution par le sexe féminin pour imposer le changement de vision politique aux dirigeants africains.

En faisant briser tout naturellement le mythe des grands hommes politiques, Amadou Koné et Sony Labou Tansi offrent une littérature de la sexualité lourde de revendications politiques. L'érotisation des corps de Chaïdana et de Gloria remplit alors, dans une certaine mesure, la même fonction de possibilisation d'une sexualité révolutionnaire. Avec elles, les Guides Providentiels, les timoniers infatigables et les guides éclairés ne sont plus intouchables. Chaïdana, logée discrètement dans la chambre n° 38 de l'hôtel « La Vie et demie », décide de poursuivre la lutte politique de son père, assassiné par le Guide Providentiel. Elle procède, selon le narrateur, à la « distribution de la mort au champagne à la grande majorité des membres les plus influents de la dictature Katamalanasienne […] »[45]. Et Nathalie Etoke précise que

> *Sony se sert du corps féminin dans une optique de guerre nationaliste. Dans son roman La Vie et demie, le corps féminin est uniquement décrit comme un corps machine de guerre qui a pour mission d'aider à la réalisation des objectifs*

---

45. Labou Tansi Sony, *La Vie et demie*, Paris, Seuil, 1979, p. 49.

révolutionnaires. Chaïdana a pour mission principale d'éliminer la dictature de la Katamalanasie en ayant des rapports sexuels avec les membres corrompus de celle-ci auxquels elle fait au préalable boire du champagne empoisonné[46].

Consciente de la forte appétence sexuelle des dignitaires du régime, Chaïdana se prostitue avec eux et réussit à les tuer les uns après les autres. Au-delà de leur volonté de dénoncer les inégalités entre les genres féminin et masculin, Gloria et Chaïdana se sont fabriqué une identité sexuelle de résistance au désordre politique en Afrique. Leurs corps deviennent des niches discursives stratégiques, qui offrent des pistes de réflexion sur le rapport entre sexe et politique. En abordant la question de la représentation du corps féminin sous cet angle, Béatrice Rangira Gallimore met un point d'honneur sur sa posture de rébellion face à un discours radicalement patriarcal dominant. Selon elle, « Le discours patriarcal africain a créé une fissure entre la femme et son corps et a fait de celui-ci un mythe »[47].

L'on voit effectivement Chaïdana sortir opiniâtrement de son aliénation pour viser le renversement radical de l'ordre sociopolitique. Pour mieux manifester sa volonté de libérer le corps féminin et sa sexualité, elle lie la libido des dignitaires à l'angoisse et à la mort. En deux ans, elle avait réussi à exterminer « trente hauts personnages de la tragédie katamalanasienne. On commençait à parler d'une épidémie, mais puisque l'épidémie, si épidémie il y en avait, ne frappait que les membres de la dictature katamalanasienne [...] »[48]. Devenu une arme de révolution politique, le corps féminin renverse les forces de domination. Cette capacité de renverser les paradigmes de domination, conforte le projet des romanciers de proclamer la fragilité des hommes et de conférer aux femmes une puissance qui vide le pouvoir d'État de sa puissance d'État. C'est à raison que les romanciers associent caricaturalement le pouvoir du sexe à la chose publique. Nathalie Etoke écrit, à juste titre, que « le corps féminin est loin d'être une entité en soi. C'est un lieu de tension, de contes-

---

46. Nathalie Etoke, « Écriture du corps féminin dans la littérature de l'Afrique francophone : taxonomie, enjeux et défis », *CODESRIA Bulletin*, No 3, 2006, p. 44.
47. Béatrice Rangira Gallimore, « De l'aliénation à la réappropriation du corps chez les romancières de l'Afrique noire francophone », *Notre Librairie*, No117, 1994, p. 55.
48. Labou Tansi Sony, *La Vie et demie*, Paris, Seuil, 1979, p. 61.

tation et d'affirmation. Le challenge est de lire le corps féminin comme un texte social à déchiffrer dans un contexte postcolonial marqué par la dictature, le néocolonialisme, les problèmes de genre [...] »[49].

En clair, la sexualité devient politique à partir du moment où la pensée révolutionnaire de Chaïdana l'inspire à user des armes de sa féminité. La découverte de la nudité et de l'intimité des hommes politiques par les filles dans des conditions de débauche, porte atteinte à l'intégrité individuelle de ces derniers ainsi qu'à celle de l'État tout entier. La représentation de la puissance de la féminité constitue un appel politique pour mettre fin aux inconséquences des hommes politiques. Parlant de la nouvelle forme de résistance féminine chez Sony, Xavier Garnier indique que cet écrivain a pris « des figures traditionnellement négatives de la femme [...] pour les renverser, leur donner une charge positive et en faire les principes d'une Révolution nouvelle »[50]. Autrement dit, l'entité féminine s'érige en moteur de l'action révolutionnaire, mais aussi en moyen de quête de l'éthique sociale et politique.

2.3. L'érotisation de soi féminine et quête d'éthique sociale

Dans une analyse menée sur la problématique de l'écriture romanesque de la sexualité, Pierre N'Da indique que « Les scènes immondes d'orgies ou de copulation, données en spectacle public, sont des signes patents de la décadence de la société et de la dépravation des dirigeants africains qui foulent au pied les principes moraux et les règles de bienséance dont ils sont en principe les garants »[51].

Sony Labou Tansi et Amadou Koné, en optant pour l'écriture de l'auto-instrumentalisation des corps féminins, leur offrent l'occasion de contribuer à la moralisation de la vie publique. À travers la nouvelle identité sexuelle qu'ils font adopter à ces personnages féminins, transparaît leur volonté commune de créer une éthique sexuelle qui deviendrait le noyau de tout

---

49. Nathalie Etoke, « Écriture du corps féminin dans la littérature de l'Afrique francophone : taxonomie, enjeux et défis », *CODESRIA Bulletin*, No 3, 2006, p. 43.
50. Xavier Garnier, *La Magie dans le roman africain*, Paris, Presses universitaires de France, 1999.p. 157.
51. Pierre N'Da, « Le sexe romanesque ou la problématique de l'écriture de la sexualité chez quelques écrivains africains de la nouvelle génération », *Ethiopiques* No °86, 2011, p. 14.

changement social. D'ailleurs, François-Renan Dubois précise qu'« Il est rare apparemment que l'adéquation entre la pulsion sexuelle et le pouvoir se fasse au profit d'une efficacité politique. [...] Le sexe et le pouvoir ne [fonctionnant] pas ensemble, [...] le risque est toujours grand de perdre sa propre force idéologique, sa propre efficacité politique, dans l'épanouissement sexuel »[52].

En effet, face aux dérives sexuelles des hommes politiques, la femme se pose comme un agent catalyseur de conscience pour l'émergence d'une société éthique où elles doivent cesser d'être des objets. Raison pour laquelle, l'érotisation de leurs corps dans l'univers diégétique des romans est un prétexte de valorisation de l'identité féminine. Gloria et Chaïdana n'ont jamais été véritablement amoureuses des hommes à qui elles ont livré leurs corps. En soumettant le pouvoir masculin et toutes ses aspérités à rude épreuve, les femmes s'autorisent enfin le droit à l'action qui s'inscrit incontestablement dans une quête d'éthique sociopolitique qui réhabiliterait leur place dans la société. Elles érigent ainsi les forces de leur corps en puissance créatrice d'éthique.

Et les œuvres de Sony Labou Tansi et d'Amadou Koné obéissent à cette dynamique qui fait retrouver à la société contemporaine ses repères éthiques. Ce n'est donc pas fortuit si le corps féminin occupe une place de choix dans les productions romanesques. S'inspirant des analyses de Michel Foucault sur le corps comme lieu de pouvoir, Nathalie Etoké fait remarquer l'évolution du corps féminin dans les romans :

> *Le corps féminin se transforme en terrain discursif sur lequel s'affrontent des discours contradictoires sur le nationalisme, l'identité, la violence et le désir. Une telle démarche permet de voir comment le corps devient la figure médiatrice à travers laquelle plusieurs revendications sociales et politiques sont exprimées. Les romans étudiés peignent un corps féminin conflictuel tiraillé entre docilité et résistance. (...) Les écrivains africains créent un corps complexe dont l'itinéraire fictionnel*

---

52. François-Renan Dubois, « Compte rendu de Dubois (Jacques) (dir.), Sexe et pouvoir dans la prose française contemporaine », *COnTEXTES*, 2007, [En ligne], Notes de lecture, mis en ligne le 07 septembre 2015. URL : http://journals.openedition.org/contextes/6083. consulté le 31 mars 2018.

> *emprunte le chemin de la subversion, de la transgression et de la négociation*[53].

Si la révolution sociale se veut un retour à l'ordre, l'écriture de la décadence sociale par le sexe est un projet utile dans le retour à l'ordre moral et éthique. Même Chaïdana a trouvé que son géniteur est un « ignoble père », pour l'avoir violée dans son sommeil. Voici comment elle juge ce que Tansi appelle « gifle intérieure », qui n'est rien d'autre qu'un inceste érotique : « Si les morts sont plus forts que nous, [...] mon père doit être devenu un lâche. Un lâche, donc rien du tout. Car, à part le courage, il n'avait jamais rien eu »[54].

Le corps féminin, tel qu'il se déploie dans les deux romans du corpus, est un moyen de quête d'éthique. Chaïdana et Gloria ont pour mission principale de faire découvrir la nécessité de sauver l'humanité dépourvue d'éthique politique et sociale. L'hécatombe réussie par Chaïdana et la prostitution juvénile et précoce de Gloria sont des catalyseurs de cet idéal d'éthique. À ce sujet, Pierre N'Da soutient que « Le roman du sexe ou l'écriture de la sexualité apparaît bien comme une stratégie d'écriture, une stratégie pour appréhender et affronter la réalité et pour transformer la société »[55].

Conclusion

Au terme de cette étude, il ressort que la sexualité et le pouvoir politique sont au cœur des textes romanesques. Mais il convient de reconnaître que Labou Tansi Sony et Amadou Koné ont doté le corps féminin d'une puissance révolutionnaire qui le rend capable de subvertir l'idéologie politique des grands hommes politiques. En mettant le corps féminin dans la posture de résistance politique par le sexe, les romanciers dénoncent particulièrement le degré de relâchement des mœurs sociales dans les sociétés contemporaines fortement érotisées. La lecture des deux œuvres du corpus suscite un regard interrogateur sur la logique de dé-figuration et de ré-configuration du paysage politique africain dans la perspective d'une éthique sociopolitique. Cette

---

53. Nathalie ETOKE, « Écriture du corps féminin dans la littérature de l'Afrique francophone : taxonomie, enjeux et défis », CODESRIA Bulletin, N° 3 & 4, 2006, p.43.
54. Sony Labou Tansi, *La Vie et demie*, Paris, Seuil, 1979, p. 72.
55. Pierre N'Da, « Le sexe romanesque ou la problématique de l'écriture de la sexualité chez quelques écrivains africains de la nouvelle génération », *Ethiopiques* No 86, 2011, p. 7.

transition de la dé-figuration à la ré-configuration induit trois implications idéologiques qui rappellent le triste constat de Mongo Beti : « L'Afrique souffre surtout de ne pas sécréter des hommes de caractère [...]. L'Afrique manque de vrais leaders. Voilà le drame »[56].

La première implication est la nécessité de prise de conscience par les nouveaux dirigeants des responsabilités qui sont les leurs pour sortir de l'immaturité politique. La deuxième, découlant de la première, impose que ces derniers sachent qu'ils doivent officiellement représenter les hautes valeurs sociales pour mériter l'exemplarité que les citoyens attendent d'eux dans la gestion rationnelle de la cité. Enfin, la troisième consiste à reconsidérer la place de la gent féminine et lui reconnaître sa posture de citoyenne, capable de contribuer à l'éthique sociale et politique.

David Sezito MAHO, Ph.D.

---

56. Beti Mongo, *Branle-bas en noir et blanc*, Paris, Julliard, 2000, p. 141.

Bibliographie

I. Corpus

KONÉ, Amadou, *Les Coupeurs de têtes*, Paris, Éditions Ceda Sepia, 1997.

TANSI, Sony Labou, *La Vie et demie*, Paris, Seuil, 1979.

II. Ouvrages consultés et évoqués

BÉTI, Mongo, *Branle-bas en noir et blanc*, Paris, Julliard, 2000.

DUBOIS, François-Renan, « Compte rendu de Dubois (Jacques) (dir.), *Sexe et pouvoir dans la prose française contemporaine* », *COnTEXTES*, [En ligne], Notes de lecture, mis en ligne le 07 septembre 2015, consulté le 31 mars 2018. URL : http://journals.openedition.org/contextes/6083, Consulté le 08 Août 2017.

ETOKE Nathalie, « Écriture du corps féminin dans la littérature de l'Afrique francophone : taxonomie, enjeux et défis », *CODESRIA Bulletin*, Nos 3 & 4, 2006, pp. 43-47.

GALLIMORE, Béatrice Rangira, « De l'aliénation à la réappropriation du corps chez les romancières de l'Afrique noire francophone », « Nouvelles écritures féminines. La parole aux femmes », *Notre Librairie*, No 117, Saint-Étienne, 1994, pp. 54-60.

GARNIER, Xavier, *La Magie dans le roman africain*, Paris, Presses universitaires de France, 1999.

MONGO-MBOUSSA, Boniface, « Briser le tabou qui interdit de parler du corps. Entretien avec Ken Bugul », *Africultures*, No 19, 1999. http://africultures.com/briser-le-tabou-qui-interdit-de-parler-du-corps-877/ Consulté le 04 avril 2016.

N'DA, Pierre, « Le sexe romanesque ou la problématique de l'écriture de la sexualité chez quelques écrivains africains de la nouvelle génération »,

Ethiopiques, No 86, 2011.

MBUYANBA, Kankolongo Alphonse, « Présentation du pouvoir politique postcolonial dans le roman africain », *Le Potentiel*, No 3911, 2006, pp. ----.

MOUSSODJI, Serge Moukagni, *La figure du bâtard dans la littérature africaine des indépendances : enjeux et significations autour des textes d'Ahmadou Kourouma et de Sony Labou Tansi*. Thèse de doctorat, Langue et Littérature française, Université Paris-Est, 2011.

RWANIKA, Drocella, L'inscription féminine. Le roman de Sony Labou Tansi, Kinshasa, Ed. Anthologie, 1997.

TCHAK, Sami, *Place des fêtes*, Paris, Gallimard, 2001.

ZAGANIARIS, Jean, « Entre libéralisation de la sexualité et exercice de la violence symbolique », *Cahiers d'études africaines* [En ligne], 209-210 | 2013, mis en ligne le 06 juin 2015.
URL : http://etudesafricaines.revues.org/17361. Consulté le 26 janvier 2017.

Pour citer cet article :

Sezito David MAHO, « Le corps féminin comme posture de la résistance politique dans *Les Coupeurs de têtes* d'Amadou Koné et *La Vie et demie* de Sony Labou Tansi », *Revue Legs et Littérature*, 2018 | no. 11, pp. 163-182.

Aliénation, couleurs et identités dans *Le choc* de Léon Laleau et *Le nègre masqué* de Stephen Alexis

Dieulermesson PETIT FRERE a fait des études premier cycle en Lettres à l'École normale supérieure et de Master 2 en Littératures à l'Université Clermont Auvergne, avec une thèse sur Marie NDiaye. Détenteur également d'une maîtrise en Lettres de l'Université des Antilles et de la Guyane et d'une spécialisation en Développement et conception de curriculum de l'Université Catholique d'Uruguay, il enseigne l'Analyse du discours à l'Université de Port-au-Prince. Éditeur et critique littéraire, il est l'auteur de Haïti : littérature et décadence. Études sur la poésie de 1804 à 2010 *(2017), de deux livres pour enfant,* Je découvre... Viviane Gauthier *(2014),* Je découvre... Marie Vieux-Chauvet *(2016) et co-auteur de l'essai* 50 livres haïtiens cultes qu'il faut avoir lus dans sa vie *(2014). Ses thèmes de recherche portent sur l'identité, la famille, la migration, la violence et le désir.*

Résumé

La première occupation américaine d'Haïti (1915-1934) a été un terrible choc pour la population. Durant ces dix-neuf années, l'Haïtien a eu à subir les affres de l'Occupant affichant son mépris et son dégoût de la race noire et des valeurs ancestrales et tout ce qui constitue le socle de l'identité haïtienne. Rien n'est plus évident qu'en période d'occupation ou de colonisation, la question de domination constitue un élément clé dans les rapports entre les groupes dominés/dominants. Aussi le rapport avec l'Étranger/l'Autre est-il diversement perçu. Dans le cadre de la présente réflexion, nous entendons analyser la représentation de l'Occupant dans l'imaginaire haïtien à travers les deux premiers récits de l'occupation, à savoir Le choc *de Léon Laleau et* Le nègre masqué *de Stephen Alexis et voir en quoi ils constituent une forme de résistance face à l'ostracisme et le rejet de soi.*

Mots clés

Occupation, racisme, colonialité, violence, aliénation

ALIÉNATION, COULEURS ET IDENTITÉS DANS *LE CHOC* DE LÉON LALEAU ET *LE NÈGRE MASQUÉ* DE STEPHEN ALEXIS

L'année 1915 représente une période assez troublante, déstabilisante, voire choquante dans l'histoire d'Haïti. C'est l'année de la première occupation américaine de la toute première république de la Caraïbe qui tarde encore à trouver la voie du progrès et la stabilité politique, soit plus d'un siècle après la révolution qui a mis fin à la colonisation française. Dix-neuf ans au cours desquels l'Haïtien s'est vu réduit à sa plus simple expression, à vivre dans l'humiliation, l'indignité et l'indignation devant l'arrogance et le mépris de l'Occupant venu, dit-il, lui apporter la civilisation. Si d'un côté l'occupation américaine a été une honte pour la première République noire du monde, incapable de prendre en main son destin, de l'autre, elle a contribué à insuffler une prise de conscience chez une grande partie de l'élite (intellectuelle surtout) à s'interroger sur la nécessité de faire face à l'invasion des forces impérialistes et à jeter les bases pour un mieux vivre-ensemble.

Entre répression sanglante, expropriations, assassinats, massacres, révoltes et résistance, Haïti a fait les frais de cette machine infernale qui a décimé la population, séquestré les quelques ressources financières en prenant carrément la gouvernance du pays. Devant la barbarie de cette force qui n'a jamais hésité, à un seul moment, à afficher son mépris pour la race noire, l'Haïtien en particulier, des voix se sont élevés tantôt pour dénoncer l'ingérence étatsunienne, tantôt pour proclamer la croyance aux valeurs ancestrales, donc africaines ; d'où l'élaboration d'une prise de conscience marquant le refus de la suprématie de la race blanche au détriment de la race noire. Ainsi se développe un vaste mouvement de revendication et de protestation contre l'injustice et les abus de tout genre, de sensibilisation sur l'urgence et la nécessité de valoriser l'identité et la culture nègres.

En effet, si l'indigénisme avait pour motif d'*haïtianiser* la matière littéraire, il avait aussi et surtout pour ambition de se muer en un creuset de résistance face à l'occupation. C'est sans doute dans ce contexte qu'il faudrait appréhender l'œuvre d'un certain nombre d'écrivains ayant vécu au cours de cette période. Si des poètes comme Carl Brouard, Roussan Camille, Émile Roumer, Jean Brierre et tant d'autres se sont attelés à chanter la terre africaine, la danse, la peinture et les rites du vaudou, nombreux sont les romanciers n'ayant pas caché leur aversion des Américains pour les forfaits qu'ils ont commis durant ces dix-neuf années d'occupation. Aussi la lecture de *Le choc* de Léon Laleau et *Le nègre masqué* de Stephen Alexis montre-t-elle que cette occupation a été un gros choc pour la société haïtienne. Elle a eu des incidences graves sur les plans politique, social et économique et les diverses crises affectant l'affermissement du corps social sont probablement le résultat de cette situation. L'objectif de cette réflexion est surtout de montrer, à travers ces deux romans, comment l'événement de 1915 a déshumanisé l'homme haïtien et sapé les fon-dements du système social. En quoi et comment ces deux récits peuvent-ils être perçus comme un acte de résistance et de refus de l'occupation américaine ? En quoi consiste l'héritage de cette ingérence dans les affaires d'Haïti et quelles sont les conséquences qui en découlent ? Quel rôle attribuer à la quesion de couleur dans le processus d'établissement et d'acceptation de l'étranger dans certaines couches sociales piquées par le virus de la blancomanie ?

Le propos entend soulever, en s'appuyant sur les romans de Laleau et d'Alexis, perçus comme un acte de résistance et de refus, les effets pervers de l'occupation américaine, les troubles et le traumatisme qu'elle a créés et montrer comment elle a su insuffler le goût du vivre-ensemble et créer, à un certain niveau, une certaine forme de cohésion –quoiqu'au sein d'une couche sociale bien déterminée. Il entend aussi souligner le rôle de la question de la couleur dans l'acceptation de l'étranger à l'intérieur de certaines couches sociales raffolant de blancomanie. Aussi serait-il nécessaire de montrer, les exemples aidant, comment l'américanisation d'Haïti comme nouvelle forme de colonisation a sapé le système de valeurs haïtien et a contribué à vassaliser la race noire et mis en péril l'identité haïtienne.

Quand en 1915, débarquèrent en Haïti les forces d'occupation, le pays était à chaud et à sang. Une situation de terreur régnait sur tout le territoire. Le cycle des gouvernements provisoires au cours duquel quatre présidents se sont succédés (Cincinnatus Leconte, Tancrède Auguste, Michel Oreste, Oreste Zamor, Davilmar Théodore et Vilbrun Guillaume Sam) a créé une conjoncture d'incertitude sans précédent. Guerre civile, luttes pour le pouvoir, pillage, incendies sont entre autres les quelques faits y découlant.

Aussi l'arrivée des militaires américains dans la rade de Port-au-Prince le 28 juillet 1915 n'a-t-elle pas été un événement heureux. Elle a, en effet, soulevé la colère des uns et suscité l'enthousiasme des autres. Autant dire que l'Occupant ne s'est pas installé sur les terres de l'illustre Jean-Jacques Dessalines sans trouver de résistance. Le soldat Pierre Sully a été le premier à exprimer sa colère et son refus de voir les *Yankees* devenir maître des lieux. Il a été également le premier à être victime de la machine oppressive des forces impérialistes. Puis, d'autres voix, soldats et citoyens sont montés au créneau pour dénoncer l'état de fait : Benoît Batraville, Mizael Codio, Macius, Ledan, Germain, Charlemagne Péralte et le docteur Rosalvo Bobo qui, dans une lettre datée du 8 septembre 1915 et adressée au président américain T. Woodrow Wilson, dénonce de toutes ses forces cette invasion des Américains.

Si d'un côté des citoyens ont choisi d'exprimer par la dialectique des armes leur ras-le-bol de l'occupation, de l'autre côté, c'est par l'arme de la dialectique qu'un autre groupe composé surtout des membres de l'intelligentsia haïtienne ont fait entendre leurs voix. Ils sont pour la plupart des poètes et des romanciers multipliant conférences, tournées et textes engagés pour dénoncer l'ingérence étatsunienne. Ils sont dont désignés sous l'appellation d'écrivains indigénistes[1], de griots[2] par rapport aux revues *Indigène*, *Les Griots* qui prônaient la valorisation de la culture africaine et tout ce qui constitue l'âme haïtienne. Léon Laleau et Stephen Alexis sont de ceux-là. C'est donc dans ce contexte qu'ont paru leurs romans *Le choc* (1932) et *Le nègre masqué* (1933) qui sont au fait les deux premiers récits inspirés de faits se rapportant à l'occupation américaine. « La question de couleur, pour reprendre Rachelle Charlier Doucet, qui a toujours été une pomme de discorde dans la société haïtienne, est à nouveau posée dans toute son acuité par *Les Griots*. Alors que la *Revue Indigène* disparaît, le groupe des Griots se renforce. Il articule une nouvelle vision de l'identité haïtienne, fondée sur une définition de la race, conçue non plus seulement comme une catégorie biologique, mais surtout et avant tout, comme une catégorie sociale et culturelle »[3]. Les races, écrit Claude Rougier, « du point de vue scientifique, cela n'existe pas. Il n'y a pas de réalité biologique de la race. Mais il y a malheureusement une réalité géopolitique de la race »[4]. Cela dit, la notion évoque le rôle de la politique et des espaces dans les relations que les États entretiennent entre eux.

En effet, les deux romans ont pour ambition de nous faire vivre deux histoires qui se ressemblent en bien des points. Leur intrigue est sur basée un événement similaire : une histoire d'amour qui tourne au drame. Et en second plan, les dessous d'une vie politique et sociale minée par la division, l'avarice,

---

1. À lire l'histoire littéraire et la littérature haïtienne, en dehors de toutes considérations de groupes ou de classes voire des présupposés ou de l'héritage de la critique traditionnelle, mais sur la base de critères esthétiques et thématiques, nous serons en mesure de subdiviser la production littéraire en quatre tranches ou périodes distinctes correspondant chacune à un événement historique majeur. La période classique (1804-1915) qui cumule tout un siècle de littérature comprenant notamment trois moments importants : le préclassique, le classique proprement dit et le postclassique, la période indigéniste ou culturo-nationaliste (1915-1957), le renouveau humaniste (1957-1986) et l'époque contemporaine (1986 à nos jours). Nous avons essayé de proposer une nouvelle périodisation de la production littéraire en mettant surtout l'accès sur les textes. Voir à ce sujet Dieulermesson Petit Frère, *Haïti : littérature et dé-cadence. Études sur la poésie de 1804 à 2010*, Port-au-Prince, LEGS ÉDITION, 2017, pp. 20-46.
2. Lire aussi l'article de Rachelle Charlier Doucet, « Anthropologie, politique et engagement social », *Gradhiva* [En ligne], 1 | 2005, p. 109-125.
URL : http://journals.openedition.org/gradhiva/313. Consulté le 06 juin 2016.
3. Ibid., p. 110.
4. Claude Bourguignon Rougier, « Nation, racisme et colonialité du pouvoir en France », *Réseau d'études décoloniales*, 2017, p. 5. URL : http://reseaudecolonial.org/2017/02/02/193/ . Consulté le 06 juin 2016.

les préjugés et les faux-semblants. Dans les deux cas, le héros de chacun de ces deux récits doit faire face dans son propre pays au regard humiliant et méprisant de l'étranger, en un mot le soldat, l'occupant ou plutôt l'oppresseur.

Le choc sous-titré *Chroniques des scènes 1915-1918* met en scène les amours impossibles de Josette Raynal et Maurice Desroches. Le roman décrit, « sous l'œil de Maurice Desroches, les actes criminels du 27 juillet 1915 et l'abêtissement du peuple haïtien par les vulgaires soldats Yankees »[5]. L'action se passe au temps de l'occupation. Patriote à l'âme aguerrie, Maurice Desroches est un jeune d'une vingtaine d'années qui rêve de beaux jours pour son pays. Naïvement à lui seul, il a cru voir en l'arrivée de l'occupant un nouveau soleil se lever dans le ciel d'Haïti. Mais sa présence ne fait que le décevoir. En plus d'imposer ses quatre volontés aux quatre coins du pays, le jeune journaliste s'est vu ravir sa belle fiancée, Josette Raynald, par le lieutenant Martine qui lui voue un mépris sans précédent.

Dans *Le nègre masqué*, Stephen Alexis nous invite dans l'intimité de M. de Senneville, diplomate français en Haïti, en conversation avec sa fille Gaude de Senneville sur le profil des Haïtiens. Des échanges pleins de préjugés, de moquerie sur cette partie de l'île où l'on n'a jamais cru voir « les Haïtiens restés si français, de manières et d'éducations »[6]. Si au début, Gaude ne cachait pas son antipathie de la race noire, sa rencontre avec Roger Sinclair, «cet homme de vingt-sept ans […], l'un des meilleurs cerveaux de sa génération »[7] au fil du récit changea sa vision des choses. Entre les deux, le courant passe, mais il y a aussi Smedley Seaton, « jeune officier blond, très grand, [...] attaché au chef de l'Occupation »[8] qui lui court après. Ce dernier hait Roger, car il voit en lui un potentiel rival, et va jusqu'à l'humilier en public pour pouvoir conquérir Gaude. D'autant plus que les sentiments de la française vont plus à l'Haïtien qu'à l'Américain. Et c'est la guerre déclarée…

À partir d'une simple histoire d'amour, Laleau et Alexis mettent au jour les conflits naissant des rapports entre l'occupant et les occupés où « la femme,

---

5. Wébert Charles, « Le choc », Dieulermesson Petit Frère (dir.), *50 livres haïtiens cultes qu'il faut avoir lus dans sa vie*, Port-au-Prince, LEGS ÉDITION, 2014, p. 67.
6. Stephen, Alexis, *Le nègre masqué*, Port-au-Prince, Fardin, 1980, p. 3.
7. Ibid., p. 6.
8. Ibid., p. 30.

source du conflit, écrit Georges Eddy Lucien, est appelée à choisir entre le militaire américain [bourru, brute] pour jouir de ses privilèges dans le pays, y compris de son statut économique, et son attachement à son pays »[9]. Ainsi, les héros principaux de chacun des deux récits, à savoir Maurice et Roger, sont deux éléments de la classe moyenne d'Haïti, ayant reçu une éducation soignée et jouissant d'un certain prestige dans l'échelle sociale. Ils ont à peu près le même âge et sont animés d'un désir patriotique qui met en avant leur volonté de combattre l'occupant. Même cas de figure pour Josette et Gaude (cette dernière étant la fille d'un diplomate en chair au pays). Elles aiment avec leur cœur, sans arrière-pensée, ne tenant ainsi même pas compte des préjugés qui peuvent découler de leur rapport avec leur bien-aimé.

Cependant, s'il arrive que les deux couples filent dans les premiers moments un parfait amour et qu'ils avaient tant soit peu l'assentiment de leur famille, l'arrivée du blanc donc l'officier américain a tout chambardé. Apprécié, admiré et convoité par plus d'un, le blanc est l'objet de toutes les conversations. Adulé, adoré, il est perçu comme celui qui apporte la civilisation, lui qui ne néglige pas d'enfiler à tout moment son costume d'oppresseur et d'agresseur. L'on se souvient de cette scène dans *Le choc* où le lieutenant Martine, invité au bal chez les Raynald, a eu un geste assez indélicat à l'endroit de mademoiselle Josette. Voyant la fleur accrochée à son corsage, sans retenue, et bêtement « saisit les poignets de la fille… [pour] cueillir les fleurs du corsage de Josette »[10]. Quelle déception !

L'incident survenu par la suite est encore plus déconcertant. Pour montrer sa supériorité, il a fallu que l'officier danse avec Josette Raynald (une nouvelle fois, puisqu'il avait déjà dansé avec elle). Pour ce faire, il a dû l'interrompre, non sans maladresse, les amoureux dans leur tête-à-tête. Et c'est la mère de Josette, cupide, mesquine à elle seule, dans un sourire machiavélique a tout fait pour favoriser l'officier et écarter Maurice de sa fille.

> *Le lieutenant Martine était alors tout près d'eux. Tenant Josette*
> *par le coude, il interrompit brusquement, en riant, leur danse.*

---

[9]. Georges Eddy Lucien, « Vies mondaines et sociabilité en période d'occupation », *dEmanbrE*, Revue haïtienne de littérature, de critique et de théorie sociale, No 5, Port-au-Prince, Ruptures, 2015, pp. 64-73.
[10]. Léon Laleau, *Le choc*, Port-au-Prince, Fardin, 2012, pp. 96-97.

> *Agressif, Maurice s'arrêta : Pardon Monsieur, que vous faut-il ? Le lieutenant Martine rit et fit signe à Maurice qu'il veut danser avec Josette*[11].

Et Maurice qui vouait déjà une haine à l'Américain parce qu'il se sent menacé par sa présence auprès de sa bien-aimée (il peut à tout moment la perdre et c'est ce qui adviendra par la suite), et par sa présence au pays, car il a fini par comprendre que l'étranger n'est pas venu apporter le développement et le changement, lui crache sa rage et sa colère : « Vous ne voyez donc pas alors que je danse ? Attendez au moins et laissez-moi la paix »[12].

Cependant l'officier n'obtempère pas. Car lui aussi n'aime pas Maurice. Pour les mêmes raisons. Ou plutôt, pour être plus précis, la présence du jeune garçon auprès de Josette le dérange. Il dit l'aimer, mais c'est plutôt une folle envie qu'il a d'elle. Sa situation d'officier Américain ne lui permettra pas d'épouser une négresse sans laisser l'armée... Mais il tient fermement à l'humilier parce qu'il sait tout bonnement qu'il aura gain de cause.

> *Et comme le couple faisait le geste de repartir à danser, l'officier, de nouveau, tint Josette par le coude. Maurice, pourpre de colère, s'arrêta une nouvelle fois. Louise Raynald qui avait, en mère avisée, deviné le colloque, s'était dirigée vers eux.*
> *– Bonsoir Louise, fit Maurice.*
> *– Bonsoir, répondit-elle, presque indifférente.*
> *Elle ne lui dit pas « bonsoir, Maurice » ainsi qu'à l'ordinaire, comme si, devant le lieutenant Martine, il eut été inconvenant de l'appeler de son nom*[13].

Le lecteur commence déjà à voir brusquement ce changement d'attitude de Louise envers Maurice. Ce dernier perd l'estime de la mère qui, devant l'officier américain, blanc de surcroit et donc symbole de richesse, de réussite et de changement de statut pour sa famille, s'engage à l'écarter de sa fille au profit du lieutenant.

---

11. Ibid., p. 101.
12. Ibid., p. 101.
13. Ibid., p .101.

> *Anxieuse, elle interrompit.*
> *– Au fait, qu'y a-t-il ?*
> *– Il y a, fit Josette, que je danse avec Maurice et que le Lieutenant...*
> *Louise Raynald l'interrompit :*
> *– Mais puisque tu avais promis d'abord au Lieutenant Martine.*
> *Josette s'écria :*
> *– Mais oui, mais oui, Josette, tu lui avais promis. Maurice sentant venir le geste de Louise Raynald s'éloigna silencieusement tandis que Josette disait :*
> *– Mais c'est la première fois, maman, que je danse avec Maurice. C'est injuste*[14].

Et la mère, avec des propos très froids et qui traduisent déjà son rejet pour Maurice, remit donc Maurice à sa place :

> *Cela n'a pas d'importance, repartit-elle. Tu as promis au Lieutenant Martine, Maurice attendra.*
> *Et se tournant vers Maurice dont la fuite avait été arrêtée par quel désir de savoir comment cela finirait.*
> *- N'est-ce pas Maurice ? D'ailleurs c'est votre devoir d'attendre... Les amis après ...*[15].

Dans *Le nègre masqué*, il y a aussi une scène un peu similaire. M. de Senneville donnait une réception chez lui à laquelle Smedly Seaton, l'attaché au chef de l'Occupation et soupirant de Gaude (tel que désigné par Alexis) et Roger Sinclair, l'homme qui fait tourner déjà la tête à la jeune fille. Seaton est le premier à danser avec elle, et quand, dans les heures qui suivent, il la voit s'entretenir avec Roger, « Smedly Seaton toisa le jeune homme »[16]. Comme l'officier Martine, dans le souci de prouver sa supériorité et d'humilier le brillant avocat, le voilà « tenant Josette par le coude, il interrompit brusquement, et en riant, leur danse »[17], signe qu'il voulait lui aussi danser avec la

---
14. Ibid., p. 102.
15. Ibid., pp. 101-102.
16. Ibid., p. 45.
17. Ibid., p. 101.

jeune fille. Entretemps, mille petites idées passaient par la tête de Roger Sinclair. Mais quand l'orchestre enchaîne pour la troi-sième fois, c'est Gaude toute seule (contrairement à Josette) qui s'est elle-même débarrassée de l'Américain pour inviter son amoureux à danser. Un choc qui fait tout de suite augmenter la colère de l'homme qui promet déjà de se venger de cette insolence.

Ce qu'il faut voir, c'est surtout dans les salons que tout se joue. C'est là que débute et se nouent toutes les rivalités entre le blanc et nos deux héros. C'est dans cet espace également qu'il semble gagner de l'estime auprès des familles et tente de redorer son image d'envahisseur. Il devient un être de bien, civilisé, avec les bonnes manières et qu'il faut à tout prix posséder. Ici, l'on ne sent pas tellement l'emprise du père de Gaude sur sa fille dans le choix de ses amis (si ce n'est que dans la première partie du livre) comme on le voit avec Louise Raynald dans *Le choc*. Sans doute parce que sa relation avec Roger Sinclair ne prenait pas encore une allure sérieuse. Mais quand il se rend compte de sa tournure, tout bascula. Et il aura le même comportement que madame Raynald.

En effet, *Le choc* et *Le nègre masqué* sont deux récits qui déshabillent et démasquent les préjugés de notre société en mettant en lumière les méfaits du drame social. Ils offrent une critique virulente du préjugé de couleur, les antagonismes de classe qui entravent les liens sociaux de telle sorte qu'ils influent sur les rapports entre les individus. À bien analyser le comportement de Louise Raynald et M. de Senneville, l'on comprendra qu'outre le fait pour Maurice et Roger d'appartenir à la classe moyenne, ils sont de surcroit des gens de couleur. Guidés par le sentiment de bien-être de leur fille, il est donc impensable et inconcevable de les laisser épouser ces hommes de couleurs, et ceci, en dépit du fait qu'ils soient bien éduqués. C'est donc compromettre l'avenir et le bonheur de leur fille qui risquerait de connaître une existence malheureuse. Synonyme de garantie et de richesse matérielle, c'est bien un blanc qu'il leur faut.

La question de la race, du préjugé de couleurs et ses corollaires est donc soulevée avec tact dans les deux récits. Laleau et Alexis ont, en effet, pris comme prétexte l'occupation américaine pour mettre en relief le problème de classe, lequel est considéré comme une hache de guerre qui ronge la société haïtienne et entrave les rapports sociaux. Les deux auteurs ont su se servir de l'occupation américaine pour sonder l'âme haïtienne et montrer comment l'Haïtien, à trop vouloir ressembler au Blanc, se renie et se rejette lui-même, devient un sujet pervers et aliéné.

La notion de race nous dit Mahmood Mamdani est une étiquette créée ou issue de la colonisation. Race et ethnicité sont donc des « identités politiques imposées par la force du droit colonial et reproduites dans le cadre du droit et de l'État dans la période post-coloniale »[18]. Ce sont, à cet effet, des notions porteuses de discriminations, de violences, d'oppressions et d'inégalités évidentes dans les rapports sociaux mais qui, malheureusement, échappent « aux philosophes politiques du multiculturalisme ou des théories de la reconnaissance [car] c'est au nom des concepts de pluralisme et de différence que les questions de justice entre les groupes majoritaires et les minorités ont été conceptualisées »[19]. La notion de race souligne Benthouami-Molino est « un signifiant flottant, qui se fixe sur des groupes altérisés, qu'elle appartient à ce domaine du fantasme politique qui a des effets bien réels »[20]. Autrement dit, elle ne prend sens ou effet qu'en fonction de l'utilisation que la politique en fait, d'où elle charrie tout un ensemble de charges idéologiques. Il suffit de considérer les perceptions que Monsieur de Sennerville, diplomate français en Haïti, et sa fille Gaude se sont faites au sujet des Noirs, en particulier les Haïtiens, pour se convaincre de l'ampleur de la question.

> – *On rencontre ici des gens d'une culture étonnante, dit M. de Sennerville. Cet après-midi, à la réunion de l'Alliance Française, on m'a présenté un jeune noir qui m'a conquis. Jamais, je n'aurais cru, avant de venir dans cette île, que les Haïtiens fussent restés si français, de manière et d'éducation.*
> – *Tu veux railler papa ? Un noir qui t'étonne par sa culture ?*

---

18. Mahmood Mamdani, « Race et ethnicité dans le contexte africain », Traduit de l'anglais par Thierry Labica », *Actuel Marx* 2005/2 (n° 38), p. 65-73. DOI 10.3917/amx.038.0065.
URL : https://www.cairn.info/revue-actuel-marx-2005-2-page-65.htm.
19. Ryoa Chung "Hourya Bentouhami-Molino, Race, cultures, identités. Une approche féministe et postcoloniale, Paris, Presses universitaires de France, coll. Philosophies, 2015, 172 pages." *Philosophiques* 431 (2016): 163–168. DOI : 10.7202/1036478ar.
URL : id.erudit.org/iderudit/1036478ar .
20. Hourya Bentouhami-Molino, *Race, cultures, identités. Une approche féministe et postcoloniale*, Paris, Presses universitaires de France, 2015, 172 pages, p. 84.

répondit Gaude, narquoise.
– Ton doute ne me surprend pas, ma chérie. Nous sommes habitués à les juger sous l'angle de nos préventions et des opinions toutes faites :
– Il a peut-être voyagé celui-là, et s'est affiné à notre contact.
– Justement, l'étonnement, c'est qu'il n'est jamais sorti de son île[21].

Ces propos sont racistes, haineux et égocentriques. Dans la tête de ces deux personnages, la France est considérée comme le centre du monde, le bastion ou berceau de la culture et de la civilisation. Il n'y a que là où l'on peut trouver des gens éduqués et cultivés. C'est une forme de discrimination raciale et identitaire qui veut que l'affranchissement ou l'émancipation du noir n'est pas possible sans l'apport du blanc. C'est peut-être dans cette dimension qu'il faut comprendre la réflexion d'Aníbal Quijano pour qui « Le "racisme" dans les rapports sociaux quotidiens n'est pas la seule manifestation de la colonialité du pouvoir, mais il en est sans doute la plus perceptible et la plus omniprésente »[22]. À partir de quels outils ou référents peuvent-ils prétendre qu'au seul contact des Français, un individu peut acquérir la culture et l'éducation ? Quelle sotte prétention ? N'est-il pas dit que la culture est un phénomène collectif en ce sens qu'il renvoie aux valeurs et représentations partagées par une communauté ? À ce sujet, Thierry Ménissier souligne que :

Être cultivé, au sens fort du terme, c'est donc moins être formé par la culture dans laquelle on est né, que travailler à forger sa propre subjectivité par une appropriation critique des représentations et des valeurs. La culture qui permet de devenir soi se confond en ce sens avec l'exercice philosophique, ainsi que Cicéron l'avait revendiqué dans les Tusculanes (II, 13) : "cultura animi philosophia est"[23]. *En tout état de cause, la culture au sens générique et englobant (en allemand, la Kultur)*

---

21. Stephen Alexis, *Le nègre masqué*, Port-au-Prince, Fardin, 1980, p. 2.
22. Aníbal Quijano, « "Race" et colonialité du pouvoir », *Mouvements*, 2007/3 (n° 51), p. 112. DOI 10.3917/mouv.051.0111.
URL : https://www.cairn.info/revue-mouvements-2007-3-page-111.htm
23. La philosophie est culture de l'âme.
24. Thierry Ménissier, « Culture et identité », *Le Portique* [En ligne], 5-2007 | Recherches, mis en ligne le 07 décembre 2007, consulté le 02 mai 2018.
URL : http://journals.openedition.org/leportique/1387.

n'existe que pour autant que s'opère le processus de formation des individualités[24].

Dans *Le nègre masqué*, il n'y a pas que l'étranger à regarder de haut le nègre, l'Haïtien. Ce dernier est victime de ces mêmes pratiques discriminatoires et ségrégationnistes de la part de ses compatriotes. Cette perception ou plutôt ce comportement qui s'est développé dans les rapports sociaux quotidiens est, en quelque sorte, le résultat ou le prolongement de la domination coloniale ou de la colonialité qui « n'est pas un reste, une séquelle [mais] au contraire une continuité »[25]. Dans le cas du couple Marvil par exemple qui s'est mis d'accord sur le fait que « leurs enfants ne s'allieraient jamais à des gens bruns »[26], l'acte raciste ne se trouve dissimilé derrière aucun code social se référant aux différences d'éducation ou de revenus mais il est tout simplement axé sur la couleur de la peau. Or, Beaudrap Marvil est un homme « pour faire oublier à sa femme son visage très noir »[27]. Depuis qu'il a épousé cette femme, « une mulâtresse cocassement altière »[28], qui s'était vue obligée à accepter son offre « parce que aucun blanc ou mulâtre très clair ne se présentait, et qu'elle vieillissait par surcroît »[29], il reniait sa race au point qu'il est devenu un être aliéné. Ainsi, le couple a failli mourir de colère à la nouvelle du jeune « docteur Félix Népoti, revenu de France [qui] s'avisa de prétendre à la main de Blanche, l'aînée »[30]. C'est en des termes fielleux et racistes qui ne cachent pas son aliénation qu'il s'exprime : « Comment ! s'étrangla Beaudrap, ce petit nègre rêve d'épouser ma fille ! C'est trop fort ! »[31]. M. de Senerville a eu quasiment la même réaction quand il a appris le projet de mariage de Gaude avec Roger Sainclair. Perdant tous ses esprits, il s'écria comme un forcené : « Es-tu folle ? malheureuse, [...] tu ne feras pas cela, tu entends, tant que je serai vivant. Je ne sais pas si je ne te préférerais pas morte. [...] un mariage entre toi et ce garçon me paraissait tellement illogique, que je ne te croyais pas capable de le

---

25. Claude Bourguignon Rougier, « Nation, racisme et colonialité du pouvoir en France », *Réseau d'études décoloniales*, 2017. Consulté le 02 mai 2018.
URL : http://reseaudecolonial.org/2017/02/02/193/.
26. Stephen Alexis, *Le nègre masqué*, Port-au-Prince, Fardin, 1980, p. 28.
27. Ibid., p.28.
28. Ibid., p. 28.
29. Ibid., p. 28.
30. Ibid., p. 28.
31. Ibid., p. 28.
32. Ibid., p. 104.

penser même »³². Et pour convaincre sa fille, il s'est laissé aller dans une longue réplique :

> *Mais ma chère enfant, dit-il, d'une voix persuasive, en t'opposant mon refus, en cette circonstance, je ne suis mû, personnellement, par aucun préjugé contre Roger Sainclair. Je suis guidé par le sentiment de ton bonheur et peut-être le sien aussi. Vous seriez deux malheureux dans la vie. Tu ne t'imagines pas dans ce monde avec ce mari de couleur ? Tu n'entends pas les réflexions qui éclateraient sur votre passage à tous deux. [...] Dans la vie, Gaude, on ne fait pas ce que l'on veut. Il y a des règles qui nous limitent. Les conventions sociales, même injustes, sont plus souveraines que nos beaux sentiments. En s'y conformant, on souffre parfois, mais davantage en les transgressant. L'abolition des préjugés, le mélange des races, cela viendra peut-être un jour, mais à l'heure qu'il est, le genre humain ne peut réaliser cette communion qui demeure un idéal*³³.

De l'autre côté, dans *Le choc* de Laleau, Louise Raynald, cette mère guidée par l'intérêt et le gain matériel et prisonnière des convenances sociales s'en prend à sa fille pour qu'elle accepte la main de l'Occupant. À ses yeux, ce dernier représente l'homme par qui le cours de la vie de Josette peut changer. À force de primer la richesse au détriment de l'être, elle finit par devenir une raciste, une aliénée qui se détruit elle-même..

> *Écoute, Josette. Nous ne devons plus plaisanter. Notre situation pécuniaire s'imprécise, et sensiblement. Une occasion se présente à nous d'y obvier. Es-tu décidé, dis-le moi, à ne pas la saisir ? Dans les circonstances actuelles, si tu veux que tes enfants n'aient pas à souffrir, tu ne peux, tu ne dois épouser qu'un blanc. La vie sera terrible, d'ici quelques années, à ceux qui ne s'éloigneront pas de nos origines africaines et ne feront pas tout pour fuir la misère*³⁴.

---

33. Ibid., p. 105.
34. Léon Laleau, *Le choc*, Port-au-Prince, Fardin, 2012, p. 105.

Le blanc ici est présenté comme le symbole du pouvoir, qui a le monopole de l'économie. Femme prête à tout, l'Afrique donc le noir est présenté dans ses propos comme un élément de précarité qu'il faut fuir et éviter à tout prix. Aux yeux de cette femme, il n'y a que le blanc qui peut aider sa fille à se mettre à l'abri de la misère. Mais ce n'était qu'un mauvais calcul puisque le lieutenant Martine a ses préférences. Son statut et son rang ne lui permettaient pas d'épouser Josette à cause de sa couleur. Déçue et humiliée, la petite Josette revient vers Maurice et lui expose sa douleur :

> *Que dois-je faire, après le tumultueux scandale de mes presque fiançailles avec le lieutenant Martine qui, comme vous le savez, furent outrageusement rompues par l'occupation elle-même, sous le prétexte que je suis une négresse et qu'un officier Américain n'épouse pas une femme de cette race sans laisser l'armée*[35].

Et devant cet état de fait, c'est encore sa mère qui revient à la charge en lui imposant la main de M. Ziller, de la maison Finess, encore un blanc..

> *Monsieur Ziller, de la maison Finess, a demandé ta main, avec insistance : il n'attend qu'un mot, le tien, pour fixer la date de ses fiançailles. Que dois-je lui répondre ?*
> *[...]*
> *– Je ne puis pas, maman. Je te jure, ma chère maman, que je ne puis pas. J'ai donné ma parole à Maurice.*
> *Elle m'a répliqué :*
> *– Oui, c'est vrai. Mais les choses ont changé. Tu ne peux plus attendre Maurice*[36].

Cupide et avare à elle seule, Louise Raynald se livre dans une course folle contre l'argent et le bien-être de sa fille sans se soucier des valeurs morales. Elle est l'incarnation de ces mères de famille haïtienne prêtes à offrir leur progéniture au premier venu en échange de l'argent et tous autres avantages matériels. Faisant fi de toute question de pudeur et n'hésitant pas en un seul

---

35. Ibid., p. 157.
36. Ibid., pp. 155-156.

instant à cacher sa préférence pour ce commerçant bourru et sans ins-truction, elle va jusqu'à planifier une sortie avec lui pour sa fille :

> *Vous êtes une folle. Je vous laisse reprendre vos sens. Je dirai à Monsieur Ziller que vous êtes souffrante et que vous lui donnerez votre réponse dimanche.*
> *Et elle ajoute, si calme :*
> *Vous savez que, dimanche, vous devez aller au concert avec lui, en auto ? Quant à ça, je l'ordonne. Vous êtes encore sous mes ordres. Vous n'avez pas vingt et un ans*[37].

Dans *Le nègre masqué*, M. de Sennerville, le diplomate français, a eu le même comportement à l'égard de sa fille qui n'avait d'yeux que pour Roger Sinclair alors que lui était prêt à tout pour qu'elle se lie avec l'officier américain. Ils ont tous les deux le même complexe « affirmant l'infériorité des non-blanc, les considérant, de ce fait, comme des races séparées »[38]. Il est autant avare et cupide que Louise Raynald qui a ouvertement avoué son déni de l'origine africaine. Seaton est pour lui l'homme idéal, non seulement il a l'argent mais il vient aussi d'une bonne famille : « L'Ambassadeur Américain m'a cependant touché des vœux de Mr Seaton à ton égard. Il paraît qu'il est bien noté, de bonne famille, brillant avenir et fortune »[39]. Et sur un ton compatissant et attendri, il lâcha cette phrase qui ne cache rien de ses intentions à l'endroit de sa fille : « Je me fais vieux Gaude »[40].

Au fait, *Le nègre masqué* de Stephen Alexis et *Le choc* de Léon Laleau sont donc deux romans qui disent à peu près la même chose. Les deux auteurs semblent ne présenter que des faits survenus dans des familles haïtiennes appartenant à une classe sociale bien déterminée du temps de l'Occupation. Mais à bien suivre l'évolution de la société, l'on serait en droit de souligner que les représentations/perceptions dans les rapports sociaux n'ont pas vraiment changé. Toujours est-il que de nos jours, la question de couleur de peau et le

---

37. Ibid., p. 157.
38. Claude Bourguignon Rougier, « Nation, racisme et colonialité du pouvoir en France », *Réseau d'études décoloniales*, 2017.
URL : http://reseaudecolonial.org/2017/02/02/193/. Consulté le 02 mai 2018.
39. Stephen Alexis, *Le nègre masqué*, Port-au-Prince, Fardin, 1980, p. 104.
40. Ibid., p. 104.

capital économique constituent des mobiles déterminants dans les relations sociales susceptibles de donner à l'individu le droit d'appartenance à tel groupe ou à telle classe sociale et, du coup, lui permettant d'accéder à des caractères d'identification. On l'a bien vu, dans le cas de Roger Sinclair et Maurice Desroches, que le capital culturel dans le sens bourdieusien du terme, ne suffit pas pour se faire accepter au sein de tel groupe ou s'y identifier. D'où le bien-fondé de la pensée du sociologue péruvien Aníbal Quijano qui voit dans la domination ethno-raciale un élément clé de la colonialité du pouvoir :

> *L'idée même de « couleur » dans cette relation est une construction mentale. Quand on parle des « couleurs » politiques (les « rouges », les « verts », etc.), tout le monde est disposé à voir la couleur comme une métaphore, mais il n'en est curieusement pas ainsi quand on dit que quelqu'un est de « race blanche » ou « noire » ou « jaune » ou « rouge ». Plus curieusement encore, très peu de gens pensent spontanément qu'il faut un une totale déformation de la vue pour admettre que « blanc » ou « jaune » ou « rouge » puissent être la couleur d'une peau saine. Ni qu'il s'agit d'une forme de stupidité. Tout au plus, les plus exigeants vont penser qu'il s'agit d'un préjugé. L'histoire de la construction de la « couleur » dans les rapports sociaux reste certainement à faire. Néanmoins, il existe des indices suffisants pour signaler que l'association entre « race » et « couleur » se manifeste tardivement et de façon tortueuse*[41].

Récits de la résistance, de combat et du rejet de l'oppression étrangère, *Le choc* et *Le nègre masqué* disent le ras-le-bol des auteurs de l'occupation américaine d'Haïti de 1915 et le rejet du bovarysme des Haïtiens. Les deux héros, à savoir Roger Sinclair et Maurice Desroches, sont des symboles de courage et de résistance, même si à la fin des romans, ils ont choisi de partir pour la France –ancienne colonisatrice–, ils ont toutefois combattu l'occupant, le premier surtout qui a même tué le lieutenant Smedly Seaton, laissant le pays

---

41. Aníbal Quijano, « "Race" et colonialité du pouvoir », *Mouvements*, 2007/3 (n° 51), p. 114. DOI 10.3917/mouv.051.0111.
URL : https://www.cairn.info/revue-mouvements-2007-3-page-111.htm. Consulté le 04 avril 2018.

aux mains des Américains. Cela dit, le phénomène de blancomanie a longtemps été une attirance pour nombre de familles haïtiennes désireuses d'assurer à leurs enfants un avenir certain. Parce que le blanc ne renvoie pas uniquement à la question de couleur de peau mais est également un signe de réussite, de pouvoir économique. Alors que dans nombre de cas, cela rivalise avec la sottise et l'ignorance.

Dieulermesson PETIT FRERE, M.A.

Bibliographie

ALEXIS, Stephen, *Le nègre masqué*, [1932], Port-au-Prince, Fardin, 1980.

BENTOUHAMI-MOLINO, Hourya, *Race, cultures, identités. Une approche féministe et postcoloniale*, Paris, Presses universitaires de France, 2015.

CHARLES, Wébert, Mirline PIERRE, Dieulermesson PETIT FRERE (dir.), *50 livres haïtiens cultes qu'il faut avoir lus dans sa vie*, Port-au-Prince, LEGS ÉDITION, 2014.

CHUNG, Ryoa, "Hourya Bentouhami-Molino, *Race, cultures, identités. Une approche féministe et postcoloniale*, Paris, Presses universitaires de France, coll. Philosophies, 2015, 172 pages." *Philosophiques* 431 (2016): 163–168. DOI : 10.7202/1036478ar.
URL : id.erudit.org/iderudit/1036478ar

DOUCET, Rachelle Charlier, « Anthropologie, politique et engagement social», *Gradhiva* [En ligne], 1 | 2005, mis en ligne le 10 décembre 2008, consulté le 06 juin 2016. URL : http://gradhiva.revues.org/313.

FANON, Frantz, *Peau noire, masques blancs* [1952], Paris, Seuil, 1995.

GAILLARD, Roger, « L'indigénisme haïtien et ses avatars », Collectif, *Conjonction. L'indigénisme*, 197, Port-au-Prince, Le Natal, 1993, pp. 9-26.

LALEAU, Léon, *Le choc*, [1933], Port-au-Prince, Fardin, 2012.

LUCIEN, Georges Eddy, « Vies mondaines et sociabilité en période d'occupation », Collectif, *dEmanbrE, Revue haïtienne de littérature, de critique et de théorie sociale*, No 5, Port-au-Prince, Ruptures, 2015, pp. 64-73.

MAMDANI, Mahmood, « Race et ethnicité dans le contexte africain », Traduit de l'anglais par Thierry Labica », *Actuel Marx* 2005/2 (n° 38), p. 65-73. DOI 10.3917/amx.038.0065.
URL : https://www.cairn.info/revue-actuel-marx-2005-2-page-65.htm

MÉNISSIER, Thierry, « Culture et identité », *Le Portique* [En ligne], 5-2007 | Recherches, mis en ligne le 07 décembre 2007, consulté le 02 mai 2018. URL : http://journals.openedition.org/leportique/1387.

PETIT FRERE, Dieulermesson, *Haïti : littérature et décadence. Études sur la poésie de 1804 à 2010*, Port-au-Prince, LEGS ÉDITION, 2017.

QUIJANO, Aníbal, « "Race" et colonialité du pouvoir », *Mouvements*, 2007/3 (n° 51), p. 114. DOI 10.3917/mouv.051.0111. Consulté le 27 avril 2018. URL : https://www.cairn.info/revue-mouvements-2007-3-page-111.htm

ROUGIER, Claude Bourguignon, « Nation, racisme et colonialité du pouvoir en France », *Réseau d'études décoloniales*, 2017.
URL : http://reseaudecolonial.org/2017/02/02/193/. Consulté le 02 mai 2018.

Pour citer cet article :

Dieulermesson PETIT FRERE, « Aliénation, couleurs et identités dans *Le choc* de Léon Laleau et *Le nègre masqué* de Stephen Alexis », *Revue Legs et Littérature*, 2018 | no. 11, pp. 183-203.

• Deuxième partie

Entretien et Portrait

207 Jhon Picard Byron « ...les identités nationales se sont toujours construites en miroir dans le cadre du système-monde »

Propos recueillis par Dieulermesson Petit Frère

215 **Du parcours d'Édouard Duval-Carrié**

Gerry L'Étang

Jhon Picard Byron : « ... les identités nationales se sont toujours construites en miroir dans le cadre du système-monde »

Enseignant-chercheur de l'UEH et membre permanent du laboratoire LADIREP, Jhon Picard Byron est invité, à titre de chercheur associé, par l'URMIS-IRD dans le cadre d'un fellowship du programme IIE-SRF. Il résidera à Paris pour poursuivre ses recherches, notamment sur l'histoire de l'ethnologie en Haïti en lien avec le projet « Épistémologie comparée de la discipline anthropologique, à partir de Cuba et d'Haïti » de l'axe 4 du LMI MESO. Il a publié plusieurs articles dans des revues dont « La etnología en Haití. Emergencia, desafíos y desarrollo de una disciplina» (avec Maud Laethier) dans Perfiles de la Cultura Cubana, no. 18 (Agosto/diciembre 2015) (URL : http://www.perfiles.cult.cu) et dirigé plusieurs ouvrages, entre autres, Production du savoir et construction sociale. L'ethnologie en Haïti *(PUL/Éd.UEH, 2014),* The Haiti Exception: Anthropology and the Predicaments of Narrative *(avec Alessandra Benedicty, Kaiama L. Glover, Mark Schuller) (LUP, 2016).*

Legs et Littérature (L&L) : *Jhon Picard Byron, vous êtes enseignant-chercheur à l'Université d'État d'Haïti et membre permanent du laboratoire LADIREP, vous avez mené des recherches sur l'ethnologie en Haïti. Comment comprendre et appréhender les notions d'identités, de races et de couleurs ?*

Jhon Picard Byron (JPB) : Je remercie *Legs et Littérature* de me donner l'occasion de discuter de sujets qui me sont d'un grand intérêt, non seulement en tant que chercheur mais aussi comme citoyen.

Pour répondre à cette question, je ne voudrais pas procéder par simple définition des notions évoquées : identités, races, couleurs. Je vais essayer de préférence de les saisir en contexte en privilégiant une perspective d'histoire des idées politiques qui pourrait se muer en histoire des notions [ou des concepts].

Dès le départ, Haïti est confrontée —disons plutôt les dirigeants (de ce pays) sont confrontés —à la nécessité de produire des discours devant permettre de tenir ensemble une population hétérogène. Au moment de l'indépendance (1804), on retrouve une part conséquente de la population haïtienne qui n'est pas créole. C'est-à-dire, nombre d'anciens esclaves ne sont pas nés dans la colonie de St. Domingue et sont issus de diverses nations africaines (avec langues et cultures différentes). À cette masse plurielle, s'ajoutent les Européens, des Français, des Polonais, des Allemands, même si leur importance démographique est toute relative et même marginale.

> « Au moment de l'indépendance (1804), on retrouve une part conséquente de la population haïtienne qui n'est as créole. »

Dire/Faire nation en cette circonstance n'était pas évident. Il a fallu construire une narration, définir une catégorie qui soit capable de réunir les deux principaux groupes de couleur, les noirs et les mulâtres, dont leurs élites sont en compétition, pour ne pas dire réciproquement hostiles. La première constitution d'Haïti (1805) stipule en son Article 14 que « toute acception de couleur parmi les enfants d'une seule et même famille, dont le chef de l'État est le père, devant nécessairement cesser, les Haïtiens ne seront désormais connus que sous la dénomination générique de Noirs »[1]. Les bases d'une identité haïtienne ont été ainsi posées. Nous, Haïtiens, sommes tous noirs. Hâtivement on peut penser à un paradoxe, la référence à une « acception de couleur » alors qu'on rejette en principe « toute acception de couleur ».

Si l'on s'inspire de l'ouvrage de David Nicholls[2], on comprendra que, dans ce texte constitutionnel qui recèle un

---

[1]. Au passage, la dénomination du territoire, la décision du retour au nom indien d'Haïti et le rejet du nom français de Saint Domingue participe aussi de cette narration et de la construction identitaire qui lui est corollaire. Voir à ce sujet David Geggus, « The Naming of Haiti », *New West Indian Guide / Nieuwe West-Indische Gids*, Vol. 71, No. 1/2(1997), pp. 43-68.

[2]. Nicholls, David, *From Dessalines to Duvalier. Race, Colour and National in Haiti*. New Jersey, Rutgers University Press, 1996.

discours politique représentant la première forme que revêt le récit national haïtien, la notion de « race » occupe le premier plan au détriment de celle de « couleur ». « Noirs » comme "dénomination générique" ne renvoie pas à la notion de « couleur ». C'est l'équivalent d'une « race », la « race africaine ». Malgré les contradictions qui les traversent, les élites haïtiennes, toutes catégories confondues, se sont bien reconnues dans cette construction identitaire, dans ce récit national. On peut dire qu'elles l'ont tout simplement intériorisé. L'exemple emblématique qu'on pourrait citer est celui de Beaubrun Ardouin, qui, avec d'autres figures de la scène politique et savante des années 1850 et 1860 (du 19ème siècle), ont développé ce que David Nicholls appelle la « légende mulâtre » (Nicholls 1974). Si ses travaux sur l'histoire d'Haïti sont à l'antipode de ceux de Madiou[3], dont on ne saurait douter de l'adhésion au récit national inscrit dans la constitution de 1805, Ardouin considère néanmoins les mulâtres comme partie intégrante de la « race noire » (Ardouin 1853 : 7). C'est donc une supercatégorie (Noir) qui a été conçue pour englober les sous-catégories de couleur. Qu'est-ce que cet article recèle ?

« *les noirs sont capables de civiliser leur communauté, de contribuer au progrès de l'humanité.* »

Même si la notion de race est placée en son centre, ce récit national n'est pas un racisme à rebours. David Nicholls parle de racialisme (en anglais dans son livre *racialism* ou *racial consciousness*) et souligne ses principales composantes pour bien montrer qu'il s'est constitué à l'encontre de l'idéologie raciale coloniale/esclavagiste. Ce racialisme (de non-blancs) est basé sur les éléments suivants : (1) l'idée d'ancêtres communs biologiques associée à celle qui pose que ce fait biologique est secondaire ; (2) l'idée d'égalité des différentes races humaines ; (3) l'idée que les noirs sont capables de civiliser leur communauté, de contribuer au progrès de l'humanité (Nicholls 1996 :1 et 2).

---

3. "Although a mulatto, Madiou was never totally committed to the mulatto clique or cliques, as his association with the regimes of Soulouque and Salomon will indicate" (Nicholls 1974: 20).

Résumant une certaine appropriation des notions d'identités, de races et de couleurs, le discours politique que sous-tend cet article de la Constitution de 1805 a été dominant en Haïti durant tout le 19ème siècle et jusqu'à l'Occupation américaine (1915-1934) et marque encore aujourd'hui les esprits.

Ce récit national qui a marqué fortement l'historiographie haïtienne jusqu'au détour du 19ème et du 20ème siècles présentait tout de même une certaine limite. Cette manière de dire la nation n'a pas toujours joué en faveur de la cohésion nationale. Le facteur déterminant en était ce décalage trop grand entre ce récit national et le « modèle social haïtien ». La fiction unitaire ne saurait nullement fonctionner quand les contradictions du système social atteignent un point paroxystique, quand la domination sociale d'après l'indépendance devient féroce au point d'être comparée à la domination coloniale.

> « il aurait fallu une transformation du modèle social afin de rétablir le tissu social haïtien »

Ce récit a trouvé chez les écrivains haïtiens de la fin du 19ème siècle, comme L. J. Janvier, J. A. Firmin, Hannibal Price, ses formulations les plus excellentes. Cela ne l'a pas empêché d'entrer en désuétude, de connaitre une certaine décadence. On peut dire que ce récit a été sérieusement ébranlé au 20ème siècle. La prégnance des discours coloristes (mulâtriste et noiriste) dans l'opinion pendant l'occupation américaine, dans les années 1940, 1950 et sous la dictature rend compte de ce déclin. Les crises sociales n'ont eu qu'à le parachever.

La nécessité d'une nouvelle narration se pose. Mais, par-delà un autre récit national ou pour assurer un fondement stable à celui-ci, il aurait fallu une transformation du « modèle social » afin de rétablir le tissu social haïtien.

L&L : *Existe-il ou peut-on parler d'une identité typiquement haïtienne ?*

JPB : Dans le cas haïtien, comme pour d'autres peuples, je ne pense pas qu'on peut parler d'identité typique (ou spécifique) en un sens absolu. En fait, les identités nationales se sont toujours construites en miroir dans le cadre du système-monde et suivant des paradigmes qui y sont dominants à des moments déterminés. Ce sont des réponses politiques, une certaine manière de faire ou de vouloir faire société nationale (le social à l'intérieur de l'État-nation) dans le monde moderne ou pour entretenir la résistance face à une oppression coloniale. Donc, en ce qui a trait au discours identitaire haïtien, il n'a pas été le même de tout temps tant dans sa formulation que dans son contenu. On a pu repérer en effet deux grands moments où, à chaque fois, l'identité haïtienne a été articulée d'une certaine façon. L'occupation américaine a été un moment fort de crise et de transition du paradigme dominant au 19e siècle à celui qui a marqué le 20ème siècle (avec le temps fort que constitue le règne des Duvalier). Cette « identité » est appelée sans doute à connaître d'autres évolutions. On ne sait pas ce que nous réserve la sortie de la crise ouverte par la chute des Duvalier.

> « les identités nationales se sont toujours construites en miroir dans le cadre du système-monde »

Dans son grand ouvrage d'histoire des idées (d'Haïti), *From Dessalines to Duvalier. Race, Colour and National Independence in Haiti* [1979, 1986], David Nicholls a su relever ce qui distingue la pensée nationale du 19ème de celle du 20ème siècles, autrement dit pour exemplifier, ce qui distingue des gens comme De Vastey, Madiou, Ardouin, Janvier et Firmin (pour ne prendre que ces figures) d'autres comme Dorsainvil, Price-Mars, Holly, Roumain et Brouard (pour ne s'arrêter qu'aux années 1960 du 20ème siècle).

On peut prendre un élément parmi tous ceux sur lesquels Nicholls s'est focalisé : « le fait biologique de la race ». Au 19ème siècle, dans le paradigme ethno-racial qui a posé que tous les haïtiens font partie d'une seule et même race, la race noire, et qui a maintenu à l'avant l'idée d'Égalite des races humaines, « ce fait biologique » a été pourtant relégué au second plan. Or, au 20ème siècle, le biologisme qu'Anténor Firmin a mis tout son talent d'écrivain à déconstruire connaîtra ses heures de gloire en Haïti chez les Dorsainvil, Holly, Brouard. Même si Price-Mars y échappe, il n'est pas moins versé dans une forme d'essentialisme ou de particularisme. Il est parmi ceux qui insistent sur les caractères psychologiques *intrinsèques* du Noir (qui ne sont pas loin des caractères *physiques* [biologique] qui leur servent de fondement).

Pour rendre compte de cette grande différence de « l'identité nationale » du 19e de celle du 20ème siècle, Nicholls n'hésite pas à dire : « Bien qu'ils aient souligné le fait que la civilisation occidentale avait commencé avec les Noirs de l'Afrique du Nord, cela a été utilisé comme preuve de l'égalité fondamentale de la race plutôt comme base sur laquelle construire une idéologie de la *négritude*. Jusqu'à la période de l'invasion des États-Unis, on ne trouve guère trace de cette idéologie qui prétend que les Noirs sont différents des Européens et que les Haïtiens, qui appartiennent à la race noire, devraient considérer l'Afrique contemporaine comme le modèle à suivre ». ["Although they pointed the fact that western civilisation had begun with black of northern Africa, this was used as evidence for the fundamental equality of the race, rather than as a basis upon which to build an ideology of négritude. Until the period of the United States invasion there is hardly to be found a trace of that ideology which claims that black people are different from Europeans and that Haitians, who belong to the black race, should look to contemporary Africa as the pattern to be followed (Nicholls 1986: 11)"].

« on ne trouve guère trace de cette idéologie qui prétend que les Noirs sont différents des Européens »

On ne comprendra que difficilement cette affirmation de Nicholls. En effet, un auteur comme Firmin, pour ne prendre que cet exemple, a été lu au 20ème siècle souvent dans les termes de l'indigénisme haïtien et de la négritude plutôt que dans ceux des courants de son temps. À l'instar d'un anthropologue américain qui voudrait souligner son apport très original à « l'anthropologie naissante », pour reprendre cette expression chère au professeur Stéphane Douailler.

Tout se passe comme si les auteurs utilisent les mêmes mots pour dire des choses différentes, "sans parler la même parole".

L&L : *Comment définir ou plutôt se définit l'Haïtien de nos jours ?*

JPB : Le pays connait depuis 1986 une situation de crise ouverte. Et, les crises antérieures n'ont été « résolues » que dans la violence. Les situations de crise et de violence révèlent souvent des situations d'absence de « paroles communes ». Sinon, les crises politiques reflètent aussi les crises de la définition de l'identité nationale, un dissensus conflictuel sur la définition du « nous », des modalités et des termes de l'inclusion et de l'exclusion. La nation est donc toujours à réinventer et cela engage à produire de nouvelles narrations, à redéfinir ce « nous/collectif /communautaire» dans un monde ou les frontières stato-nationales sérieusement bousculées par les nouvelles technologies de communication, les dynamiques du capital entre autres. Mais, pour en arriver là, il nous faut un nouveau projet de société dans une dynamique qui vise à retisser les franges de cette population que « l'État », qui est à refonder aussi, ne peut pas tenir ensemble..

> « Les situations de crise et de violence révèlent souvent des situations d'absence de "paroles communes"»

L&L : *D'après vous, la colonisation ou encore l'occupation étrangère ne joue-t-elle pas un rôle dans la déconstruction de la dynamique sociale et identitaire ?*

JPB : On ne peut nier les méfaits de la colonisation, voir du néocolonialisme. Il existe des études étayées qui en rendent compte assez bien. *La culture opprimée* de Jean Casimir est un de ces travaux abordent la question sous l'angle qui nous intéresse. Par-delà ces études, il nous faut aujourd'hui penser reconstruction. Bien évidemment, celle-ci ne sera pas un cadeau des anciens colons. Ce ne sera pas non plus un cadeau des classes dominantes. Elle engage certaines forces vives de la nation à construire contre certains politiques qui ont souvent utilisés un discours anticolonial qui sert de paravent à des pratiques antinationales.

L&L : *En quoi et comment les œuvres artistiques et littéraires permettent-elles de penser/panser le colorisme ?*

JPB : Je crois qu'il nous faut peut-être refaire le deuil du colorisme qui, comme tout vieux démon a toujours tendance à se réveiller ou à être réveillé. J'ai vu dans ces histoires de *pitit Desalin* et de *pitit Petyon* les dernières formes de réveil de ces vieux démons du colorisme. On peut noter que ce n'est pas *pitit Sans-souci, pitit Jean Jacques Acaau, pitit Charlemagne*, ou *pitit Benoît Batraville*. En tout cas, des *pitit de chef*. Qu'est-ce que cela signifie comme prégnance de l'idéologie dominante ? L'art peut jouer un rôle déterminant dans la construction et la dissémination de nouvelles narrations. Le 20ème siècle haïtien a montré ce que peuvent les poètes. Le plus grand idéologue coloriste/noiriste haïtien du 20ème —un mulâtre, cela soit dit en passant— est un poète, Carl Brouard, celui que François Duvalier a toujours considéré comme son maître à penser et qui a eu droit à des funérailles nationales. J'ai choisi cet exemple pour souligner que rien n'augure que les œuvres artistiques devraient nécessairement avoir un rôle positif. Ce sont également des armes de confusion massive. Ils participent souvent au réveil des vieux démons du colorisme. Cependant, le milieu artistique est un lieu de débats vivant dans l'espace public où peuvent se développer des idées dans la perspective non seulement de maintenir vive la mémoire des méfaits du colorisme, mais aussi de favoriser la création des nouvelles narrations[4].

Propos recueillis par Dieulermesson Petit Frère

---

4. David Nicholls évoque le noirisme de Carl Brouard dans un entretien avec Jean L. Dominique à Radio Haïti Inter en avril 1976.

Du parcours d'Édouard Duval-Carrié

Peintre et sculpteur américain d'origine haïtienne, Édouard Duval-Carrié est une figure importante de l'art contemporain. Son travail artistique est l'expression de la culture, de l'art et de l'histoire d'Haïti. Il a participé à plusieurs expositions en Haïti, en France, au Mexique, aux États-Unis, en Colombie, en République Dominicaine et au Bénin. Depuis 1992, il s'est installé à Miami où il a ouvert son atelier.

Le plasticien haïtien Édouard Duval-Carrié est né Édouard Duval en 1954 à Port-au-Prince[1]. Son père, Claude Duval, est issu d'une famille de mulâtres libres, propriétaires terriens des environs de ce qui deviendrait Pétion-Ville (actuel quartier Duval). Pendant la Révolution haïtienne, la famille se replia sur la Martinique pour finir par s'établir dans la ville portuaire haïtienne de Miragoâne où elle se reconvertit dans le négoce. Par ailleurs, un grand-père de Claude était d'origine allemande. À la naissance d'Édouard, Claude, commerçant et entrepreneur, avait quitté Miragoâne pour Port-au-Prince.

Sa mère, Anita Carrié, dont Édouard va accoler le nom à son patronyme pour former son appellation d'artiste, est la descendante du général Bernard Alexis Carrié, gouverneur de Santo-Domingo lors de l'occupation de la partie Est de l'île par Haïti sous la présidence de Jean-Pierre Boyer. Anita travaillera toute sa vie au côté de son époux.

Édouard a neuf ans lorsqu'en raison du climat délétère imposé

---

1. Cet article est tiré principalement d'une enquête réalisée du 1er au 8 août 2016 auprès d'Édouard Duval-Carrié dans son atelier de Little Haïti à Miami.

par la dictature de François Duvalier, sa famille laisse Haïti pour Porto Rico, où le père va poursuivre ses activités de commerce et d'entreprise. Elle retourne en Haïti huit ans plus tard. Édouard a alors dix-sept ans. Mais il n'y reste qu'une année, avant d'aller finir son lycée à New York puis préparer une double licence de géographie et d'urbanisme au Loyola College de Montréal, future Concordia University.

Édouard Duval-Carrié est donc issu d'une famille de la bourgeoisie provinciale mulâtre haïtienne dont l'aisance relative lui permettra d'accéder d'emblée aux « armes miraculeuses » de la formation intellectuelle. Il bénéficiera également du patrimoine culturel et des ouvertures de son milieu. En outre, son parcours de jeunesse : Port-au-Prince, Porto Rico, New York, Montréal, lui offrira de vivre et de maîtriser plusieurs langues et cultures : créolophone, francophone, hispanophone, anglophone, qui plus est dans des contextes systématiquement interculturels.

Sa licence terminée, Édouard retourne en Haïti s'occuper d'une entreprise de construction de son père. Il y consacre une dizaine d'années, tout en fréquentant assidument le Centre d'art de Port-au-Prince où il se forme auprès de la première génération d'artistes-peintres du Centre : Salnave Philippe-Auguste, Georges Liautaud ou Rigaud Benoît, dont l'influence sera pour lui déterminante. C'est aussi au Centre qu'il donne en 1978 sa première exposition, des peintures grand format. Une de ces œuvres est achetée par le Figge Art Museum de Davenport (Iowa). À cette occasion, un journaliste de Radio métropole déclara qu'Édouard Duval-Carrié « était un bourgeois qui avait compris que l'essence d'Haïti était populaire ».

« Édouard Duval-Carrié est donc issu d'une famille de la bourgeoisie provinciale mulâtre haïtienne. »

Un tableau qui devait figurer à cet évènement, représentait le président haïtien d'alors, Jean-Claude Duvalier, en folle à marier. C'est que le frère aîné d'Édouard, Robert Duval, venait de sortir d'un an et demi d'incarcération sans cause à Fort Dimanche, redoutable geôle du duvaliérisme. Il avait dû sa libération à l'intervention du gouvernement de Jimmy Carter. La toile fut finalement écartée de l'exposition car la directrice du centre, Francine Murat, jugea risqué de la présenter. Ce portrait de Duvalier-fils habillé en mariée se suicidant d'un coup de revolver à la tempe, fut toutefois reproduit en affiche lors de la chute du régime sous le titre d'« Haïti libéré ». Il est devenu depuis un symbole de l'anti-jean-claudisme.

Le travail de Duval-Carrié sera remarqué par un agent culturel français, l'écrivain et documentariste Jean-Marie Drot, qui propose alors au peintre une résidence à Paris afin de participer aux festivités du bicentenaire de la révolution française. Arrivé à Paris en 1988, le ministère français de la coopération lui offre une bourse de création et un atelier immense au Musée des arts africains et océaniens où il travaille en compagnie de deux autres plasticiens, le Français Philippe Nouail et le Sénégalais Fodé Camara. Là, il prépare vingt-deux pièces pour le Bicentenaire, dont un polyptique de douze tableaux, « Le retable des neuf esclaves ». Son travail porte sur la société coloniale de Saint-Domingue et la mémoire haïtienne de la révolution anti-esclavagiste. Outre Paris, cette exposition tournera à Port-au-Prince, Dakar, Memphis. Lors de son séjour parisien, le ministère lui propose également de compléter sa formation à l'École des Beaux-Arts. Il y fréquente notamment l'atelier Lebel où il acquiert la maîtrise du moulage et celle de nouveaux matériaux comme la résine synthétique.

Duval-Carrié passe au final cinq années à Paris. Au cours de ce séjour, le Museo de Arte Comtemporaneo (Marco) de Monterrey au Mexique lui ouvre alors ses portes avec l'exposition « Mythe et magie dans les Amériques ». Duval-Carrié y est convié à présenter des œuvres élaborées pour le Bicentanaire, dont « Le Retable ». Peu après, le musée lui commande une exposition particulière sur le thème de « La destruction des Indes ».

En cette même année 1992, le ministère de la coopération et le gouvernement du Bénin lui commandent une installation pour le premier Festival mondial des arts et cultures vodou à Ouidah (Bénin). arts et cultures vodou à Ouidah (Bénin). L'évènement, « Ouidah 92 », eut lieu en février 1993. Ce sera, assure-t-il, un grand moment de sa vie. Il nous confie à ce propos :

J'avais observé un jour, dans la région de Miragoâne, un fait inouï : une prêtresse vodou nommée Mambo Nana avait rassemblé dans une plaine des milliers d'individus pour effectuer le renvoi des âmes de leurs parents défunts en Afrique. Au cours du rituel, les dévots achetaient des papiers qui devaient servir de passeports aux esprits pour leur retour vers la mythique Guinée. Inspiré par cela, et pour éviter en quelque sorte que ces pauvres âmes envoyées par Mambo Nana n'errent dans l'Atlantique, j'ai souhaité dresser à Ouidah des manières d'antennes qui leur permettraient de rejoindre en Afrique un lieu sacré du vodou, étant entendu que Ouidah représente pour les vodouisants la ville de référence, parce que siège du temple des serpents donc de Damballah. Je pensais réaliser mon installation dans un musée ou un espace voué à l'art contemporain. Il en alla tout autrement car la manifestation de Ouidah s'avérait être non pas un évènement artistique mais plutôt une réunion sous l'autorité de celui qui était en quelque sorte le pape du vodou, le Dagbo Hounon. En conséquence, mes antennes se retrouvèrent portées en procession jusqu'à une plage d'où étaient partis des esclaves. Là, le Dagbo fit une cérémonie pour diriger les esprits errants expédiés par Mambo Nana. Puis les antennes furent ramenées

« J'ai souhaité dresser à Ouidah des manières d'antennes qui leur permettraient de rejoindre en Afrique un lieu sacré du vodou. »

dans la ville et installées à l'entrée de son temple. Je pensais repartir avec mes sculptures mais comme elles étaient désormais considérées comme d'importants fétiches, je dus les offrir au Dagbo... Des années plus tard, Peter Sutherland, de l'Université de l'État de Louisiane (LSU) à Bâton Rouge, me projeta des films qui donnaient à voir des cérémonies réalisées à Ouidah lors des festivals qui suivirent. Quelle fut ma surprise de constater que la procession que j'avais initiée sous l'égide du Dagbo continuait à se faire, et mes antennes, devenues des fétiches, étaient au centre d'une sorte d'installation sur la plage, accompagnées d'une multitude d'autres, probablement commanditées à d'autres féticheurs par le Dagbo et ses successeurs. Toutefois, cet agencement sacré ne servait plus seulement ou plus du tout à diriger vers Ouidah les âmes errantes expédiées par Manbo Nana, mais avaient pour fin d'attirer dans le pays le plus de touristes possible. Cette affaire fut pour moi un grand moment car une de mes œuvres, détournée de son but initial, avait une conséquence inattendue : elle avait été assimilée à une production sacrée et avait donné lieu à une nouvelle pratique votive : faire venir des touristes.

« *Édouard Duval-Carrié est aux États-Unis un artiste contemporain reconnu.* »

La prolongation du séjour parisien d'Édouard Duval-Carrié risquait cependant de lui faire perdre son statut de résident étasunien acquis à l'époque où il vivait à Porto-Rico. Il décide donc d'émigrer, fin 1993, à Miami, ville où il s'arrêtait lors de ses voyages au Mexique, notamment pour y retrouver des compa-triotes. Il ouvre un atelier à Little Haïti. Commence dès lors pour lui une phase étasunienne ininterrompue à ce jour.

Édouard Duval-Carrié est aux États-Unis un artiste contemporain reconnu et, partant, une réussite diasporique haïtienne. Ses œuvres, qui font l'objet de plusieurs études, investiguent en profondeur l'épopée et la tragédie haïtiennes mais également l'interculturalité dans laquelle se trouve plongée la diaspora, ainsi que les paysages de la Tropicalité. Elles ont obtenu divers prix (Southern Arts Federation Visual Art Fellowship 1996, United States Artists Fellows 2014, etc.) et figurent dans de nombreuses collections privées, de même que dans des lieux publics comme l'aéroport international de Miami ou dans une dizaine de musées, principalement du sud des États-Unis.

Gerry L'ÉTANG, Ph.D.
CRILLASH
Université des Antilles

Troisième partie
Lectures

223 La bête de Musseau
Par Qualito ESTIMÉ

227 Le coeur à rire et à pleurer
Par Carolyn SHREAD

229 La vie et ses couleurs
Par Dieulermesson PETIT FRERE

233 Cruelle destinée
Par Jean James ESTÉPHA

Philippe Thoby Marcelin et Pierre Marcelin sont deux figures importantes du mouvement indigéniste haïtien. Né en 1904, Philippe Thoby a co-fondé le Parti Socialiste Populaire et a été classé premier au concours Latino-américain du Roman. Ils sont auteurs de trois romans.

Philippe-Thoby Marcelin, Pierre Marcelin, **La bête de Musseau**, New York, La Maison Française, 1946, 218 pages.

Le roman paysan *La Bête de Musseau* est coécrit par les deux frères Philippe Thoby et Pierre Marcelin. Le premier est journaliste, avant-gardiste du Mouvement Indigéniste, opposant à l'occupation américaine et membre fondateur de la plupart des revues et journaux de l'époque, entre autres *La Nouvelle Ronde* (1925) et la *Revue Indigène* (1927). Ce roman, paru en 1946 et réédité en 2007, est influencé par les préceptes du mouvement indigéniste dans lequel se poursuit la représentation du monde rural haïtien et de ses composantes.

Ce texte, comme toute œuvre littéraire, est un travail sur le langage qui, de par le point de vue des auteurs sur la création romanesque, s'inscrit dans le réalisme littéraire. Ainsi, le langage y est objectivé par l'auteur pour créer ce que Roland Barthes appelle *l'effet de réel*. Le roman unit le naturel et le surnaturel en un univers indivisible et représente deux groupes sociaux dans un antagonisme social entre citadins et campagnards. Morin Dutilleul, le personnage principal, devenu veuf, s'est installé à Musseau, une petite localité rurale à proximité de Port-au-Prince, où il s'est procuré une assez considérable portion de terre. Mais ses rapports avec les paysans sont dès le départ volontairement tendus : il croit devoir les tenir à distance, les traiter avec hauteur et rudesse, se moquer de leurs croyances et leurs modes de vie. C'est ainsi qu'il a décidé de leur fermer l'accès à la source qui se trouve sur son habitation et d'abattre un grand Mapou qui était, selon la croyance des habitants de cette localité, le reposoir des esprits tutélaires de la région.

À partir de ce jour, Bossuet Métellus, considéré par tous comme un *houngan* qui travaille « de la main gauche », se met à lui faire une guerre sourde. Toutes les nuits, une bête mystérieuse parcourt la région, s'attaquant aux animaux et aux gens ; elle blesse horriblement un jeune homme, le frère de Bossuet, qui meurt des suites de ses blessures. Une fois, la bête se porte sur l'habitation de Morin Dutilleul et égorge un porc, après avoir résisté aux coups de revolver tirés par le propriétaire. Morin Dutilleul quitte alors Musseau. Cependant, le propriétaire cède un jour au désir de revoir ses terres, ce qui lui sera fatal puisqu'il sera poursuivi par la bête qui réapparait. Dans une course échevelée, il ira se cogner au garde-fou de la route de Pétionville et se précipite dans le ravin.

La Bête de Musseau nous présente l'action de forces surnaturelles sur les habitants de ce lieu, où les personnages agissent selon leurs croyances et semblent vivre sous le joug des dieux du vaudou. Le roman démontre l'importance et l'emprise des croyances religieuses ancestrales dans la vie des paysans de Musseau. Leur vie semble vouer au culte ancestral des emprises duquel ils ne peuvent s'affranchir. Ce n'est cependant pas une image valorisante du mode de vie et des croyances du peuple que nous présentent les romanciers.

Une lecture interdiscursive

Ce roman est fortement marqué du sceau de l'interdiscursivité (concept englobant auquel est lié d'autres comme l'intertextualité (Kristeva et Barthes) et dialogisme (Bakhtine) pouvant être considéré comme une notion générique de mise en relation de ce qui a été déjà dit quelle que soit la forme textuelle sous laquelle il apparaît ce déjà dit. En ce sens qu'il porte un discours empreint d'un constat du mal social très critiqué à l'époque ; des fossés qui dissèquent la société haïtienne, et qui étaient identifiés par certains comme la cause de l'humiliation et la souillure du sol national à cette époque d'occupation militaire par les États-Unis. Interdiscursivité en ce sens que ce même discours est présent dans le champ théorique chez un penseur comme Jean Price-Mars à l'époque, qui dans *La vocation de l'élite*, avait pris le soin de faire une analyse des composantes sociales de la nation haïtienne. Price-Mars ébauche la naissance des classes distinctes du pays et, du même coup, l'origine et certaines causes du grand fossé les séparant. Il s'interrogeait alors sur une possible explication aux compartiments étanches qui séparent les groupes sociaux et sur le fait que cette division semble opposer deux organismes étrangers, l'un superposé à l'autre dans une relation de maître/esclave, parasite/hôte. Nombre de discours et d'analyses sociohistoriques tenteront d'apporter des réponses à cette réalité d'époque. Et la trame romanesque de La bête de Musseau peut être lue comme une forme romancée de ce discours.

Morin Dutilleul, une figure de l'élite dans le roman

On peut déceler dans le roman des passages illustrant la doxa émanant du discours de certains personnages. Morin peut être considéré comme une figure de cette élite qui méprise et abuse les paysans. Le début du roman nous présente ce personnage principal venant de la ville comme ayant une vision idyllique de jeunesse, de la campagne. Mais à peine qu'il s'y établit que la réalité se révèle tout autre et fait grandir en lui une haine envers les paysans du village :

— Encore cette sale engeance !, grogna-t-il.
Un rictus de colère lui déformait la bouche. Ce n'était plus le Morin d'autrefois, le citadin idéaliste qui poétisait de loin la vie rurale. Depuis qu'il était en contact avec eux, les paysans, qu'il trouvait trop frustes et trop pouilleux et « sans respect avec ça pour les gens de bien », l'horripilaient. Aussi, à peine installé à Musseau, s'était-il évertué à leur en imposer par une attitude hautaine, presque arrogante, —ce qui, à tout prendre, n'était peut-être pas impolitique car, bien que leurs ancêtres eussent aboli au prix du sang l'esclavage colonial, ces pauvres gens avaient toujours été maintenus par la classe dirigeante dans les chaines de la sujétion, de l'ignorance et de la misère. (pp. 23-24)

De ce passage, deux points de vue émanent de deux entités différentes sur la classe paysanne. Cet extrait en dit long sur la perception et le comportement de Morin par rapport au monde rural en général. Cette première phrase de la citation : « —Encore cette sale engeance !, grogna-t-il» est présentée comme la pensée du personnage puisqu'il est clair que c'est ce qu'on pourrait appeler un discours rapporté. Mais Morin « grogne », ne le dit pas de manière intelligible, malgré le fait qu'il est seul. Et ce "grognement", mot désignant le cri d'une bête, nous montre comment la situation dans laquelle il se trouve l'abêtit même de l'intérieur. Il éprouve aussi de la colère et tout cela vient après qu'il ait entendu, près de la source qui borde ses terres, les cris des enfants du village qui jouaient dans l'eau, alors que le citadin faisait sa sieste en paix, sur sa galerie. L'incident arrive donc au moment où il croit accomplir cette vision de rêve qu'il avait de la campagne, comme un endroit où il pourra vivre une paix béate. De surcroît, il se prend pour un personnage de bien —du point de vue de classe— que « ces gens » se doivent de respecter ; « sans respect avec ça pour les gens de bien » (p. 23) : cette phrase émanant du point de vue du protagoniste, mise entre guillemets dans le texte, en dit long. Morin se prend alors pour le seul «gens de bien » du village que les paysans « pouilleux » doivent respecter.

Morin est dominé par cette idéologie de caste, dont il réclame la position et les honneurs qui vont avec, tel que nous le décrit le texte :

Il avait pour ainsi dire cette chose-là dans le sang. Ses ancêtres [...] avaient été planteurs, et il s'en souvenait avec nostalgie, considérant d'ailleurs sa position présente comme une déchéance. (p. 10)

Le citadin se voit un maître, auquel le paysan doit obéir sous peine d'être châtié, ce qu'il n'hésitera pas à faire souvent dans l'histoire. Du point de vue du narrateur, pour comprendre le comportement de Morin face aux paysans, il faut comprendre le rapport maître/esclave qui a existé entre ces deux groupes dans l'histoire nationale. Ceci dit, du point de vue de l'idéologie qui sous-tend son appartenance de classe, Morin ne se défait pas de sa vision du paysan comme esclave au service de l'élite, dans la configuration de l'époque.

Qualito ESTIMÉ, M.A.

Romancière, nouvelliste, dramaturge et essayiste, Maryse Condé est née en 1937 à Pointe-à-Pître en Guadeloupe. Récipiendaire d'une douzaine de distinctions, *Le coeur à rire et à pleurer* (1999) est son premier recueil de récits. Elle vit à Paris.

Maryse Condé, ***Le coeur à rire et à pleurer***, Paris, Pocket, 1999, 155 pages.

Dans quelle mesure un conte peut-il être vrai ? C'est la question que nous pose le sous-titre ambigu du recueil de Maryse Condé, *Le cœur à rire et à pleurer : Souvenirs vrais de mon enfance* (1999). À quel point peut-on se fier à l'enfant qui raconte, ou à l'adulte qui se souvient d'une enfance lointaine ? Et pourtant, il semble que ce soit justement la véracité de cette vingtaine de nouvelles qui nous marque et les juche au tribunal de l'histoire.

Nous n'oublierons pas si vite la « Leçon d'histoire » que l'auteure nous fait. Le compte rendu d'une rencontre surnaturelle qui revit un passé de supplices lorsque, face aux abus qu'elle subit d'une certaine Anne-Marie de Surville, l'enfant demande à sa mère : « Pourquoi doit-on donner des coups aux nègres ? » Dans ces quelques pages, Maryse Condé condense toutes les contradictions de l'Histoire, prouesse qui ferait l'envie d'un Hegel. Et ce n'est pas parce qu'elle l'éclaire d'une intensité lancinante que nous demeurerons aveugles à ses horreurs.

Mais il ne s'agit pas seulement de souffrances à grande échelle, car c'est aussi dans le milieu familial qu'une critique tranchante se fait. La question des parents lors d'un « congé en métropole » témoigne de l'aliénation fondamentale diagnostiquée par leur fils aîné : « Papa et maman sont une paire d'aliénés » (p. 15). C'est à la terrasse d'un café dans un quartier chic de Paris qu'un serveur admet :

— Qu'est-ce que vous parlez bien le français ! [...]
— Pourtant, nous sommes aussi français qu'eux, soupirait mon père.
— Plus français, renchérissait ma mère avec violence. Elle ajoutait en guise d'explication : Nous sommes plus instruits. Nous avons de meilleures manières. Nous lisons davantage. (p. 13)

La jeune fille, désespérément admirative de son grand frère Sandrino, le suivra au-delà de sa mort précoce.

Comme son frère, elle cherchera à comprendre et à définir le monde qui l'entoure avec la même intelligence et sans indulgence aucune. La vérité crue. Ainsi, à chaque histoire, sa vérité blessante : comme pour la mère bien-aimée qui, le jour de son anniversaire (« Bonne fête Maman ! »), recevra en cadeau son portrait fait par sa fille qui ne sait mentir, ou pour sa meilleure amie, Yvelise, quand elle essayera « d'expliquer le mystère de l'amitié entre la cancre et la surdouée » (p. 41) —autant d'hommages à cette mère orgueilleuse :

Ses yeux étaient recouverts d'une pellicule brillante. Bientôt, celle-ci se déchira et des larmes dessinèrent des sillons le long de ses joues poudrées.
— C'est comme ça que tu me vois ?, interrogea-t-elle sans colère.
Puis elle se leva, traversa le salon et monta à sa chambre. Je n'avais jamais vu pleurer ma mère. (p. 84)

Notre auteure avait déjà une fine plume dès son jeune âge…

Que ce soit l'amour d'une fille pour sa mère, ou la représentation de l'exultation de la liberté, je ne connais pas d'autres images plus vivifiantes, ni plus émouvantes que celles du beau vélo et du retour au « lit qui craquait comme un canot qui prend la mer » (p. 135) dans « À nous la liberté ? ». Comment sait-elle nous faire embarquer dans ce grand lit bateau, on ne peut plus intime ? Nous restons sur ses flots…

Œuvre d'une perspicacité dépourvue de complaisance, ce petit livre m'a entraînée à suivre ses pas —à Deshaies, à Gourbeyre, à Grande-Terre, à Basse-Terre, à Marie Galante— chapelet d'histoires vécues, de moments forts d'une enfance, d'une adolescence, d'un départ du pays pour la métropole et, enfin, vers « la vraie vie » (p. 147). Pour ceux qui admirent en littérature la possibilité de cristalliser la vie, ce bijou clivé tôt dans ce qui sera la longue carrière littéraire illustre de Maryse Condé, est à découvrir, à chérir, à relire. Car comme toutes les histoires vraies, celles-ci ne nous quitteront pas, si ce n'est que pour se muter en légendes.

Carolyn SHREAD, Ph.D.

Né à Port-au-Prince en 1956, Lyonel Trouillot est poète et romancier. Animateur d'ateliers d'écriture à Port-au-Prince et membre du jury du Prix des Cinq continents de la Francophonie, il a reçu ntre l'homme et la nature.

Lyonel Trouillot, *La vie et ses couleurs*, Port-au-Prince, C3 Éditions, 2012, 165 pages.

La vie et ses couleurs est un collectif de dix nouvelles réunies et présentées par Lyonel Trouillot et publiées chez C3 Éditions en novembre 2012. À partir d'un vécu ou d'un fait social –qu'il soit réel ou fictif – les auteurs soulèvent avec frénésie les enjeux et effets néfastes du racisme considéré comme une plaie sociale. Dans un style propre à chacun d'eux et un ton allant de l'ironie au comique, de l'absurde au tragique, chacun d'eau a su, non sans aversion, toucher la plaie du doigt. D'une nouvelle à l'autre, l'on sent cette révolte qui marche avec chaque mot. Ce refus, ce sentiment d'indignation qui accompagne chaque phrase et chaque paragraphe pour dire non à cette attitude d'égoïsme, de mépris et de haine envers l'autre. Cette querelle sans fond et cette ignorance hypocrite qui ne cesse de briser de plus en plus les liens sociaux nécessaires à la construction de cette cité idéale et juste dans une perspective platonicienne. Cette cité fondée sur la justice, l'équité et la solidarité.

La vie et ses couleurs aurait pu être titrée « Haïti et ses couleurs ». Il n'y a que ces deux éléments qui font l'unité du recueil. De la première à la dernière page, le lecteur est pris dans une sorte de labyrinthe dont l'issue n'est jamais à portée de main. Chaque page séduit le lecteur, attise sa faim et le tient accroché d'un mot à l'autre jusqu'au bout de chaque lettre. Les nouvelles disent la bêtise humaine, les préjugés des uns et les flagorneries des autres. Ce sont des témoignages, des anecdotes ou de simples faits ayant marqué le passé des auteurs ou attiré leur attention.

« Six bières, Monsieur! » de Rodney Saint-Éloi est une nouvelle qui traduit le cynisme, l'insolence de l'Haïtien pris dans une espèce de blancomanie stupide à l'endroit de celui qu'il dit ne pas être son semblable parce que Noir. Ils sont six hommes –un guide, un chauffeur tous deux Noirs et quatre autres au teint clair soient un haïtien et trois québécois – à se rendre à un bar au bord d'une petite plage au Cap-Haitien. La commande est placée : six bières ! Le barman n'a apporté que quatre. Il en manque deux. Quand le narrateur l'appelle pour lui en faire part, ce dernier lui répond : « Nous ne servons pas ici les Locaux » (p. 114). Et le narrateur de poursuivre :

[…] *Je lui dis, c'est qui les Locaux.*
– *Ah, ceux-là !*
Le serveur a l'index pointé sur le guide et le chauffeur.
– *C'est quoi les Locaux…*
– *Les gens de la zone.*
– *Le chauffeur est originaire de Port-au-Prince. Il n'est [as d'ici. Puis, qu'est-ce que ça veut dire…*
– *Oui, mais l'autre, nous le connaissons.*
– *Les Locaux, veux-tu dire les Noirs.*
– *Heu… Heu !!!*
– *Oui, ils sont noirs, comme toi comme moi.*
– *Ce n'est pas pareil.*
– *Non, je ne pourrai pas boire cette bière…*
– *C'est une honte, cette histoire de Locaux, de Noirs… de race.*
– *Non, non, ce n'est pas moi.*
– *C'est qui alors, lui dis-je.*
– *Monsieur Bernard. C'est l'ordre de Monsieur Bernard, qui ne veut pas qu'on serve ici ces gens-là.* (pp. 115-116)

Cette nouvelle met en relief ce que Jean Price-Mars appelle le bovarysme collectif, cette attitude de l'Haïtien à se considérer ou à se prendre autre que ce qu'il est en réalité. Cette forme de complexe que nous qualifierons "d'infériorité" n'est autre qu'une forme de rejet et de reniement de soi, d'aliénation résultant de la colonisation ou encore de la vision ou perception xénophobe qui fait les remous dans les pays occidentaux.

Madame Dextra, personnage de la nouvelle de Gary Victor et qui porte également son nom, est morte minée par le chagrin, la colère parce que ses deux enfants, Marc-André, Pierrot et leur père Soltiz –tous les trois mulâtres–, l'avaient reniée et traitée comme une vieille servante de rien du tout à la maison rien que parce qu'elle était Noire.

Même cas de figure pour Robert dans « La couleur n'est rien » de Lyonel Trouillot. Rejeté par sa mère qui lui préfère Philippe, son frère lequel hérite de son père –donc son autre homme- le teint clair. Cette mère pour qui « la couleur est une chose courante » (p. 142) et qui nous met en garde contre certaines idées toutes faites : « Faut pas croire que tous les gens de clairs, ils ont vécu dans le coton » (p. 142). La nouvelle « Mon rêve supermarket » de Chantal Kénol met en scène une jeune fille qui mise sur les effets miracles d'une crème de beauté pour s'éclaircir la peau.

Ma vie prendrait un autre tournant. Belle à faire tourner les têtes sur mon passage, comme dans les publicités à la télé, je me ferais des amis, me trouverais un amoureux, plus tard un mari, et je viendrais ici souvent pour me procurer de quoi entretenir ma beauté et manger à mon goût (p. 21).

En effet, ces histoires ont pour mérite de montrer comment, de nos jours, dans les sociétés postcoloniales, le racisme n'a pas disparu mais a pris d'autres formes ou d'autres couleurs. C'est donc une forme de déconstruction des croyances et des perceptions discriminatoires et coloniales érigées comme condition de civilité dans les rapports sociaux. En Haïti, ces pratiques sont monnaie courante. La *blanchité* qui « n'est pas qu'une disposition phénotypique, [mais un concept qui] porte en lui la possibilité d'accéder à la dignité humaine et citoyenne, et de jouir des avantages liés à ce statut […]» (Hourya Bentouhami-Molino) est considérée, dans certaines sphères, qu'elles soient politique, sociale et économique, comme l'élément moteur qui rapprochent les groupes, éliminent ou raffermissent les liens sociaux. Il suffit de se rappeler le comportement d'Emma Winkman dans le roman *Thémistocle Epaminondas Labasterre* de Frédéric Marcelin, fille d'un grand commerçant du bord de mer, quand elle a appris que Thémistocle, le pauvre, Noir de surcroit la demande en mariage. Même cas de figure dans *Les Thazar* de Fernand Hibbert où l'on voit Cilotte, la fille des Thazar, sous les conseils de sa mère, a préféré choisir Schleiden, un vieux blanc allemand, nullard de surcroit, pour faire sa vie à Lionel Brion –grand intellectuel, avocat et écrivain. Ou encore de Krausmann, ce taré d'allemand ayant épousé la fille du sénateur Jean-Baptiste Rénélus Rorotte dans *Séna* de Fernand Hibbert ?

La vie et ses couleurs dit la vie haïtienne avec ses pratiques barbares et ses représentations sous-développementistes. C'est une plongée toute profonde dans les dessous de notre société pour faire surgir un vieux démon qui ronge la société haïtienne. Les auteurs ont fait preuve de courage, de hardiesse et de dépassement en traitant la question avec beaucoup de subtilité sans tomber dans la trivialité. Même s'il y a lieu de signaler une certaine économie dans les scènes et les discours puisqu'il faut aussi relever une certaine prudence et même réserve dans les faits évoqués –on en recèle pire que ça dans la vie quotidienne- le lecteur ne peut toutefois s'empêcher d'être ému. Le recueil dit le pays (d'Haïti) dans toutes ses formes et coutures, ses eaux troubles et ses couleurs troublantes. Sans discrétion aucunes sans fard et sans rouges à lèvres. C'est une Haïti nue –comme elle l'est d'ailleurs. Avec tous ses mécanismes d'exclusion et ses faux-semblants, ses malaises et ses non-dits, voire ou ses simulacres pour parler un peu comme Fernand Hibbert.

Unité de lieu, unité thématique et unité de temps –nous sommes entre les 20ème et 21ème siècles, *La vie et ses couleurs* présente un tableau sombre et acide des pratiques et mesquineries quotidiennes d'une catégorie sociale au ton hautain sans souci du bien commun et du bien-être collectif. C'est le drame du mal-vivre de chaque haïtien victime ou porteur des germes de la ségrégation raciale. Un livre qui déshabille et démasque les préjugés de notre société en mettant en lumière les méfaits d'un drame social.

Dieulermesson PETIT FRERE,
M.A.

Cléante D. Valcin est née à Port-au-Prince le 13 janvier 1891. Poétesse, féministe et présidente de la Ligue féminine d'actin sociale, elle est la première romancière de la littérature haïtienne. Elle est l'auteur de deux romans : *Cruelle destinée* (1929) et *La blanche négresse* (1934).

Cléante Valcin, **Cruelle destinée**, Port-au-Prince, Éd. Fardin, 2003, 212 pages.

La quête perpétuelle de la (re)construction de l'être est sans doute l'un des thèmes majeurs du premier roman de Cléante D. Valcin. En effet, plusieurs personnages à l'image de certains héros de la mythologie grecque semblent être le jouet des dieux ou les victimes évidentes du sort. Malgré tout, ils tentent de se construire et de se reconstruire au fil des pages du roman.

L'histoire

Junie Rougerot doit faire face une situation désespérée. Son mari, Julien Rougerot, ruiné, part en exil pour échapper à la honte et à ses créanciers. Sa femme affronte, seule, la nouvelle situation alors qu'elle élève ses deux petites filles (Jane et Madeleine) et est enceinte depuis quelques mois. Ses deux filles sont recueillies par le couple Dubourg qui s'est occupé de leur scolarité. Afin de continuer à exister, Junie s'investit dans le commerce pour s'acquitter des dettes et s'occuper de sa famille qui vient de s'agrandir avec la naissance du petit Armand. Le commerce marche à pas lents et voilà que Junie tombe enceinte alors qu'Armand n'est encore qu'un bébé. Devant se cacher pour fuir la honte, elle trouve alors refuge à la campagne chez Pré-mice, une paysanne. Elle accoucha d'une fille et éprouve de grandes difficultés à trouver les deux bouts afin de nourrir ses deux enfants au point que Prémice a dû mendier pour nourrir ses trois hôtes. Malade, faible, mourante, Junie confia à Prémice la mission de déposer le bébé devant la porte de la maison du couple Renaudy qui n'avait pas d'enfants à ce moment-là. Julien est de retour quelques temps après avec la capacité de payer ses dettes mais avec l'impuissance de ressusciter de sa femme.

Le jeune Armand est en France pour étudier le Droit où il rencontre, sans le savoir, sa jeune sœur (Adeline Renaudy) de passage à Paris. Ils sont tombés amoureux et se promettent de se marier en Haïti. Ses études terminées, Armand rentre en Haïti et demande la main d'Adeline à ses parents. Monsieur Renaudy accepta mais Prémice avertit Adeline qu'elle est la sœur de son fiancé Armand. Déçue, Adeline repousse Armand, part se refugier en France et se fait appeler Claire Closebourg. Elle se retrouve au service de son vrai père Gaston Renaudy, parti en exil bien avant la naissance d'Adeline. Entre temps, Julien Rougerot s'est suicidé en apprenant la faute de sa femme, Monsieur et Madame Renaudy meurent de chagrin et de regret. Ayant enfin retrouvé son vrai père, Adeline revient en Haïti accompagnée de celui-ci qui est en fait le frère de son père adoptif. Mais cette der-nière ne tarda pas non plus à mourir après avoir appris que sa cousine, Louise, a aimé son fiancé. C'est donc avec bonheur qu'elle confia à Armand, redenu son grand frère, la main de sa cousine avant sa mort.

Un roman de la fatalité

La mort comme thématique dérivée de la fatalité est partout dans *Cruelle destinée*. Junie et Julien Rougeot, M. et Mme Renaudy, Adeline sont tous passés par là en l'espace de deux cent douze (212) pages du récit dont l'histoire se déroule sur une période d'environ deux décennies. Mais la mort ici est loin d'être une fin en soi. Ce n'est pas une mort qui augure un nouvel avenir comme c'est le cas dans *Gouverneurs de la Rosée* de Jacques Roumain ou *Compère Général Soleil* de Jacques Stephen Alexis. Il s'agit plutôt d'une mort dont les conséquences rentrent dans l'ordre normal des choses. Armand épouse Louise, la cousine d'Adeline qui a toujours aimé en secret Armand et qui a même écrit une lettre d'amour anonyme à celui-ci alors que le jeune homme était fiancé à Adeline ; le vrai père d'Adeline est retourné dans son pays après plusieurs années passées en exil. Cependant, il faut souligner des conséquences plus tristes, par exemple le suicide de julien en signe d'honneur et de pardon à sa femme (p. 194) ; la rentrée au couvent de Jane et de Madeleine (p. 195) et la mort de M. et Mme Renaudy, les parents adoptifs d'Adeline (p. 195).

D'une intrigue simple où l'on peut facilement deviner la suite depuis la mort de Junie Rougeot (p. 45), le roman de Cléante D. Valcin, considéré, sur le plan chronologique, comme le premier roman haïtien écrit par une femme, mélange allégrement le destin, la nécessité et la fatalité. Certains diront peut-être que le fait que le roman se termine par le mariage d'Armand et de Louise cela le rend un peu moins triste mais il n'en est rien. En effet, le roman commence par une mort partielle : le départ de Julien, il continue par la misère, la honte et la mort de sa femme, elle se poursuit par les craintes d'Adeline de voir son père refuser son mariage et se termine par la mort de celle-ci. Un univers triste ponctué par des instants de joie comme la rencontre d'Adeline et d'Armand ; le retour de Julien et de Gaston au pays ; les hommages rendus aux défunts Dubourg, les bienfaiteurs de Junie et ses deux filles dont Armand et Adeline portent les prénoms ; les retrouvailles entre Adeline et son vrai père et le mariage entre Armand et Louise.

Un roman inachevé mais...

S'il est vrai que *Cruelle destinée* est écrit dans un langage simple, soutenu et facile lire, il ne peut pas se vanter d'être un roman éternel. Il est un livre qui s'inscrit dans une période bien déterminée ayant toutefois le mérite de mettre au devant de la scène les possibles conséquences négatives d'un secret familial bien gardé. Cependant, il doit être lu pour ce qu'il est : un livre de la première moitié du 20e siècle. Les passionnés de nouveaux récits à raconter retrouveront certainement pour leur compte, les amateurs de théâtre ne seront pas en reste non plus mais si un lecteur avoue rester sur sa faim après la lecture de ce roman notamment parce qu'Armand n'est pas mort puisqu'Adeline, sur son lit de mort, l'en a empêché et de surcroit l'a demandé d'épouser Louise, il n'aura pas tort non plus. En outre, si un lecteur se dit que le destin n'est pas si cruel puisque l'auteure a tué les trois personnes considérées com-me les plus coupables, d'abord Julien parce qu'il a abandonné sa femme à la misère, ensuite Junie parce qu'elle a trompé son mari et enfin le fruit de la tromperie Adeline qui a failli épouser son frère, il n'a pas tout à fait tort, car comment expliquer que le frère qui aurait été coupable autant que la sœur trouve son bonheur avec une autre fille simplement parce que cette même sœur lui a demande d'épouser cette fille ? Comment expliquer que le vrai père d'Adeline, Gaston Renaudy, soit présenté comme un saint n'ayant jamais su que sa fille était élevée par son propre frère ? L'auteure n'a peut être pas voulu nous présenter une histoire d'amour triste jusqu'à la fin comme certaines tragédies de Racine ou de Shakespeare mais au final le texte reste fidèle à l'esprit du prix à payer pour les fautes commises. Si tel est le cas, en quoi Armand est-il moins coupable qu'Adeline ?

Cruelle destinée est loin d'être une œuvre achevée tant du niveau du style, de la thématique abordée et de la qualité de l'écriture mais il est un roman à lire dans une perspective de compréhension de l'évolution de l'écriture féminine en Haïti. De plus, il a le mérite de montrer que l'être se (re)construit presque toujours malgré les tentatives permanentes de sa destruction ou de son autodestruction. C'est dans ce sens qu'on peut comprendre le récit dans son ensemble tant dans la destruction de Julien Rougeot au début du roman que dans la reconstruction d'Armand à la fin du livre en passant par les différentes tentatives de reconstruction d'Adeline, de Julien de Junie et de Gaston. Au final, si ce récit ne revendique pas sa part d'éternité il permettra, néanmoins, à chaque lecteur de goûter à un instant d'éternité, le court instant qu'aura duré la lecture du livre.

Jean-James ESTÉPHA, M.A.

Quatrième partie

Créations

239 Exil et Trace
Marie-Josée Desvignes

245 Sur le lit des sargasses
Patron Hénékou

251 Propos sur l'insondable
Hubert Olivier

Exil et Trace
―――― *Marie-Josée Desvignes*

Marie-Josée Desvignes vit dans le sud de la France. Professeure certifiée de lettres modernes et formatrice en écriture, elle se consacre exclusivement à l'écriture de romans, nouvelles, essais, poésies et chroniques littéraires. Outre ses publications dans des journaux et revues, elle est, entre autres, l'auteure de La littérature à la portée des enfants, enjeux des ateliers d'écriture dès l'école primaire *(2000) et* Requiem, récit poétique *(2013).*

(avant-propos)
Qui se souvient que nous sommes tous d'un même lieu, d'une même origine, d'une même eau, d'une même terre ?
Le ciel et la terre n'enfantent pas le hasard. Les éléments nous connaissent et nous reconnaissent. Ballottés, transportés, déplacés, chacun de nous a pu connaître un exil, mais chacun de nous laisse une trace dans le cœur d'un autre.

***

Écoute les voix du vent
ces flûtes enchanteresses
caresses pour l'âme
vivants appels d'amour
ondes traversées de lumière
sagesses portées aux lointains partagés
douceurs étranglées de ceux
qui honorent la nature sacrée
arbres ruisseaux plumes d'oiseaux
huttes ouvertes
Toi, ô femme sylphide
au visage d'eau pâle

écoute les voix du vent
aspire au silence des étoiles
suis la trace du vivant d'ambre et de lumière
là bas sur cette terre étrangère qui t'attend

***

Les lueurs de l'aube
courent dans l'ombre
Les chemins tordus
interrogent les stèles, se perdent
ici et là,
et tu les vois qui hésitent
tout entiers revenus
aux décombres des murailles
sur les assises de l'être –
Assaillis dans les trembles
alanguis silencieux
mes semblables, mes frères
doux hommes
sur ces terres de feu
aux passions incandescentes
en attente –
Tandis que le ciel tremble
que la terre ne finit pas de brûler,
l'âme du monde patiente le renouveau –

***

Dans un vertige au grillage des songes
Là, près des affluents fébriles du sommeil
Tu rançonnes ta quête lunaire
Tu suis l'oiseau jusqu'aux portes du soleil
Ta voix rauque encore de
L'appeler exhorte son appétit solaire
ton désir s'immole
Baise ses lèvres son visage d'ébène

Cueille le moment, suis-le, loin des
Appels sur l'autre rive du monde

***

C'est
Juste une voix qui touche
Dans l'évidence des pourquoi
le chant des étoiles, le chaos blanc du ciel
un battement de cœur
Qui franchit les nuages dans la vrille des nerfs
A la vitesse de l'abandon
Explore l'âme ainsi découverte
C'est
les ailes d'un ange refusant la peur
quand aux dernières pulsations du corps
Le tremblement fébrile s'appuie sur le silence
C'est
Aimer quand *m'aime* sans savoir encore
quel sera le chemin

Sur le lit des Sargasses
Patron Henekou

Poète et dramaturge togolais, Patron Henekou crit aussi bien en français qu'en anglais. Auteur de Dovlo, or A Worthless Sweat *(2015) et* Souffles d'outre-cœur *(2017) aux Editions Awoudy à Lomé, ses poèmes ont paru dans des revues et anthologies comme* AFROpoésie, Revue des Citoyens des Lettres, The Kalahari Review, The Best New African Poets Anthology 2017, *et* Aquifer : The Florida Review. *Il est l'un des récipiendaires du Palm Beach Poetry Festival African American Fellowship, édition 2018 en Floride, aux États-Unis d'Amérique.*

Sur le lit des Sargasses

Je veux conquérir les vagues de tes mers
Me saisir de ton corps et le plonger avec moi dans l'œil du cyclone
Le rouler dans l'étendue de l'Atlantique
Cette peau tissée d'eau et de sang aux abîmes noirs infinis
Je veux l'étreindre, le consumer dans un tourbillon de baisers

Je te dresse sur le suaire des Sargasses
Un lit d'amour
Un sanctuaire enveloppé dans
Le souffle insoumis du temps
Et dans la danse des eaux
Nous allons mouiller nos cœurs
Et tes râles profonds feront valser les hippocampes

J'irai semer dans les pages de ton silence
L'ancre qui remue les cheveux des océans
Et voir naître à l'encre qui dessine la vie dans
Les vallées de Dieu
L'ombre de ce qui crée
Le mystère des Bermudes

Je veux tracer sur les seins de tes eaux

Le rythme insondable des mors
Ce fantôme qui rassemble les ruisseaux du monde dans sa voix
Ce bruissement des pas qui fait frémir
Toutes les cordes de ton être
Qui fait battre le tambour géniteur
Dans les hoquets des vents des Caraïbes
Ces ouragans déchaînés portant sous les aisselles
L'odeur fétide des enfants de la mer
Et qui vont briser au loin
Le dos des plages ensoleillées de Jéricho.

Sous le soleil de San Diego

Tu es partie je sais
Ta chaleur reste avec moi nouée
Dans les coutures de mes lèvres

Je te vois bien allègre de me savoir cette faiblesse
Pour ta sympathique nature, chère San Diego
J'aime me voir coquillettes où mouillent tes pieds
Sous les vagues du Pacifique
Ces pierres jadis frileuses se préservent de l'hiver
Ici dans la mélaïne de ta voix. Chère San Diego

Je veux que pour toujours
Les syllabes de mon nom se mêlent à ta faim
Ma chaleur témoigne de la force de ta soif
Tu sèmes mon nom dans ta demeure lettre après lettre
Et que tes yeux embrasent les étoiles
Repus de miel et de vin de palme

Moi
Je meurs dans les pliures du temps
Pour refaire la vie encore et encore
Parmi tes souffles disloqués
Qui se remembrent au fil d'une perlée de tentations
Prenant corps dans le vide de ton arrière-monde

Se mélangent à l'odeur du lait
Et se dissipent au travers des racines
De la lune pleine de sourire

Ton sourire où je réincarne
Pour séduire d'une vie à une autre à une autre
Ce radieux soleil, San Diego.
 ta mort-vie

Propos sur l'insondable
——— *Hubert Olivier*

Hubert Olivier est né à Anse-à-Veau dans le département des Nippes. Gestionnaire de formation, il développe toutefois un goût particulier pour la lecture. Il aime des romanciers comme Victor Hugo, Lyonel Trouillet et Kettly Mars. Fervent lecteur de Spinoza, comme Goethe, il se bat parce qu'il aime la vie.

Propos sur l'insondable

Naître, grandir, aimer, vieillir et puis s'en aller.

Je prétends que toutes les planètes sont splendides. Plutôt choquantes que merveilleuses. Dieu, le créateur de toutes ces choses, est plus que parfait. C'est donc évident que toutes les choses qu'il a créées sont parfaites. Mais je parie que la terre en est la plus parfaite. Car là, habitent les humains. Hommes, femmes de tout acabit. Ame pure. Esprit limpide. Corps saint, corps malade. Au milieu de toute cette foule, j'arrive au moins à voir. À comprendre et à apprécier. Je dénonce et renonce. Ma voix est trop faible. Qui m'entendra ? Sinon, l'on m'accusera de schizophrénie.

Oh Terre ! À toi, admiration et amour ! Oh! Planète adorée. Gentil berceau plein de tendresse. Immense et affectueuse. Ta verdure! Ta faune! Ta flore! Tout me chatouille les regards. Quelle conception de la nature! Tanière de civilisés et de barbares. Pourtant, inversons ces mots voilà tout devient meilleur. Gloire, force, louange, vertus onéreuses. Seuls les mots les rendent forts. L'audace des nantis leur donne raison. Les pauvres acceptent leur faiblesse. Ils acceptent la misère pour leur lot. Moi, seule la vie m'intéresse. C'est mon seul combat. Je me bas. Je me débats. Tant que je respire. Ou le temps que j'expire.

Ici, la vie existe avec ses revers. Ici résident les dieux pleins d'aspics mais sans pitié et sans cœur. Vainqueurs de tous concours. Ils condamnent à perpétuité. Libèrent à tort et à raison. Pauvres démunis. Déshérités du sort. Nos frêles et faibles bras sont incapables de supporter leurs fardeaux. Ils nous mettent tous à leur traîne. Et qui refuse se voit condamné ou mis au supplice.

Ici, la justice est mise en déroute. Elle est prise dans les filets de leur éloquence. Altruistes par excellence. Ils se paient en éloge et courtoisie. La fortune leur sert comme arme de défense. Ils s'en servent au surtout pour faire souffrir, détruire et tuer. Ils sont nés princes et habitent la maison des rois. Aspirent à devenir rois. Ils nous ont en héritage pour sujets. Pudeur et scrupule par eux ensevelis. Ils veulent payer de leur indignité amour et respect. Ils achètent, corrompent races et familles. Quoi! Regarde, tu as quitté ta ligne. Si tu acceptes de les suivre, ils te mangeront au bout du chemin. Garde-toi de ces gloutons impitoyables. C'est peut-être toi leur plus prochaine cible.

Ici, je suis né. Ici, j'y reste. Quoi qu'il arrive. En ce lieu, au moins, on se parle. On se comprend. On se discute. On se dispute. On s'aime. On s'embrasse. On se hait. On se quitte également. On se bat. On se fâche. On se pardonne. On se réconcilie. On joue et on gagne. On perd aussi. Quand même, il y a une vie. Quelle vie ! Cette vie ? Je n'en sais pas trop. Mais, j'y reste tout de même. Ici, il y a une vie. Pas comme je l'aurais souhaité. Pas à la hauteur de nos rêves. Mais, je mise un milliard contre un ; tous préfèrent habiter la terre et que demain n'arrive jamais la fin. Moi comme eux, comme vous, j'ai peur. Peur de vieillir. Peur de partir pour ne pas revenir. Laisser femme et enfants. Connaissances et relations. Ah quel étrange goût !

Nous refusons d'admettre que nous devons tous partir un jour. Ah, quel insondable mystère! Oui il faut aimer la vie. C'est trop sombre et trop silencieux de l'autre côté de la barrière. Rien n'est éternel ci-bas, tout est provisoire.

J'ai vu tellement de belles et de grandes amours partir en fumée. Des amoureux dont les cœurs enlacés n'ont jamais souhaité se quitter. Or, aujourd'hui, l'un bouge au nord l'autre au sud. Ils choisissent l'ouest pour frontière.

Venus d'horizons divers, nous nous assemblons tous vers un seul et même séjour. Mécontents ou satisfaits. Partir puis céder la place. Personne ne me remplacera. Nul ne saurait me remplacer. Commune destinée. Si, moi je reste dans cette aride sphère. Ça va beaucoup mieux que sur l'autre rive. Je décide de ma vie. Le seul droit qui m'est conféré. J'emprunte ma route. Je m'arrête là où mes yeux sombreront. Le reste m'importe peu. Chacun a sa misère à plaindre.

L'art comme les talents sont beaux. Ils éveillent le sens de l'existence. Mais ils ont leur âge. Je le jure. La terre, c'est notre lieu de pèlerinage. Bientôt moi, toi, nous la quitterons tous les deux. Où irons-nous? Aucune idée. Ce dont je ne suis pas dupe : vous et moi nous partirons d'ici un jour.

Cinquième partie

Regards

259 Jean Midley Joseph, Prix bibliothécaire haïtien 2017
Par Carl-Henry PIERRE

263 Prix, distinctions et événements

Jean Midley Joseph, Prix bibliothécaire haïtien 2017

Le bibliothécaire Jean Midley Joseph, originaire de Petit-Goâve, a reçu le Prix bibliothécaire haïtien 2017, lors de la première édition des Assises nationales des bibliothèques organisée à l'Université Quisqueya (UNIQ), du 26 au 28 janvier 2018. Œuvrant dans le domaine du livre depuis 2006, ce Petit-Goâvien est le premier professionnel dudit secteur à être honoré par une pareille récompense.

Instauré lors de la première édition des Assises nationales des bibliothèques, organisées par l'Association des bibliothécaires, documentalistes et archivistes d'Haïti (ABDAH) et la Compagnie haïtienne de services aux bibliothèques (BIBLIOTHECOM), le Prix bibliothécaire haïtien 2017 est décerné au professionnel Jean Midley Joseph en raison de son leadership, ses initiatives et ses innovations apportées dans le secteur du livre en Haïti. Ces assises tournées autour du thème : « Bibliothèques, politiques publiques de la culture et accès à l'information » ont permis au grand public de découvrir cet homme dont le livre, depuis plus d'une décennie, occupe une place princière dans sa vie quotidienne.

Jean Midley Joseph, né à Petit-Goâve, a fait du livre un objet d'une extrême importance. À partir d'Octobre 2006, date à laquelle il prend la tête de la bibliothèque, avec une équipe composée d'une assistante, Magalie Laguerre Gondré et d'un petit personnel, Brunel Dérival, la bibliothèque devient le plus grand espace culturel de la ville. Des causeries autour du livre, entre autres, des conférences-débats, des séances de résumés entre collégiens et les lycéens, des expositions de livres, de peintures, de produits artisanaux, sont organisées presque chaque semaine.

Sous forme de salon, une série d'activités a été organisée dans l'enceinte de la bibliothèque d'août 2007 à août 2009. Activité qui s'est transformée en « Jardin culturel » d'août 2010 à août 2014 alliant camp d'été pour les enfants de 5 à 12 ans et ateliers de lecture pour les plus jeunes. Pendant ces périodes-là, Jean Midley Joseph a initié dans la ville ce qu'il appelle Bibliomoto, une activité consistant à aller vers cette partie de la population ne fréquentant pas les bibliothèques. Avec un tricycle transportant des ouvrages, le livre est de plus en plus présent chez les différentes couches de la cité. Il a aussi permis à la ville d'accueillir des personnalités importantes dans le secteur du livre, dont Dany Laferrière, en 2009, après qu'il eût reçu le Prix Médicis pour son roman *L'énigme du retour*, et des événements comme Les rencontres québécoises en 2012, initiées par Mémoire d'encrier et L'urgence de lire, pour ne citer que ceux-là.

« Les citoyens de Petit-Goâve avaient perdu espoir après que la bibliothèque municipale ait succombé après le séisme du 12 janvier 2010 », a déclaré Jean Midley Joseph lors de la remise du prix. Il a souligné au passage, qu'à cette époque sombre pour toute la population, il continuait à œuvrer pour relever le secteur, soit en plaçant la bibliothèque au Lycée Faustin Soulouque, soit en distribuant, en avril 2010, des livres aux jeunes qui habitaient les camps de fortune. Ainsi a-t-il, par ces deux exemples, explicité son dévouement inébranlable pour ne pas laisser mourir le livre à Petit-Goâve à un moment où il était plus que nécessaire.

« Je ne reçois pas le Prix bibliothécaire haïtien de 2017 pour moi-même. Je le reçois au contraire pour la communauté petitgoâvienne qui a toujours placé sa confiance dans le travail que je réalise depuis 2006 », a-t-il dit. D'après ses propos, Jean Midley Joseph dit avoir toujours souhaité que les livres aident les jeunes à découvrir et à exploiter leur plein potentiel.

Selon le coordonnateur général des Assises, Jimmy Borgella, le Prix bibliothécaire haïtien 2017 est une marque de distinction très honorifique que les organisateurs des Assises attribuent à un bibliothécaire ou un professionnel du domaine en reconnaissance de ses accomplissements. Ces réalisations, a-t-il poursuivi, doivent influencer la communauté dans laquelle elles sont opérées au double point de vue socioéconomique et politique. Ce prix introduit par la BIBLIOTHECOM et l'ABDAH, a-t-il renchéri, constitue un moyen de provoquer une concurrence entre les professionnels du secteur. Ce qui devrait aider à encourager tout ce qui est susceptible d'agir positivement sur le secteur dans les communautés haïtiennes.

Les réalisations de Jean Midley Joseph pour la promotion et la valorisation du livre à Petit-Goâve sont prodigieuses. Sa dernière action, l'une des plus visibles en date, est la reconstruction de la bibliothèque municipale de la ville, détruite lors du tremblement de terre du 12 janvier 2010 : un rêve qu'il a caressé depuis le passage de ce séisme dévastateur. Par le biais d'un projet de reconstruction qu'il avait élaboré, il a réussi à recevoir le financement de l'Union européenne (UE), qui a alloué 80% du budget, et l'Action agro-allemande (AAA), qui a ajouté les 20% restants. Ces deux organismes non-gouvernementaux ont fourni 400 000 euros pour cette reconstruction, s'il faut en croire les dires du directeur de la bibliothèque. Depuis son inauguration, le jeudi 28 septembre 2017, les lecteurs de Petit-Goâve n'ont pas manqué de lire avec bonheur.

Carl-Henry PIERRE

Prix, distinctions et événements

LEGS ÉDITION au Salon du livre de Francfort 2017

Du 11 au 15 octobre 2017, la directrice des Finances de LEGS ÉDITION, Mirline Pierre, a participé à la 69e édition de la foire du livre de Francfort, en Allemagne. Invitée par le Bureau international de l'édition française (BIEF), le Centre national du livre (CNL) et l'Organisation internationale de la Francophonie (OIF), dans le cadre d'une mission des éditeurs Afrique et Haïti, tous les derniers titres de son catalogue ont été exposés sur le stand collectif des éditeurs francophones d'Afrique subsaharienne et d'Haïti. Conçu comme le premier rendez-vous international marchand de l'industrie du livre, ce salon a permis à Pierre de discuter sur la cession de droits avec des maisons d'édition françaises et francophones.

Fred Edson Lafortune, Prix Dominique Batraville de la poésie créole 2017

Le poète Fred Edson Lafortune a été récompensé, le samedi 13 janvier 2017 à Jacmel, par le Prix Dominique Batraville de la poésie créole 2017 pour *An n al Lazil*, son premier recueil en créole publié chez Trilingual Press, alors que *Kou siprann* de Max Grégory Saint-Fleur, publié en 2016 aux Editions ruptures, a reçu la mention spéciale du Jury. Organisé par Les éditions Pulucia, dirigées par Ancion Pierre-Paul, ce prix, remis chaque année à un poète créolophone, a déjà récompensé Jacques Adler Jean-Pierre (*Zetwal anba wòb*) en 2014), Clément Benoit II (*Koulè lapli*) en 2015) et Coutechève Lavoie Aupont (*Make pa*) en 2016).

Makenzy Orcel, Prix littéraire des lycéens

L'écrivain Makenzy Orcel a été primé, le 16 mars 2018, lors du

Prix, distinctions et événements

salon Livre Paris, par le Prix littéraire des lycéens, apprentis et stagiaire de la formation professionnelle, pour son recueil de poèmes *Caverne* suivi de *Cadavres*, publié aux éditions La Contre Allée, en 2017. Au cours de ce prix créé par la région Île-de-France, 1 500 lycéens du département de Seine-et-Marne de L'Île-de-France ont voté pour son livre parmi les huit lauréats. Makenzy Orcel, auteur entre autres de *Les Immortelles* (2010) et *Les latrines* (2011) a reçu les Prix Louis-Guillout et Littérature-Monde pour *L'ombre animale*, roman paru en 2016 chez Zulma.

Néhémy Pierre-Dahomey, Prix SDGL 2017 et Carbet des lycéens 2018

L'écrivain Néhémy Pierre-Dahomey a été doublement récompensé pour son premier roman *Rapatriés*, publié chez Seuil, en janvier 2017. Ce livre, racontant « l'exil, l'adoption et le déracinement » à travers la vie d'un personnage dénommé Belliqueuse Louissaint, a été lauréat du Prix Révélation de la Société des Gens de Lettres (SGDL), en novembre 2017, et du Prix Carbet des lycéens, en mars 2018, pour lequel concourraient des auteurs de renom, en l'occurrence Maryse Condé, Patrick Chamoiseau et Louis-Philippe Dalembert. Né à Port-au-Prince en 1986, Néhémy Pierre-Dahomey vit à Paris et se considère comme « un lecteur qui écrit ».

Louis-Philippe Delembert, Prix littéraire des lycéens

L'écrivain haïtien Louis-Philippe Dalembert a été récompensé, lors du salon Livre Paris organisé le 16 mars 2018, par le Prix littéraire des lycéens, apprentis et stagiaire de la formation professionnelle, pour son roman *Avant que les ombres s'effacent*, paru chez Sabine Wespieser, en 2017, aux cotés d'autres lauréats comme Denis Michelis pour *Le Bon Fils*, Guillaume Siaudeau pour *Pas trop saignant* et Marc Graciano pour *Enfant-pluie*. Créé par la région

Prix, distinctions et événements

Île-de-France, ce prix a permis aux élèves du département de l'Essonne de lire ce roman de Dalembert et de l'élire. Ce même livre de l'auteur a déjà été lauréat en 2017 du Prix Orange du livre et du Prix du livre France bleu.

Première édition des Assises nationales Bibliothèques

La première édition des Assises nationales Bibliothèques a été organisée du 26 au 28 janvier 2018, à l'Université Quisqueya (UNIQ) par l'Association des bibliothécaires, documentalistes et archivistes d'Haïti (ABDAH) et la Compagnie haïtienne de services aux bibliothèques (BIBLIOTHECOM). À travers des ateliers, panels de consultation et tables rondes, les Assises, organisées autour du thème « Bibliothèques, politiques publiques de la culture et accès à l'information » et coordonnées par Jimmy Borgella, ont regroupé des professionnels et acteurs du domaine de la bibliothèque en Haïti. Ils ont entre autres débattu des questions du renforcement, du développement, de la normalisation, de la professionnalisation et du financement du secteur. Le but est de parvenir, selon Borgella, à « une nouvelle vision politique de démocratisation culturelle autour de la multiplication des bibliothèques à travers les différentes communes du pays ».

• Sixième partie

Repère bibliographique d'oeuvres sur les identités, races et couleurs dans la littérature haïtienne

Recensement sélectif d'œuvres sur les identités, races et couleurs dans la littérature haïtienne[1]

---

1. Ce travail est réalisé par Mirline Pierre avec le concours de Dieulermesson Petit Frère à partir de recherches effectuées en ligne et dans leur bibliothèque personnelle. Nous sommes très reconnaissants envers Thomas Spear, créateur du site île en île (http://www.ile-en-ile.org) qui rassemble des données importantes sur la littérature haïtienne, lesquelles nous ont été très utiles.

Alexis, Jacques Stephen
- *Les arbres musiciens*, 1957

Alexis, Stephen
- *Le nègre masqué*, 1933

Audain, Léon
- *Le mal d'Haïti. Ses causes et son traitement*, 1908

Barthélemy, Gérard
- *Dans la splendeur d'un après-midi d'histoire*, 1996

Bastide, Roger
- *Les Amériques noires. Les civilisations africaines dans le nouveau monde*, 1967

Bellegarde, Dantès
- *Haïti et ses problèmes*, 1941
- *Écrivains haïtiens*, 1950

Bernabé, Jean
- *Éloge de la créolité*, 1990

Bonniol, Jean-Luc
- *La couleur comme maléfice. Une illustration créole de la généalogie des « Blancs » et des « Noirs »*, 1992

Bourhis-Mariotti, Claire
- *L'union fait la force : les Noirs américains et Haïti, 1804-1893*, 2016

Burt, Geoff
- *Expulsion, migration circulaire et crime organisé. Étude de cas sur Haïti*, 2016

Byron, Jhon Picard
    • *Production du savoir et construction sociale. L'ethnologie en Haïti*, 2014

C. Holly, Arthur
    • *Les Daïmons du culte voudo*, 1918

C. Paul, Emmanuel
    • *L'ethnographie en Haïti*, 1949

Calixte, Fritz, Édouard, Roberson
    • *Le devoir d'insoumission : regards croisés sur l'occupation américaine d'Haïti (1915-1934)*, 2016

Casimir, Jean
    • *Haïti et ses élites. L'interminable dialogue des sourds*, 2009

Casséus, Maurice
    • *Viejo*, 1934

Césaire, Aimé
    • *Cahier d'un retour au pays natal*, 1939
    • *Discours sur le colonialisme*, 1973

Chauvet, Marie-Vieux
    • *La danse sur le volcan*, 1957

Cinéas, Jean-Baptiste
    • *Le drame de la terre*, 1933
    • *La vengeance de la terre*, 1940
    • *L'héritage sacré*, 1945
    • *Le choc en retour*, 1949

Corten, André
    • *Misère, religion et politique en Haïti : diabolisation et mal politique*, 2001

Clorméus, Lewis Ampidu
- *Le vodou haïtien : entre mythes et constructions savantes*, 2015

Déita (Mercédès F. Guignard)
- *Contes des jardins du pays de Ti Toma*, Tome I, 1989
- *La légende des loas du vodou haitien*, 1993
- *Objets au quotidien (Art et culture populaire en Haïti)*, 1993
- *Contes des jardins du pays de Ti Toma*, Tome II, 2003
- *Répertoire pratique des loas du vodou*, 2006

Delorme, Démesvar
- *Études sur l'Amérique. La Démocratie et le préjugé de couleur aux États-Unis d'Amérique. Les Nationalités américaines et le système Monroë*, 1866

Denis, Lorimer et Duvalier, François
- *Le problème des classes sociales à travers l'histoire d'Haïti*, 1959

Denis, Lorimer, Duvalier, François et Bonhomme, Arthur
- *Les Tendances d'une génération*, 1934

Deren, Maya
- *Divine Horsemen. The Living Gods in Haiti*, 1953

Desroy, Annie
- *Le joug*, 1934

Dorismond, Edelyn
- *L'ère du metissage. Variation sur la créolisation : politique, éthique et philosophie de la diversité*, 2014

Dorsainvil, Justin Chrysostome
- *Une explication philologique du vodou. Communication faite à la Société d'histoire et de géographie d'Haïti*, 1924

- *Vodou et névrose*, 1931
- *Mémoires de la décolonisation*, 2006

Doura, Fred
- *Mythes, paradoxes et réalités de la pigmentation au cours de l'histoire d'Haïti*, 2017

Dumas, Pierre-Raymond
- *De la culture haïtienne : éloge et décadence*, 2015

Duvivier, Max U
- *Trois études sur l'occupation américaine d'Haïti*, 2015

Étienne, Sauveur Pierre
- *L'énigme haïtienne. Échec de l'État moderne en Haïti*, 2007

Étienne, Gérard
- *Le Nationalisme dans la littérature haïtienne*, 1964

Férère, Gérad-Alphonse
- *Le vodou haïtien, sans mystification, mythes, mystères, mystique : étude ethno-descriptive*, 2014

Firmin, Anténor
- *De l'égalité des races humaines*, 1885

Fils-Aimé, Jean
- *Vodou, je m'en souviens*, 2007
- *Et si les loas n'étaient pas des diables? Une enquête à la lumière des religions comparées*, 2008

Fohlen, Corentin
- *Karnaval Jacmel*, 2017

Frazier, Franklin
- *The Negro in the United States*, 1949

Glissant, Édouard
- *Le discours antillais*, 1981

Golberg, Alan
- *Commercial Folklore and Voodoo in Haïti : International Tourism and the Sale of Culture*, 1981

Hoffmann, Leon-François
- *Haïti : couleurs, croyances, créole*, 1989
- *Haïto. Couleurs, croyances, créole*, 1990

Hurbon, Laennec
- *Dieu dans le vodou haïtien*, 1972
- *Culture et dictature en Haïti : l'imaginaire sous contrôle*, 1979
- *Le barbare imaginaire*, 1988

Innocent, Antoine
- *Mimola (L'histoire d'une cassette)*, 1906

Janvier, Louis-Joseph
- *Les Détracteurs de la race noire et de la république d'Haïti (avec Jules Auguste, Clément Denis, Arthur Bowler et Justin Dévost)*, 1882
- *La République d'Haïti et ses visiteurs*, 1883
- *L'Égalité des races*, 1884

Joseph, Celucien L.
- *Race, Religion, and The Haitian Revolution: Essays on Faith, Freedom, and Decolonizationne*, 2012

Laguerre, Michel S
- *Voodo and politics in Haïti*, 1989

Laleau Léon
- *Le choc*, 1932

Largey, Michael
- *Vodou Nation. Haitian art music and cultural nationalism*, 2006

Laroche, Maximilien
- , *La littérature haïtienne. Identité • langue • réalité*, 1981

Légitime, François Denis (sld)
- *La vérité sur le vaudoux*, 1892

Lemoine, Hervé Fanini
- *Face à face. Autour de l'identité haïtienne*, 2011

Lespès, Anthony
- *Les semences de la colère*, 1949

Louis-Jean, Antonio
- *La crise de possession et la possession dramatique*, 1970

Maximilien, Louis
- *Le vaudou haïtien*, 1945

Métraux, Alfred
- *Le vaudou haïtien*, 1958

Mézilas, Glodel
- *Que signifie philosopher en Haïti ? Un autre concept du vodou*, 2015

Milo, Rigaud
- *Secrets of Voodoo*, 2001

Mintz, Sydney et Richard, Price
- *The Birth of African-American Culture. An Anthropological Perspective*, 1976

Nicholls, David
- *From Dessalines to Duvalier. Race, Colour and National Independance in Haïti*, 1996

Oriol, Jacques
- *Le mouvement folklorique en Haïti*, 1952

Paul, Emmanuel C.
- *L'ethnographie en Haïti*, 1949
- *Témoignages sur la vie et l'oeuvre du Dr Jean Price-Mars*, 1956

Price, Hannibal
- *De la réhabilitation de la noire par la République d'Haïti*, 1900

Price-Mars, Jean
- *La vocation de l'élite*, 1919
- *Ainsi parla l'oncle*, 1928
- *Une étape de l'évolution haïtienne*, 1929
- *Le bilan des études ethnologiques en Haïti et le cycle nègre*, 1954
- *La crise de possession. Essai de psychiatrie comparée*, 1955
- *De Saint-Domingue à Haïti. Essai sur la culture, les arts et la littérature*, 1959
- *De la préhistoire d'Afrique à l'histoire d'Haïti*, 1962
- *Lettre ouverte au Dr René Piquion, directeur de l'École Normale Supérieure sur son « Manuel de la Négritude ». Le préjugé de couleur est-il la question sociale ?* 1967

Price-Mars, Louis
- *La crise de possession. Essai de psychiatrie comparée*, 1946

Prichard, Hesketh
- *Where Black Rules White; A Journey Accros and about Hayti*, 1900

Revue Indigène

- *Anthologie de la poésie haïtienne indigène*, 1928

Richman, Karen
- *Vodou and migration*, 2005

Rousseau, Serge
- , *Haïti : couleurs, préjugés, racismes : comment s'en sortir*, 2016

Savain, Pétion
- *La case de Damballah*, 1939

Seabrook, William B.
- *L'île magique*, 1929

Shannnon, Magdaline W
- *Dr Jean Price-Mars and the Haitian Elite, 1876-1935*, 1989

Smith, Matthew J.
- *Red and Black and Haïti. Radicalism, Conflict and Political change, 1934-1957*, 2009

Souffrant, Claude
- *Sociologie prospective d'Haïti*, 1995

Trouillot, Duverneau
- *Esquisse ethnographique. Le Vaudoun : aperçu historique et évolutions*, 1885

Trouillot, Hénock
- *Chair, sang et trahison*, 1947
- *Le devenir du métissage racial en Haïti*, 1948
- *Les racines historiques de l'état duvaliérien*, 1986
- *La pensée du Docteur Jean Price-Mars*, 1956

Trouillot, Lyonel (sdl)

- *La vie et ses couleurs*, 2012
- *Haïti, (re)penser la citoyenneté*, 2001

Trouillot, Lyonel
- *Haiti, (re)penser citoyenneté*, 2001

Trouillot, Hénock
- *Les Origines sociales de la littérature haïtienne*, 1962

Valcin, Cléante
- *La blanche négresse*, 1939

Vieux, Isnardin
- *Mackandal*, 1917

Vilaire, Etzer
- *La vie solitaire pendant l'occupation américaine*, 2015

Viatte, Auguste
- *Anthologie littéraire de l'Amérique francophone*, 1971
- *Histoire littéraire de l'Amérique française*, 1954

Wilson, Edmund
- *Red, Black, Blond and Olive ; Studies in Four Civilizations :Zuñi, Haiti, Soviet Russia, Israel*, 1956

Yarborough, Lavinia Williams
- *Ballet d'Haïti. Bamboche créole, 20th Anniversary*, 1959

Liste des rédacteurs et contributeurs :

Catherine BOUDET
Jhon Picard BYRON
Jean-Jacques CADET
Fritz CALIXTE
Jean Watson CHARLES
Webert CHARLES
Maho Sézito DAVID
Claudy DELNÉ
Marie-Josée DESVIGNES
Maguette DIENG
Jean James ESTÉPHA
Qualito ESTIMÉ
Kokouvi Dzifa GALLEY
Guillemette de GRISSAC
Jean Waddimir GUSTINVIL
Murielle EL HAJJ
Patron HENEKOU
Jhonny JEAN
Gerry L'ÉTANG
Mourad LOUDIYI
Asma MAHIOU
Ulysse MENTOR
Hubert OLIVIER
Dieulermesson PETIT FRÈRE
Mirline PIERRE
Carl-Henry PIERRE
Carolyn SHREAD

Déjà parus

- *Insularité(s)*, No. 1, Janvier 2013
- *Érotisme et tabou*, No. 2, Juillet 2013
- *Dictature, révolte et écritures féminines*, No. 3, Janvier 2014
- *Traduction, réécriture et plagiat*, No. 4, Juillet 2014
- *Migration et littérature de la diaspora*, No. 5, Janvier 2015
- *Littérature jeunesse* , No. 6, Juillet 2015
- *Les plumes francophones émergentes* , No. 7, Janvier 2016
- *Marie Vieux-Chauvet* , No. 8, Juilllet 2016
- *Langues, Littératures et cultures de la Caraïbe*, No. 9, Janvier 2017
- *La Critique Littéraire,* No. 10, Juillet 2017

Imprimé pour le compte de LEGS ÉDITION
26, delmas 8, Haïti
(509) 37 45 33 05/37 48 59 51
legsedition@fr.ht
www.legsedition.net
Mai 2018

www.ingramcontent.com/pod-product-compliance
Lightning Source LLC
Chambersburg PA
CBHW022003160426
43197CB00007B/248